墨香财经学术文库

"十二五"辽宁省重点图书出版规划项目

U0674529

Economic Growth, Quality of Credit Assets

and Optimization of Banking System Network

经济增速、信贷资产质量
与银行体系网络优化

温博慧 袁铭 ◎ 著

东北财经大学出版社
Dongbei University of Finance & Economics Press

大连

图书在版编目（CIP）数据

经济增速、信贷资产质量与银行体系网络优化 / 温博慧，袁铭著. 一大连：东北
财经大学出版社，2019.7
（墨香财经学术文库）
ISBN 978-7-5654-3492-1

Ⅰ．经… Ⅱ．①温… ②袁… Ⅲ．银行体系-研究-中国 Ⅳ．F830

中国版本图书馆 CIP 数据核字（2019）第 049621 号

东北财经大学出版社出版发行

　　大连市黑石礁尖山街 217 号　邮政编码　116025

　　网　　　址：http：//www.dufep.cn

　　读者信箱：dufep @ dufe.edu.cn

大连永盛印业有限公司印刷

幅面尺寸：170mm×240mm　　字数：213千字　　印张：15　　插页：1
2019 年 7 月第 1 版　　　　　2019 年 7 月第 1 次印刷
责任编辑：孙晓梅　吴　奂　　责任校对：孙冰洁
封面设计：冀贵收　　　　　　版式设计：钟福建
定价：38.00 元

本书获得

　　教育部人文社会科学研究项目规划项目（16YJAZH060）、中国博士后科学基金资助项目第 10 批特别资助（2017T100154）、中国博士后科学基金资助项目第 58 批面上项目（2015M581295）、天津市第二批人才发展特殊支持计划青年拔尖人才（TJTZJH-QNBJRC-2-25）、天津市 131 创新型人才培养工程第一层次人选计划支持

前言

　　如何提升经济金融体系应对冲击的承受能力是继前瞻性监测系统性风险研究后的又一前沿领域。在中国经济转轨阶段自身周期性和结构性问题叠加的背景下,围绕资产值变化与不同行业债务违约相关性的交互影响,测评网络性能并通过政策调控工具控制实现优化愈加重要。围绕教育部人文社会科学研究项目规划项目"经济增速下行压力下基于行业信贷资产违约风险相依的我国银行体系网络抗毁性测度与优化"(项目编号:16YJAZH060),通过3年的研究,笔者深深感到系统性金融风险领域的宽广和丰富。系统性金融风险的测度与管理是一个复杂而深奥的问题,加之经济波动、违约传染等多种因素,使笔者探究其中的兴趣更加浓厚。

　　本书的9个部分相互连接依次展开,逐层递进深入,力图通过模型体系的构建,推动复杂网络模型与经济金融理论分析框架的进一步融合,对调控争论予以合理建议。

　　研究过程涉及大量有关企业与银行的信贷数据,数据的搜集与整理也是研究中的一个难点。对此,课题组一方面从上市公司财务报表和公布的信贷信息中获得数据，另一方面借助课题组成员（包含统计学专业研究人员）和在监管部门工作学习的研究人员的优势，力图缓解数据获取上的"瓶颈"。在本书的研究过程中，尽管碰到了许多困难，但课题组凝聚全体人员的力量，实现了对重点、难点问题的初步突破。虽然许多问题我们依然琢磨得不够深入，对文献的选择与把握也不敢说十分有效，但我们由衷感谢的是教育部人文社会科学研究项目规划项目等给我们的研究之路所带来的启迪与支持。笔者期望通过本研究起到抛砖引玉的作用，从而带动更多对这一领域感兴趣的学者加入到研究行列中来，对其进行更加全面深入的分析，并为我国系统性风险管理的研究与实践提供有益参考。本书在这方面的研究也仅是一次努力的尝试，欢迎同仁批评指正！

本书的出版得到教育部人文社会科学研究规划项目"经济增速下行压力下基于行业信贷资产违约风险相依的我国银行体系网络抗毁性测度与优化"（16YJAZH060）、中国博士后科学基金资助项目第 10 批特别资助（2017T100154），中国博士后科学基金资助项目第 58 批面上项目（2015M581295）、天津市第二批人才发展特殊支持计划青年拔尖人才（TJTZJH-QNBJRC-2-25）和天津市 131 创新型人才培养工程第一层次人选计划的支持，在此深表谢意！

温博慧　袁铭
2018 年 11 月

目录

1   研究导论

　　在信贷、资本和商品市场的频繁波动中，一国经济金融体系的系统性风险程度及其承受和抵御失衡与冲击的能力备受关注。随着研究的不断深入推进，如何提升经济金融体系应对冲击的承受力已成为继前瞻性监测系统性风险研究后的又一前沿领域。

　　针对冲击事件经由经济金融网络被不断放大的事后分析，我们认为缺乏对宏观经济金融网络结构的了解，是监管层低估系统性金融风险破坏力的重要因素（Brunnermeier，2009）。复杂网络理论将经济金融系统中行为主体看作节点，将行为主体间相互关系看作节点间的联结，建构出规模庞大而具有特定拓扑结构的复杂系统，成为研究经济金融网络及其动态演化过程的重要工具。其在网络演化方面从时间维度捕捉风险积累，在节点性质方面从截面维度甄别跨行业、跨市场、跨机构间的关联性和重要性。既而，提升经济金融体系对冲击的承受力问题可以转化为通过控制手段优化复杂网络的研究，有助于监管部门采取有效措施和救助手段维护经济金融秩序稳定（Galati 和 Moessner，2011）。

　　在中国经济转轨阶段自身周期性和结构性问题叠加的背景下，流动性约束与不同行业债务违约相关性交互影响，整个经济金融体系面临的风险上升并存在逐步积累而显现的趋势。从目前金融理论与实践的研究现状看，曾出现的金融危机和现存问题暴露出其确实对如何提升经济金融体系网络性能的研究尚不充分。因此，如何完善适用于中国经济金融体系的研究框架，提升系统应对冲击的承受能力，给出多种调控工具的协同（Synergetics，即协调两个或两个以上的不同资源，协调同步一致地完成某一目标过程）控制方案，以实现网络性能优化，是颇具紧迫感的重要课题。

1.1 国内外研究现状和趋势

1.1.1 银行系统复杂网络建模方式与研究框架选取

目前关于银行网络建模研究的构建依据主要为银行间信用相关性（包全勇，2005；IMF，2009；高国华和潘英丽，2012）和大额支付系统（Glaser 和 Haene，2009；贾彦东，2011；童牧和何奕，2012），但缺乏经济理论框架支撑，且不能恰当反映信贷资产质量的行业结构性变化是其缺陷所在（Billio、Getmansky、Lo 和 Pelizzon，2010）。未定权益分析法（Contingent Claims Analysis，以下简称 CCA）围绕资产未来收益与另一资产价值的依存关系计算违约可能性。其拓展至宏观领域颇为显著性的实证成果实现了对救助政策设计等应用效率的提升（Gray 和 Malone，2008；宫晓琳，2012），表现为 End 和 Tabbae（2005）通过违约概率和预期损失量对荷兰金融稳定状况的测度；Castren 和 Kavonius（2009）通过财务危机距离对欧元区系统性风险的分析等。范小云、方意和王道平（2013）将 CCA 和网络理论中有向无环图技术结合，构建了我国银行体系风险传染网络。学者们在理论层面对 CCA 研究框架进行了努力提升（Malone，2008；Gray 等，2008），但在探索金融风险管理与宏观分析的融合方面，CCA 的理论发展相较于实证研究仍存较大空间有待突破，缺乏核算关系支撑和行为方程约束是其关键所在。

以 Godley 为代表的多位经济学家通过建立宏观经济部门资产负债

矩阵和资金流量矩阵，将存量流量的核算一致和相互影响通过核算等式和行为方程体现，由预算和加总约束维持总量平衡，该框架名称为存量流量一致分析框架（Stock-Flow Consistent Model，以下简称 SFC）。针对金融不稳定性分析，Godley 和 Lavoie（2007）将存款准备金要求、资本充足率、银行利润、贷款违约等因素引入 SFC 框架下的银行部门行为方程。Godley（2007）、Toporowski 和 Mitchell（2011）证实，在此框架中引入货币金融体系的作用，对 2007 年美国爆发的金融危机具有更强的解释和预测能力。相较于主流宏观经济模型，SFC 不仅明确考虑了存量流量核算的一致性，而且针对的是货币金融体系的重要性、金融危机等被主流宏观经济理论忽视或无法容纳的问题，可为经济理论框架探索的进一步推进提供借鉴（柳欣、吕元祥和赵雷，2013）。在宏观经济金融体系稳定性分析需同时涵盖存流量数据的现实情形下，尝试与网络性能研究相结合，将进一步拓展 SFC 的研究深度和广度。基于 SFC 建立经济运行的核算等式和行为方程，并以此结合 CCA 测算方法，可以实现对宏观经济波动下信贷资产风险相依作用机制的整体化模型表达，进而提高网络构建的信度和效度。

1.1.2 宏观经济波动冲击与信贷资产相关性压力测试方法

宏观压力测试是分析网络冲击源的重要手段，其应充分考虑宏观经济增速特征转变、资产相关性以及金融风险的内生性因素。但目前的研究尚未能综合考虑上述因素的影响。Ai 和 Daly（2010）、Havrlchyk（2010）、Jimenez 和 Mencia（2009）采用 SUR、MVAR 和 GVAR 等方法作为压力传导模型，考虑了银行体系及其风险特征对于宏观经济的影响，从而能够体现宏观经济与银行体系间的相互作用关系，但未考虑到信贷资产相关性，忽略了宏观经济波动引致风险传导的过程和作用机理。Castren（2009）基于 Merton 原理的系列宏观压力测试研究能较好地辨识由宏观经济变化所导致的信贷资产质量的结构性变化，但忽略了不同行业信贷资产间的风险相关性，低估了银行网络所潜在的毁损程度。针对这一缺陷，国内外学者对模型进行了努力拓展，试图将多元风险因子模型运用于压力测试，以之反映不同行业信贷资产间的违约相关性，使宏观压力测试方法能够反映风险的来源与作用机理（Klaus 和 Martin，2009），但对风险因子分布厚尾特征的忽视和未能将压力情景设置与宏观经济因子相挂钩，使得既有压力测试方法仍不能充分体现宏观经济波动对银行体系的作用（彭建刚、易昊和潘凌遥，2015）。而研究表明，复杂网络分析方法对参数特征的较少限定恰能迎合对上述问题分析的需求（童牧和何奕，2012）。

在违约冲击和流动性约束下，银行体系网络性能问题中不同频率数据混合共存。传统计量经济模型对数据同频率的假设，势必影响分析和预测的精度，降低数据分析效度（刘汉和刘金全，2011）。尝试采取不同的数据处理方法和构建能充分利用混合频率数据的经验检验模型，提高对样本数据信息的挖掘，实现对数据状态规律的精确和及时分析十分必要。研究成果表明，当前处理混合频率数据信息的主流方法主要包括数据频率转换、分布滞后模型和采取参数化的方法直接将不同频率的数据融入方程进行模型构建与估计的混频数据模型三种形式（刘金全等，2010；郑挺国和王霞，2013）。

数据频率转换的核心思路是采用加总（替代）或插值的方法对不同频率数据进行预处理，再应用到同频率数据模型当中（Brewer，2006；刘汉和刘金全，2011）。然而，无论是将高频流量数据通过依时加总转换为低频数据，还是将高频存量数据通过加总平均转换为低频数据，都不可避免地存在数据信息丢失问题（Sbrana 和 Silvestrini，2012）；将低频数据通过插值法转换为高频数据的任意性和人为构造痕迹过大，亦无法完全开发出样本的高频信息（孙皓和石柱鲜，2011）；连接模型和桥接模型无法适应中国经济的非结构式建模，而且样本数据有限等问题都严重影响着模型检验的准确性和及时性（刘汉和刘金全，2011）；更为重要的是，上述方法未能脱离人为构造同频数据模型的条框。

分布滞后模型直接利用混合频率数据进行模型的构建与估计，混频数据模型即是在此基础上的引申（Ghysels 等，2004）。Chen 和 Tsay（2011）提出，允许高频解释变量信息对低频被解释变量有不同作用效果的广义自回归分布滞后模型，相比非线性最小二乘混频数据模型，不需要进行非线性优化。

混频数据模型主要包括混频数据抽样模型和混频向量自回归模型（Foroni 和 Marcellino，2013）。其无须对混合频率数据进行预处理和过度参数化，还能与大量现有高级计量方法相结合，形成多种混频数据计量模型（王维国和于扬，2016）。高级宏观计量模型（如因子混频数据抽样模型、状态空间混频数据抽样模型、马尔可夫转移混频数据抽样模型等）在混频数据抽样模型基础上的扩展结果，以及混频向量自回归模型的扩展，证实了混频数据计量模型的可应用性（Andreou等，2013）；一些复杂的非参数估计方法和优化算法在模型估计中的应用（Chen 和 Ghysels，2011；Chen 等，2011），使得模型的可计算性得到提升。

国内外相关学者应用多种混频数据计量模型在经济金融领域进行了系列应用（Corsi，2009；Ghysel 和 Sinko，2011；Engle 等，2012；Ghysels 等，2012；Andreou 等，2013），取得的成果为进一步深入研究提供了借鉴，但在系统性风险管理、金融稳定，乃至金融体系网络性能等重要问题方面尚无大量开展。由于现实经济金融活动中非线性关系普遍存在，主要经济变量几乎都存在复杂的非线性相关性，混频数据模型在此方面的进一步拓展仍是研究的方向。为提高研究结果的稳健性，在研究中可尝试以广义自回归分布滞后模型与混频数据模型的经验检验结果相互校验。

1.1.3 银行体系复杂网络性能测评与优化

谭跃进等（2011）基于自然连通度（Albert 等，2002；Wang，2005；Newman，2006）拓展了网络性能测度的研究路径。结论证明，自然连通度无论关于网络的添加或移除均严格单调。但其主要针对无权静态网络的去边或去节点化处理。从经济意义角度看，现实网络系统宏微观结构的客观差异导致网络节点与链路结合紧密程度不同，从而使网络含权；节点失效常常动态关联，但级联失效模型（Motter 和 Lai，2002）对大规模不同网络层级数据的强烈依赖不完全适于对我国银行系统的分析；银行节点被移除情况在我国较为鲜见，更多需考虑的是链路脆弱情况的演化。为此，辅以级联失效模型研究不同行业间信贷资产违约风险传导，将自然连通度测算推广至含权网络，并动态分析链路脆弱情况，成为进一步测度的诉求。梳理研究成果可以发现，银行网络性能优化主要来自内部结构优化和外部流动性救助效率提升两方面。通过银行网络内部结构调整实现性能优化的路径主要包括拓扑结构、链路容量和路由策略三种（田旭光等，2014），具体表现为网络中银行属性差异，信贷容量和信贷行为间关系的调配（江若尘和陆煊，2014；Antinolfi，2015）。内部优化的量化方法可通过改进将网络自然连通度作为目标函数的基于禁忌搜索算法的复杂网络性能优化算法得到，而外部流动性救助则可通过仿真比较异质风险场景下的救助效率实现。

因此，在宏观经济增速特征转变，不同行业信贷资产违约风险相关性复杂转换的过程中，如何结合经济理论框架，将宏观经济因子与压力情景设置挂钩，探索适宜测评我国银行体系网络性能的模型构建方式和风险积聚的层级模块化特征，并据此进行异质风险场景下的网络性能优化，是需要深入研究的内容方向。这些将成为本书中研究开展的方向。

1.2 研究思路与内容结构安排

本书拟结合我国经济增速和信贷资产质量的变化，探索构建适宜测评我国银行体系网络性能的模型，并据此进行异质风险场景下的网络性能优化。研究目标可以分解为以下几个具体问题：

第1章，研究导论，对研究问题的国内外研究现状和趋势进行梳理归纳；

第2章，对经济增速阶段性特征转变进行模型刻画，包括对经济增长状态的模型分析和基于剑桥增长公式的均衡增长路径求解；

第3章，基于混频数据的非线性格兰杰因果关系检验，预测相关经济变量特征，并基于网络搜索量和混合频率模型预测经济变量；

第4章，基于多维决定性差分系统模型考查信贷资产质量变化对银行体系稳定性的影响；

第 5 章，构建非均质复杂网络模型，分析银行网络层级拓扑特征；

第 6 章，分析我国银行体系网络性能的动态特征，以此构建仿真场景并进一步加以分析；

第 7 章，基于深度前馈网络评价我国商业银行流动性监测指标；

第 8 章，基于不确定性视角，实证研究公众信息获取对货币政策效果的影响；

第 9 章，进一步考查货币政策调控与银行体系网络性能优化间的关系。

1.3　本书研究的特色和存在的创新之处

笔者认为本书的创新点体现在以下几方面：

第一，在存量流量一致框架下，构建复杂网络建模与经济金融理论分析依据相对接的模型体系。主要理论模型能够在复杂网络模式下，兼容宏观审慎监管内容下宏观与微观、时间与截面两组维度的衔接，从而为经济金融体系网络性能分析提供经济理论依据，也为理论研究提供了复杂性测算的实现。研究不是依靠设计一个单一模型来解决问题，项目研究设计的多个模型相互融合并串联，形成模型体系。

第二，本书通过引入复杂网络控制理论，揭示复杂网络结构下调节流动性和金融稳定的相关政策工具的互动机理和相互协调的一般规律，为政策协同控制提供科学化的理论支撑。结合跨行业、跨市场和跨机构间存在的层级结构，借助复杂网络控制理论，将流动性约束、违约与银行体系网络性能优化与协同控制问题抽象为带有层级结构的复杂网络节点、链路与子网络间的控制问题，设计多种政策调控工具的科学化的协同控制模型，给出解析化的控制路径和控制策略。

第三，以反映系统承受和抵御风险能力的网络性能的优化控制为研究核心，不再局限于对系统性风险的测度和预警。针对银行作为网络节点被移除的情况在我国较为鲜见的情况，考虑链路脆弱情况的演化，研究将网络自然连通度测算推广至含权网络的计算方法。从既考虑内部结构调整又考虑外部政策控制的角度，得出提升网络性能的综合路径。

第四，采用混合频率数据模型进行经验检验，并与其他模型检验结果相校验修正。采用混合频率数据模型进行经验检验，不再仅依赖于数据信息的频率转换，可以避免转换过程中的损失或虚增。基于混频信息的检验能够在一定程度上提升数据分析效率，从而为政策调控实践提供更为优化的经验证据。

2　经济增速阶段性特征转变的模型刻画[①]

　　完全与对称的信息意味着企业家和外部投资者对企业未来收益拥有相同的信息，同时企业对于有关投资者的信息也是完全掌握的；或者换句话说，无论是投资者还是企业对市场状况的完整观察都是不需要投入任何成本的。拥有完全与对称的信息的市场是完美的。在这样的条件下，MM 定理的假设前提得到满足。于是，根据 MM 定理，改变企业的资本结构并不为企业创造价值，通过调整企业的投资结构的金融活动不会为企业创造任何价值，更不用涉及资产价格的波动问题。因为资产价格波动虽然会影响资产负债比率，但资产负债比率的变化是不能够影响加权资本成本的，从而不能影响信贷决策与能力。惊人的结论在学术界曾经引起轩然大波。现实中金融经济体系内的所有参与者都在受到实体经济约束时不可避免地面临金融约束，完美的理论推证与现实之间冲突的根源就在于信息的不完全与不对称。因此，放松完全信息的假设对于分析资产价格波动与系统性金融风险的关系是至关重要的。

　　实际上，在现实的经济金融体系内，信息不对称往往是常态。借款

---

　　①　感谢先师柳欣教授和师兄张楷弛对本章研究内容的支持。

人总是拥有比贷款人更多的关于企业内部以及投资项目的真实信息。在借贷行为发生后，借款人有可能从事实际上超过银行规定风险水平的项目。从而，金融市场中借贷双方在信息上的不对称使得在借贷过程中面临逆向选择和道德风险，进而增加成本的支出，使企业的外源性融资成本高于内源性融资成本。在信息不对称的条件下，MM 定理中的前提假设不再成立，资产价格的涨跌也就能够通过调整资产负债比率、资本结构、加权资本成本，进而对信贷资金的扩张与收缩产生影响。Stiglitz 和 Weiss 的信贷配给理论也是基于信息不对称而阐释的。在本部分的理论模型框架中，笔者引入信息不对称，放松完全信息假设，来研究资产价格波动与系统性金融风险的关系。

市场经济的游戏规则是提倡自由竞争的，这一点从新古典经济学对市场经济的解释就可以得到，即一种要素和产品的相对价格的决定和资源配置理论。新古典经济学从微观角度所进行的上述解释也成为新古典微观领域研究的核心。竞争本身并不是一个很容易通过模型加以量化的变量，但通过利润或利润率来表征竞争确实是很好的办法。

利润以及利润率可以说是马克思主义政治经济学、斯密等的古典经济学、新古典经济学中的重要变量，对利润率的衡量甚至是剑桥资本争论中的一个重点（斯拉法，1960）。由于本部分研究的核心是资产减值以及违约传染与系统性金融风险之间的关系，对利润率等相关问题的衡量不进行过多研究。这里只是以利润作为竞争的表征变量，以此来表示通过竞争实现优胜劣汰的过程。不考虑停止生产点等问题，按照最简化的情况，认为利润额小于零是亏损。对于微观个体而言，亏损的上限就是破产。在会计核算中，利润为负时首先冲减股东的权益，进入破产程序后开始冲减债权资本。与前文注释中的内容一致，本节中所涉及的破产概念，除特殊说明外，均指经济破产，即资不抵债，并且一旦发生经济破产即不会在市场中存续。本节还假定所有的会计核算均采用公允价值计量的方法，因为目前采用公允价值核算已成为一种趋势（Charles Goodhart、Boris Hofmann，2004）。但随之对公允价值计量问题的质疑也产生了，因为很容易通过这一渠道将资产价格的波动性带进资产负债表，并且经常是那些看起来与基本面关系不大的波动。Charles

Goodhart（2004）对此的评价是：对于任何一个能够系统预见市场超跌或超升的人来说，他都应该足够富有而不必担心会计问题；而对于贫穷的人来讲，市场价值可能看起来反复无常，但至少它们在大多数情况下是客观的，且不易为人操纵和滥用。诚然，公允价值计量恰当而及时地反映了资产的实际价值，但同时也将资产价格波动对金融系统风险的影响提升到了更高的关注和研究等级。

随着市场规模的不断扩大，企业不可能完全依赖自有资金，外部的融资支持对其来说是必不可少的。抵押表示取得资产的方式和不同资产之间的关系。在抵押率一定的情况下，抵押物的价值直接决定抵押所能获得的资金。

2.1 经济增长状态的模型分析

从剑桥增长公式出发，货币量值的剑桥增长公式可写为如下一般形式：

$$W + D + R + \prod + T + In \equiv Y \equiv GDP \equiv C + I + G + Ou \tag{2-1}$$

式中，W 为企业发放的工资总额，D 为折旧总额，R 为利息总额，$\prod$ 为利润总额，T 为税收，In 为总进口，C 为总消费，I 为总投资，G 为政府总支出，Ou 为总出口。各变量都是时间的连续函数并以当期价格计算即为货币量值。不计进口这个漏出量，等式左边是按收入法统计的国民收入，即工资、折旧、利息、利润之和，等式右边是按支出法统计的国民收入，即消费、投资、政府支出、出口之和，即对一国经济的总需求。一国的总需求最终会成为该国各类社会成员的收入或因进口而漏出，显然（2-1）式为恒等式。

实际上，不计进口这个漏出量，等式左边就是企业财务报表的形式，是全社会企业财务报表的加总。这里企业的所谓"折旧"是价格量，并不是物质上的折旧，而是一种成本计算的方式，将以前的投资按一定年限从企业收入中提取出来作为成本收回，是资本收入的一部分。由此，在这里定义资产值为 t 时点以前投资的货币还没有提取折旧的部分，即历史成本。那么进入成本核算的即是资产值，有：$D = d*k$，即折旧流量等于资产值乘以折旧率。同样，利息总额也是一种成本计算方式。以前投入购买固定资产的货币还没收回的部分要计算其利息到成本中，对外部融资的货币而言为实际成本，对内部融资的货币而言为机会成本，因此记利息率为 R = r*K，再定义利润率变量，则有下式成立：

$$W(t)+(d+r+\pi)K(t)+T(t)+In(t) \equiv C(t)+I(t)+G(t)+Ou(t) \qquad (2-2)$$

设总储蓄率为 s > 0，则收入支出模型有如下一般形式：

$$C(t)+I(t)=I(t)/s \qquad (2-3)$$

（2-2）式为剑桥增长公式加入相关变量定义后的形式，是货币量值连续变量的恒等式，不包含任何对经济的特殊假设；（2-3）式表达了收入支出模型在政府收支和国际贸易平衡时总需求受投资引致的乘数作用，也是货币量值的连续形式。

剑桥增长公式模型的进一步假设如下：

假设 1：政府收支平衡；

假设 2：折旧率、利息率在模型中外生给定；

假设 3：工资收入与资本收入的比例在模型中外生给定，记为 P(i,j)；

假设 4：工资收入和资本收入各自的储蓄率在模型中外生给定，分别记为 s_1、s_2。其中资本收入的储蓄率 s_2 充分接近于 1，使得 $\alpha s_1 + s_2 \geq 1$ 成立。

假设 1 简化了分析，使（2-3）式得以成立。这意味着本节忽略了赤字财政和贸易盈余对需求的影响，集中考查私人投资对需求的影响。假设 2 意味着在本模型中简化了资本市场内容，利息率是受中央银行控制的外生参数。假设 3 是模型的核心假设之一，它反映了斯拉法式的收入分配观，收入在劳动与资本之间的分配是由社会关系决定的，对经济分析而言是外生因素。这是因为产品售价通常是由企业在直接成本上按一定比例加成定价所决定的，该加价比例由社会关系和习惯所决定，因而比例在模型中外生给定。假设 4 意味着消费者的微观行为模式是独立的，资本收入的储蓄率充分接近 1，反映了有效需求问题，即由需求产生的资本收入不能直接产生需求。这是市场经济的普遍状况，因而该假设中的不等式不具有特殊性。需要注意的是，假设 3 和假设 4 中的外生参数并非长期不变，而是由于其是宏观经济的外生因素，故可以先在其不变的情况下研究宏观经济的增长趋势，再通过比较静态分析来讨论它们变化时宏观经济增长趋势的变化。另外，在储蓄率既定的假设和乘数理论的结论"投资等于总储蓄"之间需要进行一点说明，微观的储蓄率代表了个人行为方式，它与总储蓄是不同的概念，总储蓄是总收入乘以微观的储蓄率，总收入则由投资乘以乘数得到，而乘数又是微观储蓄率的倒数，因此总储蓄等于总投资，无论储蓄率是多少。因此，储蓄率外生给定的假设与乘数理论的结论"投资等于总储蓄"并不矛盾。

2.2　基于剑桥增长公式的均衡增长路径求解

考虑模型的均衡增长路径，即投资增长率和资产值增长率随时间不变的状态。由于二者都是投资资产比的函数，因而当且仅当投资资产比随时间不变时，模型处于均衡增长路径，而该比值的增长率为投资增长率与资产值增长率之差，因此当且仅当投资增长率和资产值增长率相等时，模型处于该状态。一旦两值相等，投资资产比便失去变动趋势，这两个值也就没有变化的趋势而继续保持相等，模型将一直处于该状态。因此有如下界定：

界定：模型的均衡增长状态是指 $\dot{I}/I = \dot{K}/K > 0$ 的状态，此时的 I/K 称为均衡投资资产比，$\dot{I}/I$ 称为均衡增长率。

本节的研究思路是先分别求解 $\min\{f(I/K - d - r), M\}$，取 f 和 M 时的模型，再综合起来推导模型的规律。先考虑下述模型：

$$\begin{cases} \dot{I}/I = g(I/K) = f(\beta I/K - d - r) \\ \dot{K}/K = h(I/K) = I/K - d \end{cases} \tag{2-4}$$

式中，$I(0) = I_0$，$K(0) = K_0$，I_0, K_0, d，$r > 0$，$0 < \beta \leq 1$，$f' > 0$，$f(0) < 0$。

随着函数值的变化，上述两函数交点情况会不同。由于一般认为宏观经济是存在均衡增长状态的（虽然可能是刀锋式增长），因此我们限制 f 的形状使 $n \geq 1$。事实上，由于 f 反映的是企业投资的货币额如何受货币利润率影响，是一种心理驱动，因而其形状完全可以是各种非线性形式。

当初始的投资资产比为均衡投资资产比时，模型将一直处于相应的均衡增长状态；当初始的投资资产比小于最小的均衡投资资产比时，经济将陷入衰退；当初始的投资资产比大于最大的均衡投资资产比时，若在该比例以上则投资增长率将无限上升，否则模型将收敛于该比例对应的均衡增长状态；当初始的投资资产比在两个相邻的均衡投资资产比之间时，若在这两个比例之间则模型会收敛于较大比例所对应的均衡增长状态，否则会收敛于较小比例所对应的均衡增长状态。

考虑 $\min\{f(I/K-d-r),M\}$ 取 M 时的情形，即如下模型：

$$\begin{cases} \dot{I}/I = M \\ \dot{K}/K = I/K - d \end{cases} \tag{2-5}$$

式中，$I(0) = I_0$，$K(0) = K_0$，I_0, K_0, d。

若一个初始的投资资产比在没有融资约束时会使投资趋向低于 M 的稳定增长，那么在存在融资约束时，其长期趋势不会改变；若一个初始的投资资产比在没有融资约束时使投资趋向高于 M 的稳定增长，那么在存在融资约束时其投资增长率只能趋向于或处于之下的那个稳定增长率，这显然也是融资约束本身意义的体现。

3 基于混频数据的非线性格兰杰因果关系检验与经济变量预测[①]

自从格兰杰（1969，1980）等论文提出格兰杰因果关系的概念和检验的基本思路以来，格兰杰非因果性检验已经成为挖掘经济变量之间因果关系的标准工具，并被广泛用于经济学的相关问题研究中，例如货币供给与居民收入、消费和产出以及金融市场间价格和波动率的传导机制等。因此，关于格兰杰因果关系及其检验方法的研究具有重要意义。近年来，随着统计工作的完善和深入，我们进入了一个数据充裕的（Data Rich）时代，即我们较之以往可以更便捷地获得不同类型的经济变量数据，并且这些数据的采样频率也不尽相同，这就为检验这些变量之间的格兰杰非因果性带来一定程度的挑战。传统的基于 VAR 模型的检验方法要求所有变量的频率是一致的。在不采用插值法人为虚增数据的前提下，模型的数据频率往往取决于拥有最低频率的变量，并采用加

① 本章 3.1 的主体部分已发表于《数量经济技术经济研究》2017 年第 5 期，原题为《基于 MF-VAR 的混频数据非线性格兰杰因果关系检验》；3.2 内容由笔者的论文《基于网络搜索量和混合频率模型的经济变量预测研究》支撑，发表在《统计与信息论坛》2016 年第 5 期；3.4 内容由笔者的论文《公众信心与中国宏观经济波动的非线性因果关系研究》支撑，发表在《统计与信息论坛》2018 年第 5 期。

总法将高频数据转化为低频数据。这样做不仅会造成高频数据的信息损失，抹杀了高频数据的波动，在格兰杰非因果性检验中也容易得出谬误结论，这就意味着在进行格兰杰非因果性检验时必须考虑频率混合问题。针对混频数据的格兰杰非因果性检验，Ghysels 等（2016a）提出一种适用于判定双变量之间是否存在格兰杰因果关系的最大值检验（max test），该检验的基本思想是：在给定检验阶数的前提下，对于高频变量对低频变量不存在单向因果关系的原假设，基于高频变量的每一阶滞后项建立辅助回归，然后根据高频变量滞后项前的回归系数估计量平方的最大值构造统计量。同理，对于低频变量对高频变量不存在单向因果关系的原假设，则基于高频变量的每一阶领先项建立辅助回归，并基于同样的方法构造检验统计量。由于两种情况下，检验统计量非标准，因此需要通过模拟方法得到近似 p 值。模拟实验表明，最大值检验特别适合于检验具有较长时滞的因果关系。

对于多变量之间混频数据的格兰杰非因果性检验，Ghysels 等（2016b）基于混频向量自回归模型（MF-VAR）进行检验。他们的基本思想是将高频变量在一个低频时间间隔内的多个观测值都作为新变量，这就将一个具有较低维数的混频模型转化成为具有较高维数的低频模型，该模型可以直接使用 OLS 进行估计。在此基础上将变量之间不存在格兰杰因果关系的原假设转化成为系数约束条件后构造 Wald 统计量进行检验。对于统计量在小样本下的检验水平扭曲问题他们还使用了自助法（Bootstrap）进行修正。模拟实验证明，与低频检验相比，混频检验具有更高的功效，可以更准确地挖掘出数据生成过程之间的引致关系。这种检验的主要局限性是当变量的频率差异较大时，例如年度数据与月度数据混合或者月度数据与日数据混合，模型会陷入维数灾难。针对这一问题，Gotz 等（2015）提出在 MF-VAR 模型中分别应用两种降维技术——降秩回归和贝叶斯方法。所谓降秩回归就是指通过提取高频变量的因子实现降维的目的，提取因子的方法包括典型相关分析（CCA）、偏最小二乘法（PLS）和异质自回归法（HAR）等。而在 MF-VAR 中应用贝叶斯方法则首先将正态-wishart 先验分布转换为一系列辅助虚拟变量加入模型，对该模型进行 OLS 估计等价于得到估计量的后验均值，在此基础上可以进行统计推断，并构造相应的检验统计量。

上述检验均是在线性框架内进行的，但在现实中非线性关系普遍存在，主要经济变量几乎都存在复杂的非线性关系。例如，王少平和彭方平（2006）、张屹山和张代强（2008）以及张凌翔和张晓峒（2011）都从非线性角度研究了中国通货膨胀的动态调整机制。赵振全等（2007）以及刘金全等（2009）则基于非线性模型研究了相关因素对中国经济增长的影响。而对于经济变量之间的格兰杰因果关系，周璞和李自然（2012）以及张小宇和刘金全（2015）基于 Hiemstra 和 Jones（1994）提出的非线性格兰杰因果关系检验研究了股票市场之间的关联机制，并且指出相对于线性检验，非线性检验可以捕捉到股市联动的非线性特征，得出的结论也更贴近实际情况。此外，Bekiros 和 Diks（2008）、Bekiros（2014）以及 Ajmi 等（2014）都在相关经济变量中检验出存在非线性格兰杰因果关系。因此在混合频率格兰杰非因果性检验中考虑非线性问题是非常有研究意义的。

3.1 基于 MF-VAR 的混频数据非线性格兰杰因果关系检验

3.1.1 混频向量自回归模型（MF-VAR）

MF-VAR 模型是格兰杰非因果性检验的基础，在现有文献中存在多种 MF-VAR 模型的设定方式。例如 Kuzin 等（2011）、Eraker 等（2014）以及 Schorfheide 和 Song（2015）认为混频经济系统中所有变量都具有高频数据生成过程，并将低频变量视为潜变量。在此基础上利用状态空间模型建立起高频数据生成过程与低频潜变量之间的联系。由于低频变量是可观测的，因此可以通过最大似然法或贝叶斯方法对该状态空间模型进行估计。但需要注意的是，得到的参数估计结果无法直接用于构造检验格兰杰非因果性的统计量，因此更适用于经济变量预测。针对这一问题，Ghysels 等（2016b）提出了一种更适用于格兰杰非因果性检验，并且更容易实现的 MF-VAR 模型设定方法，下面给出该 MF-VAR 模型的基本框架。

记 $X_H(\tau_L,k)$ 为高频变量，$X_L(\tau_L)$ 为低频变量，其中 $\tau_L \in \{0,...,T_L\}$ 为低频时间标志，$k \in \{1,...,m\}$ 为高频时间标志，m 为在两个低频时间间隔内拥有的高频观测点数量。MF-VAR 模型的基本思想是将所有可观测过程堆积成为混频向量：$X(\tau_L) = [X_H(\tau_L,1)',...,X_H(\tau_L,m)', X_L(\tau_L)]'$。例如一个包含月度和季度变量的 $X(\tau_L)$ 可以表示为 $X(\tau_L) = [X_H(\tau_L,1),X_H(\tau_L,2),X_H(\tau_L,3),...,X_L(\tau_L)]'$。

为了使 MF-VAR 模型能够同时适用于检验线性与非线性格兰杰因果性，本部分将借鉴 Peguin-Feissolle 和 Teräsvirta（1999）的做法，基于泰勒级数展开式的思想将表示高频变量与低频变量之间非线性动态调整机制的非线性项 $X_H^2(\tau_L,k)$、$X_H(\tau_L,k) \cdot X_L(\tau_L)$ 和 $X_L^2(\tau_L)$ 也加入到模型中，即：

$$X_H(\tau_L,k) \cdot X_L(\tau_L) = \begin{bmatrix} X_H(\tau_L,1) \\ X_H^2(\tau_L,1) \\ X_H(\tau_L,1) \cdot X_L(\tau_L) \\ \vdots \\ X_H(\tau_L,m) \\ X_H^2(\tau_L,m) \\ X_H(\tau_L,m) \cdot X_L(\tau_L) \\ X_L(\tau_L) \\ X^2(\tau_L) \end{bmatrix} \tag{3-1}$$

定义 $X_H(\tau_L,k) = [X_H(\tau_L,k),X_H^2(\tau_L,k),X_H(\tau_L,k) \cdot X_L(\tau_L)]'$ 以及 $X_L(\tau_L) = [X_L(\tau_L) \cdot X_L^2(\tau_L)]'$，则高频变量与低频变量之间格兰杰因果关系检验的原假设可以表示为：

（高频变量不是低频变量的格兰杰原因）：$H_0^I := X_H \nrightarrow X_L$

（低频变量不是高频变量的格兰杰原因）：$H_0^{II} := X_L \nrightarrow X_H$

为了构造相应的检验统计量，将 $K = 3m + 2$ 维向量 $X(\tau_L)$ 的动态调整机制用一个 VAR（p）模型进行描述，就得到 MF-VAR（p）模型，也即 $X(\tau_L) = \sum_{k=1}^{P} A_k X(\tau_L - k) + \epsilon(\tau_L)$。$A_k$ 是 $K \times K$ 维系数矩阵，并且 $\det\left(I_k - \sum_{k=1}^{P} A_k z^k\right) = 0$ 的根都在单位圆外。该 VAR（p）模型并不

含有截距，对于使用标准化后的数据建立模型，此种设定是合理的。在此基础上可以利用矩阵 A_k 的非主对角线上的元素可以判断变量之间在某个给定预测期的因果关系。但实际上，MF-VAR 模型堆积了在同一个低频时间间隔内多个不同时刻的高频变量观测值，这意味着变量之间可能存在多期格兰杰因果性，因此需要在 MF-VAR（p）模型中考虑预测步长 h，最终得到的模型形式为：

$$X(\tau_L + h) = \sum_{k=1}^{P} A_k^{(h)} X(\tau_L + 1 - k) + u^{(h)}(\tau_L) \tag{3-2}$$

式中：$A_k^{(1)} = A_k$，$A_k^{(i)} = A_{k+i-1} + \sum_{l=1}^{i-1} A_{i-1} A_k^{(1)}$，$u^{(h)}(\tau_L) = \Psi_k \epsilon(\tau_L - k)$。可以将公式（3-2）表示的 h 步 MF-VAR（p）模型的全部系数用一个 $pK \times K$ 维系数矩阵 $B(h)$ 表示。为了得到 $B(h)$ 的 OLS 估计量，定义：

$$W_h(k) = \left[X(h), X(1+h), ..., X(T_L - k + h) \right]'$$
$$W(\tau_L, p) = \left[X(\tau_L)', X(\tau_L - 1)', ..., X(\tau_L - p + 1)' \right]' \tag{3-3}$$
$$\bar{W}_p(h) = \left[W(0, p), W(1, p), ..., W(\tau_L - h, p) \right]'$$

相应的误差项 $u^{(h)}(\tau_L)$ 也可以堆积成为 $U_1(k) = \left[u^{(h)}(1), u^{(h)}(1+1), ..., u^{(h)}(T_L - k + 1) \right]'$。根据上述定义，h 步 MF-VAR（p）模型可以表示为 $W_{h(h)} = \bar{W}_p(h) B(h) + U_{h(h)}$，$B(h)$ 的 OLS 估计量可以表示为：

$$\hat{B}(h) = \left[\bar{W}_p(h)' \bar{W}_p(h) \right]^{-1} \bar{W}_p(h) W_{h(h)} \tag{3-4}$$

在此基础上 Ghysels 等（2016b）证明 $\hat{B}(h)$ 的渐进分布可以表示为：

$$\sqrt{T_L^*} \text{vec} \left[\hat{B}(h) - B(h) \right] = \left[I_k \otimes \hat{\Gamma}_{p,0}^{-1} \right] \times \hat{D}_{p,T_L^*}(h) \times \left[I_k \otimes \hat{\Gamma}_{p,0}^{-1} \right] \tag{3-5}$$

$\hat{\Gamma}_{p,0}$ 的估计量可以表示为 $\hat{\Gamma}_{p,0} = \frac{1}{T_i} \sum_{\tau_L = 0}^{T_i^* - 1} W(\tau_L, p) W(\tau_L, p)'$。为了得到长期协方差 $D_p(h)$ 的样本估计量 $\hat{D}_{p,T_L^*}(h)$，定义：$\hat{Y}(\tau_L + h, p) = \text{vec} \left[W(\tau_L, p) \hat{u}^{(h)}(\tau_L + h)' \right]$，式中 $\hat{u}^{(h)}(\tau_L + h)' = X(\tau_L) - \sum_{k=1}^{p} \hat{A}_k^{(h)} X(\tau_L - h + 1 - k)$。在此基础上计算 $\hat{\Delta}_{p,s}(h) = \frac{1}{T_L^*} \sum_{\tau_L = 0}^{T_L^* - 1} \hat{Y}(\tau_L + h, p)$

$\hat{Y}(\tau_L + h - s, p)'$。为了得到 $D_p(h)$ 的稳健估计量，本部分采用了 Newey and West（1987）提出的基于 Bartlett 核的 HAC 估计量，也即：

$$\hat{D}_{p,T_L^*}(h) = \hat{\Delta}_{p,0}(h) + \sum_{s=1}^{bw-1}\left(1 - \frac{s}{bw}\right)\left(\hat{\Delta}_{p,s}(h) + \hat{\Delta}_{p,s}(h)'\right) \tag{3-6}$$

式中：$h \leq bw \leq T_L^*$ 是核估计的带宽，一种对带宽选择的经验公式是 $bw = \left|4(n/100)^{2/9}\right|$。

3.1.2　检验统计量

基于 MF-VAR 模型的非线性格兰杰因果关系检验针对回归系数 $B(h)$ 进行，相应的原假设可以转化为一系列线性系数约束，即 H_0: $Rvec[B(h)] = r$，式中 R 是根据相关原假设确定的选择矩阵。可以构造形如公式（3-7）所示的 Wald 统计量。Ghysels 等（2016b）证明，$W[H_0(h)]$ 服从自由度为 q 的 χ^2 分布，其中 q 是零约束的个数。

$$\begin{aligned} W[H_0(h)] = T_L^*\left(Rvec[\hat{B}(h)] - r\right)' \times \left(R\hat{\sum}_p(h)R'\right)^{-1} \times \\ \left(Rvec[\hat{B}(h)] - r\right) \end{aligned} \tag{3-7}$$

R 的一般形式可以表示为 $R = \left[\Lambda(\delta_1)', \Lambda(\delta_2)', ..., \Lambda(\delta_{g(a,\iota,b)p})'\right]$，式中：

$$r = 0_{g(a,\iota,b)g(c,\iota',d)p \times 1}$$

$$g(a,\iota,b) = \frac{b-a}{\iota} + 1, \quad \delta_1 = pK(a-1) + c$$

$$\delta_l = \delta_{l-1} + K + pK(t-1)I(l-1 = zp), \quad l = 2, ..., g(a,\iota,b)p \tag{3-8}$$

$I(\cdot)$ 是示性函数，Z 是任意整数。$\Lambda(\delta)$ 是 $g(c,\iota',d) \times pK^2$ 矩阵，对于 $j \in \{1, ..., g(c,\iota',d)\}$，矩阵 R 中位置为 $(j, \delta + (j-1)\iota')$ 的元素值为 1，其他位置的元素值为 0。参数 (a,ι,b,c,ι',d) 则根据原假设进行设定，表 3-1 给出了 H_0^I 和 H_0^{II} 下的参数取值规则。为了更加清晰理解这些参数的取值规则，有两点需要加以说明：其一，$g(a,\iota,b)$ 和 $g(c,\iota',d)$ 表示对于每一个 $k \in \{1, ..., p\}$，$A_\iota^{(h)}$ 有多少行与列需要施加零约束，零约束的个数因此可以表示为 $q = g(a,\iota,b)g(c,\iota',d)p$；其二，$\Lambda(\delta)$ 中在每

一行中只有 1 个非零元素，并且其值为 1，这样做的目的是指示出 $\text{vec}\big[\hat{B}(h)\big]$ 中哪个元素值应为 0。正如公式（3-8）所指出的，在计算 δ_1 时每次迭代的增量值是 K，但如果 $l-1$ 是 p 的整数倍，则需要额外增加 $pK(l-1)$，从而能够跳过 $B(h)$ 中的某些列。

表 3-1   不同原假设下的参数约束条件

原假设	a	ι	b	c	ι'	d
H_0^I	3m + 1	1	3m + 2	1	1	3m
H_0^{II}	1	1	3m	3m + 1	1	3m + 2

对于检验在小样本下的水平扭曲问题，可以利用 Gonçalves and Kilian（2004）提出的参数自助法进行修正（以下简称 GK 自助法）。GK 自助法不用对误差项的分布进行假设，因此对未知形式的条件异方差是稳健的。其具体步骤如下：

（1）令 h=1，估计 MF-VAR（p）模型得到 $\hat{B}(1)\big(\hat{A}_1,...,\hat{A}_P\big)$ 以及相应的残差，再对于预测步长 h 估计 MF-VAR（p）模型得到 $\hat{B}(h)$。

（2）基于实际数据计算 Wald 统计量 $W\big[H_0(h)\big]$。

（3）构造 N 个模拟误差序列 $\big\{\tilde{\epsilon}(1),...,\tilde{\epsilon}(T_L^*)\big\}$，$\{i=1,\cdots,N\}$。对于 DPR 自助法，$\widetilde{\epsilon}_i(\iota_L) \sim N\big(0_{K\times 1},\hat{\Omega}\big)$，式中，$\hat{\Omega}=(1/T_L^*)\sum_{\tau_L=0}^{T_L^*-1}\hat{\epsilon}(\tau_L)\hat{\epsilon}(\tau_L)'$；对于 GK 自助法，$\tilde{\epsilon}_i(\tau_L)=\tilde{\epsilon}(\tau_L)\cdot\xi_i(\tau_L)$，式中，$\xi_i(\tau_L)\sim N\big(0_{K\times 1},I_K\big)$。

（4）将原假设转变为对 $\hat{B}(h)$ 的系数约束，然后针对每一个模拟样本（p，h）模拟自回归，其中第 i 个模拟样本的复合误差可以表示为 $u_i^{(h)}(\tau_L)=\sum_{k=0}^{h-1}\hat{\Psi}_k\tilde{\epsilon}_i(\tau_L-k)$，$\hat{\Psi}$ 可以通过 $\hat{A}_1,...,\hat{A}_P$ 迭代计算得到。在此基础上基于每一个模拟（p，h）-VAR 回归计算 Wald 统计量 $W_i\big[H_0(h)\big]$。

（5）计算模拟伴随概率：$\hat{p}_N\big(W_{T_L^*}\big[H_0(h)\big]\big)=\frac{1}{N}\big(1+\sum_{i=1}^{N}I\big(W_i\big[H_0(h)\big]\geqslant W\big[H_0(h)\big]\big)\big)$。

由于 $B(h)$ 的维数为 $pK \times K$，其中 $K = 3m + 2$，显然当 m 较大时，模型需要估计的参数非常多。例如，当 $m=3$，$p=1$ 时（季度数据与月度数据混合），待估参数个数为 121；而当 $m=12$，$p=1$ 时（月度数据与年度数据混合），待估参数个数为 1 444 个。实际中的数据很难满足其样本容量需求，因此本部分利用典型相关分析（CCA）对原始混频数据进行降维。

根据公式（3-1）中给出的 $X(\tau_L)$ 表达式，将所有 $\tau_L = 1,...,T_L$ 时刻的 $X(\tau_L)$ 堆积起来，可以得到如公式（3-9）所示的 $T_L \times (3m + 2)$ 矩阵。为了下文表述方便，记矩阵中方框内的数据块为高频数据 X_H，其余部分数据为低频数据 X_L。虽然可以直接使用主成分分析提取 X_H 的主成分，但由于得到的主成分仅是 X_H 内各变量的线性组合，而没有考虑与 X_L 内各变量的相关性，也就很难完整保留 VAR 模型的动态结构，进而会对格兰杰因果性检验的结果产生影响。而典型相关分析可以弥补这一缺陷，其基本思想是寻找一组变量的线性组合，使生成的新变量（典型相关变量）与另一组变量中生成的典型相关变量的相关程度最大。需要指出的是，典型相关变量不唯一，可以找到多组变量。

$$\begin{bmatrix} X_H(1,1)_{1\times3} & \cdots & X_H(1,m)_{1\times3} & X_L(1)_{1\times2} \\ \vdots & \ddots & \vdots & \vdots \\ X_H(T_L,1)_{1\times3} & \cdots & X_H(T_L,m)_{1\times3} & X_L(T_L)_{1\times2} \end{bmatrix} \quad (3-9)$$

在混频数据中应用 CCA 的具体步骤为，首先分别计算 X_H 和 X_L 内部以及 X_H 和 X_L 之间各变量的相关系数矩阵，分别记为 $\sum_{HH}$、$\sum_{LL}$、$\sum_{HL}$ 和 $\sum_{LH}$。求出矩阵 $\sum_{HH}^{-1} \cdot \sum_{HL} \cdot \sum_{LH}^{-1} \cdot \sum_{LH}$ 最大的 c 个特征值以及相应的特征向量 $\alpha_1,...,\alpha_c$，则生成的典型相关变量可以表示为 $X_H\alpha_1,...,X_H\alpha_c$。一般情况下 c 远小于高频数据的原始维数 $3m$，从而实现了对高频数据的降维，使本部分提出的检验既适用于 m 较小的情况（季度/月度数据混合、年度/季度数据混合），又适用于 m 较大的情况（年度/月度数据混合、月度/日度数据混合）。

3.1.3 模拟实验

（1）实验设计

混频数据的生成过程（DGP）比较复杂，本部分延用 Ghysels 等（2016b）的做法，认为低频变量 $X_L(\tau_L)$ 是由一个不可观测的高频潜变量 $X_L(\tau_L, k)$ 累积得到的，进而 $X_L(\tau_L)$ 与可观测的 $X_L(\tau_L, k)$ 共同组成一个高频经济系统，分别记为 $x_t^L = X_L(\tau_L, k)$，$x_t^H = X_H(\tau_L, k)$，$t = 1, ..., mT_L$，在根据表 3-2 给出的 DGP 生成 x_t^L 和 x_t^H 后，将 x_t^L 在一个低频时间间隔内的 m 个观测值采用简单算术平均的方式得到相应的低频变量。

在表 3-2 给出的 8 组 DGP 中，DGP1s、DGP2s 用于研究统计量的检验水平；DGP1p~DGP6p 用于研究统计量的检验功效，其中 DGP1p~DGP3p 对应的是高频变量是低频变量的格兰杰原因，DGP4p~DGP6p 对应的是低频变量是高频变量的格兰杰原因。在 6 组用于研究检验功效的 DGP 中，DGP1p 和 DGP4p 中高频变量与低频变量之间是线性格兰杰因果关系，而其余 DGP 中的任意两个是非线性格兰杰因果关系。

表 3-2　　检验的水平与功效性质模拟实验使用的 DGP

项目	高频变量	低频变量
DGP1s	$x_t^H = \varepsilon_{1t}$	$x_t^L = \varepsilon_{2t}$
DGP2s	$x_t^H = 0.8x_{t-1}^H + \varepsilon_{1t}$	$x_t^L = 0.8x_{t-1}^L + \varepsilon_{2t}$
DGP1p	$x_t^H = 0.8x_{t-1}^H + \varepsilon_{1t}$	$x_t^L = 0.8x_{t-1}^L + 0.4x_{t-1}^H + \varepsilon_{2t}$
DGP2p	$x_t^H = 0.8x_{t-1}^H + \varepsilon_{1t}$	$x_t^L = 0.8x_{t-1}^L + 0.4\left(x_{t-1}^H\right)^2 + \varepsilon_{2t}$
DGP3p	$x_t^H = 0.8x_{t-1}^H + \varepsilon_{1t}$	$x_t^L = 0.8x_{t-1}^L + 0.4x_{t-1}^H \cdot x_{t-1}^L + \varepsilon_{2t}$
DGP4p	$x_t^H = 0.8x_{t-1}^H + 0.4x_{t-1}^L + \varepsilon_{1t}$	$x_t^L = 0.8x_{t-1}^L + \varepsilon_{2t}$
DGP5p	$x_t^H = 0.8x_{t-1}^H + 0.4\left(x_{t-1}^L\right)^2 + \varepsilon_{1t}$	$x_t^L = 0.8x_{t-1}^L + \varepsilon_{2t}$
DGP6p	$x_t^H = 0.8x_{t-1}^H + 0.4x_{t-1}^H x_{t-1}^L + \varepsilon_{1t}$	$x_t^L = 0.8x_{t-1}^L + \varepsilon_{2t}$

考虑到实际应用时，宏观经济或金融时间序列普遍存在波动聚集特征，因此本部分在模拟实验中令新息 $\varepsilon_t = \left[\varepsilon_{1t}, \varepsilon_{2t}\right]'$ 服从对角 BEKK（1，1）

过程，该模型是由 Engle 和 Kroner（1995）提出的一种多元 GARCH 模型。令 $z_t \sim N(0_{2 \times 1}, I_2)$，则对角 BEKK（1，1）过程可以表示为 $\varepsilon_t = H_t^{1/2} z_t$，式中 H_t 的表达式由公式（3-10）给出

$$H_t = \begin{bmatrix} H_{11t} & H_{12t} \\ H_{21t} & H_{22t} \end{bmatrix} = \begin{bmatrix} 0.1 & 0 \\ 0 & 0.1 \end{bmatrix} +$$

$$\begin{bmatrix} 0.05 & 0 \\ 0 & 0.05 \end{bmatrix} \begin{bmatrix} \varepsilon_{1t-1}^2 & \varepsilon_{1t-1}\varepsilon_{2t-1} \\ \varepsilon_{2t-1}\varepsilon_{1t-1} & \varepsilon_{2t-1}^2 \end{bmatrix} \begin{bmatrix} 0.05 & 0 \\ 0 & 0.05 \end{bmatrix} + \quad (3-10)$$

$$\begin{bmatrix} 0.9 & 0 \\ 0 & 0.9 \end{bmatrix} \begin{bmatrix} H_{11t-1} & H_{12t-1} \\ H_{21t-1} & H_{22t-1} \end{bmatrix} \begin{bmatrix} 0.9 & 0 \\ 0 & 0.9 \end{bmatrix}$$

模拟实验的序列长度为 $T_L = \{25, 50, 100, 200\}$。参数 m 的取值为：当 $T_L = 25$ 时，$m = \{3, 12\}$，用来模拟季度数据与月度数据混合以及年度数据与月度数据混合；当 $T_L = \{50, 100, 200\}$ 时，$m = \{2, 3\}$，用来模拟季度数据与月度数据混合以及年度数据与半年度数据混合。这些 T_L 与 m 的参数组合均是宏观经济、金融时序建模中的典型情况。对于每种参数组合，模拟实验次数均为 1 000。

在检验方法选择与设定方面，本部分将系统地比较四种检验的性质。第一种是本部分提出的基于加入非线性项的 MF-VAR 模型的检验（记为 MF_NL）。第二种是 Ghysels 等（2016b）提出的基于线性 MF-VAR 模型的检验（记为 MF），该检验可以通过在本部分提出的检验中将高频变量和低频变量的非线性项剔除实现。在这两种检验中，令 p=h=1。为了修正检验的水平扭曲，使用 DPR 自助法计算模拟伴随概率值，自助样本数量设为 499。同时对于 m 较大的情况（m = 12），则利用 CCA 对原始混频数据进行降维，并将典型相关变量数量设为 2。第三种是 Ghysels（2016a）提出的最大值检验（记为 Max），该检验通过估计形如公式（3-11）和公式（3-12）所示的 h 个独立的辅助回归模型实现，其中公式（3-11）对应的检验假设是 H_0^I，也即高频变量不是低频变量的格兰杰原因，公式（3-12）对应的检验假设 H_0^{II}，即低频变量不是高频变量的格兰杰原因。在得到 β_j 或 γ_j 的估计量后，可以通过 $\hat{T}_1 = \max\limits_{1 \leqslant j \leqslant h} \left(\sqrt{T_L} W_{T,j} \hat{\beta}_j \right)^2$ 或 $\hat{T}_2 = \max\limits_{1 \leqslant j \leqslant h} \left(\sqrt{T_L} W_{T,j} \hat{\gamma}_j \right)^2$ 计算得到相应的最大值统计量，式中，$W_{T,j}$ 为权重。在实际检验时，为了方便计算可以直接令 $W_{T,j} = 1/h$。为了使最大值统计量具有更优的性质，h 和 q 应满足

h ⩾ pm 以及 q ⩾ p，在本部分的模拟实验中令 q=1，h=12 假设成立下，$\hat{T}_1$ 和 $\hat{T}_2$ 的渐进分布非标准，因此也需要通过模拟方法计算近似伴随概率，本部分将模拟样本数量设为 500。第四种检验是将高频数据经过频率转换后成为低频数据，然后基于经典的线性 VAR（p）模型进行检验（记为 LF），并令滞后阶数 p=1。

$$x_L(\tau_L) = \mu + \sum_{k=1}^{q} \alpha_{k,j} x_L(\tau_L - k) + \beta_j x_H(\tau_L - 1, m + 1 - j) + u_L(\tau_{L,j}), \quad j = 1, ..., h \tag{3-11}$$

$$x_L(\tau_L) = \sum_{k=1}^{q} \alpha_{k,j} x_L(\tau_L - k) + \sum_{j=1}^{h} \beta_j x_H(\tau_L - 1, m + 1 - j) +$$
$$\gamma_j x_H(\tau_L + 1, j) + u_L(\tau_{L,j}) + \mu, j = 1, ..., h \tag{3-12}$$

上述四种检验的名义显著性水平均为 0.05。在检验方向设定上，对于 DGP1s、DGP2s 以及 DGP1p 至 DGP3p，将检验方向设定为高频变量不是低频变量的格兰杰原因；对于 DGP4p 至 DGP6p，将检验方向设定为低频变量不是高频变量的格兰杰原因。

（2）实验结果

在检验水平方面，对于 DGP1s 四种检验的实际水平均为 0.045~0.06，没有表现出严重的水平扭曲。对于 DGP2s，虽然四种检验的实际水平仍接近于名义水平，但对于 LF 检验则表现出一定程度的水平过甚。随着样本容量的增加，水平过甚的情况有所改善，但实际水平仍在 0.067 以上。这表明在实际应用时会由于过度拒绝而产生虚假格兰杰因果关系。另外三种混频检验则存在检验水平不足的现象，由于在实际应用中更关心过度拒绝的问题，因此过低拒绝是可以接受的。

在检验功效方面，从总体上看，四种检验的功效都随着样本容量的增加而增强，显示出检验具有良好的收敛性质。同时，功效会随着高频变量与低频变量的时间间隔 m 的增加而降低，这一点在 LF 检验表现得更明显。Max 检验相对于 m 增加的表现是比较稳健的，其功效降低在四种检验中是幅度最小的。在格兰杰因果关系方向设定对检验功效的影响方面，当原假设为高频变量不是低频变量的格兰杰原因时（DGP1p 至 DGP3p），四种检验的功效均低于原假设为低频变量不是高频变量的格兰杰原因时。这说明数据的时间加总对检验可靠性的影响具有非对称性。

具体到每种数据生成过程来看，对于 DGP1p 和 DGP4p，由于这两种情形下变量之间的引致关系为线性，因此所有检验的功效均较高。值得注意的是，数据由高频向低频的转换对传统线性格兰杰检验的影响并不像我们直觉中认为的那样大。例如，对于 DGP1p，LF 检验的功效甚至高于三种混频检验；但对于 DGP4p，LF 检验的功效则显著低于混频检验。在三种混频检验中，Max 检验的功效略高于两种基于 MFVAR 模型的检验，而 MF_NL 检验与 MF 检验的功效接近。当样本容量较小时，MF 检验功效较高；反之当样本容量较大时，MF_NL 检验的功效较高。笔者认为出现这种现象的原因在于在相同设定下，MF_NL 检验需要估计的参数个数远多于 MF 检验，当样本容量较小时 $W[H_0(h)]$ 统计量会由于估计模型时存在较高的标准误表现得更差。

对于 DGP2p、DGP3p 以及 DGP5p 和 DGP6p，由于高频变量和低频变量之间的引致关系为非线性，因此除了本部分提出的 MF_NL 检验外，其他三种线性检验的功效均呈现出较大幅度降低，当样本容量较小时大部分检验的功效只有 0.1~0.2。根据表 3-3 中的结果，四种检验的功效排序分别为：对于高频变量无法格兰杰引起低频变量的原假设 MF_NL 检验>LF 检验> Max 检验>MF 检验；对于低频变量无法格兰杰引起高频变量的原假设 MF_NL 检验> Max 检验>LF 检验>MF 检验。可见，MF_NL 检验相对于其他三种检验具有较优的功效性质，而 MF 检验表现最差。

（3）考查检验稳健性的实验

本部分将通过模拟实验考查当检验式存在误设时，统计量的水平和功效性质。由于篇幅所限，这里只考虑滞后阶数出现误设的情况。模拟实验分为两组进行，第一组实验针对的是检验式滞后阶数大于真实数据生成过程滞后阶数的情况；第二组实验针对的是检验式滞后阶数小于真实数据生成过程滞后阶数的情况。第一组实验的数据生成过程直接采用 DGP1s、DGP2s 以及 DGP2p 和 DGP3p；第二组实验的数据生成过程由表 3-4 的 DGP7p 至 DGP10p 给出，其中 DGP7p 可以视为 DGP1p 的嵌套 DGP，DGP8p 至 DGP10p 可以视为 DGP2p 的嵌套 DGP。两组实验中

表 3-3　　　　　　　　　模拟实验结果

检验方法	项目	DGP1s	DGP2s	DGP1p	DGP2p	DGP3p	DGP4p	DGP5p	DGP6p
MF_NL 检验	$T_L = 25$ $m = 3$	0.059	0.043	0.076	0.092	0.101	0.117	0.134	0.142
	$T_L = 25$ $m = 12$	0.053	0.049	0.069	0.082	0.093	0.100	0.128	0.133
	$T_L = 50$ $m = 2$	0.049	0.043	0.123	0.143	0.148	0.182	0.201	0.213
	$T_L = 50$ $m = 3$	0.059	0.050	0.079	0.092	0.099	0.122	0.132	0.133
	$T_L = 10$ $m = 2$	0.047	0.056	0.285	0.315	0.347	0.409	0.481	0.515
	$T_L = 10$ $m = 3$	0.059	0.043	0.117	0.132	0.144	0.181	0.201	0.220
	$T_L = 20$ $m = 2$	0.056	0.059	0.533	0.578	0.606	0.824	0.842	0.917
	$T_L = 20$ $m = 3$	0.047	0.043	0.284	0.292	0.309	0.408	0.441	0.470
MF 检验	$T_L = 25$ $m = 3$	0.052	0.039	0.087	0.073	0.078	0.114	0.075	0.093
	$T_L = 25$ $m = 12$	0.053	0.047	0.072	0.062	0.067	0.104	0.071	0.072
	$T_L = 50$ $m = 2$	0.057	0.045	0.139	0.120	0.133	0.204	0.135	0.157
	$T_L = 50$ $m = 3$	0.051	0.046	0.075	0.073	0.079	0.119	0.076	0.089
	$T_L = 10$ $m = 2$	0.056	0.047	0.271	0.193	0.212	0.320	0.220	0.217
	$T_L = 10$ $m = 3$	0.055	0.053	0.103	0.072	0.076	0.151	0.089	0.079
	$T_L = 20$ $m = 2$	0.056	0.041	0.483	0.312	0.325	0.681	0.352	0.360
	$T_L = 20$ $m = 3$	0.042	0.037	0.285	0.178	0.191	0.426	0.198	0.210

检验方法	项目	DGP1s	DGP2s	DGP1p	DGP2p	DGP3p	DGP4p	DGP5p	DGP6p
Max 检验	$T_L = 25$ m = 3	0.054	0.044	0.090	0.076	0.078	0.130	0.110	0.124
	$T_L = 25$ m = 12	0.055	0.051	0.084	0.071	0.078	0.136	0.107	0.111
	$T_L = 50$ m = 2	0.052	0.056	0.168	0.151	0.169	0.263	0.190	0.212
	$T_L = 50$ m = 3	0.046	0.048	0.085	0.082	0.088	0.134	0.123	0.135
	$T_L = 10$ m = 2	0.053	0.051	0.299	0.195	0.207	0.477	0.289	0.306
	$T_L = 10$ m = 3	0.051	0.048	0.134	0.102	0.109	0.203	0.149	0.149
	$T_L = 20$ m = 2	0.058	0.038	0.572	0.366	0.435	0.884	0.549	0.648
	$T_L = 20$ m = 3	0.046	0.044	0.312	0.183	0.212	0.487	0.280	0.312
LF 检验	$T_L = 25$ m = 3	0.059	0.085	0.129	0.125	0.128	0.145	0.133	0.143
	$T_L = 25$ m = 12	0.057	0.074	0.080	0.075	0.087	0.084	0.082	0.092
	$T_L = 50$ m = 2	0.049	0.081	0.197	0.182	0.202	0.179	0.187	0.207
	$T_L = 50$ m = 3	0.053	0.074	0.096	0.092	0.097	0.092	0.102	0.107
	$T_L = 10$ m = 2	0.051	0.073	0.303	0.223	0.229	0.300	0.248	0.251
	$T_L = 10$ m = 3	0.049	0.067	0.143	0.122	0.131	0.146	0.131	0.141
	$T_L = 20$ m = 2	0.048	0.068	0.699	0.541	0.574	0.733	0.554	0.646
	$T_L = 20$ m = 3	0.046	0.069	0.336	0.252	0.267	0.370	0.271	0.289

的新息定义与前文相同，即 $\varepsilon_t = [\varepsilon_{1t}, \varepsilon_{2t}]$ 服从对角 BEKK（1，1）过程。模拟实验中各 DGP 的序列长度为 $T_L = \{50, 100\}$，$m = 3$。对于每种参数组合，模拟实验次数仍设为 1 000。在检验方法设定方面：对于滞后阶数，第一组实验中，MF 检验、MF_NL 检验以及 LF 检验中估计 MFVAR 模型或 VAR 模型时的滞后阶数为 2，Max 检验中由于需要满足 $q \geqslant p$，因此令 $q = 2$，第二组实验中四种检验的滞后阶数设定与前文模拟实验相同；对于自助样本数量、权重等其他相关参数的设定，两组实验均与前文的模拟实验相同。最终得到的实验结果见表 3-5。

表 3-4　　　　　　　检验的稳健性模拟实验使用的 DGP

DGP7	$x_t^H = 0.8x_{t-1}^H + \varepsilon_{1t}$
	$x_t^L = 0.8x_{t-1}^L + 0.4x_{t-1}^H + 0.2x_{t-2}^H + \varepsilon_{2t}$
DGP8	$x_t^H = 0.8x_{t-1}^H + \varepsilon_{1t}$
	$x_t^L = 0.8x_{t-1}^L + 0.4\left(x_{t-1}^H\right)^2 + 0.2\left(x_{t-2}^H\right)^2 + \varepsilon_{2t}$
DGP9	$x_t^H = 0.8x_{t-1}^H + \varepsilon_{1t}$
	$x_t^L = 0.8x_{t-1}^L + 0.4\left(x_{t-1}^H\right)^2 + 0.2x_{t-2}^H \cdot x_{t-2}^L + \varepsilon_{2t}$
DGP10	$x_t^H = 0.8x_{t-1}^H + \varepsilon_{1t}$
	$x_t^L = 0.8x_{t-1}^L + 0.4x_{t-2}^L + 0.2\left(x_{t-1}^H\right)^2 + \varepsilon_{2t}$

表 3-5　　　　　　　　　模拟实验结果

检验方法	DGP1s	DGP2s	DGP2p	DGP3p	DGP7p	DGP8p	DGP9p	DGP10p
MF_NL	0.085	0.073	0.105	0.117	0.077	0.088	0.082	0.071
检验	0.081	0.056	0.141	0.171	0.117	0.127	0.113	0.102
MF	0.072	0.068	0.083	0.092	0.075	0.068	0.061	0.053
检验	0.076	0.071	0.074	0.087	0.101	0.068	0.061	0.052
Max	0.065	0.071	0.094	0.103	0.085	0.078	0.071	0.061
检验	0.072	0.064	0.107	0.127	0.134	0.097	0.086	0.075
LF	0.076	0.107	0.106	0.114	0.095	0.088	0.078	0.071
检验	0.071	0.091	0.124	0.153	0.141	0.116	0.104	0.092

根据表 3-5 中的实验结果可以发现，在第一组实验中四种检验的功效均呈现出小幅度增加，但检验水平也出现一定程度的水平过甚，这在 MF_NL 检验中表现得尤其明显。笔者认为可能的原因是 MF_NL 检验由于加入了非线性项，当检验的滞后阶数增加时，待估参数的增加在四种检验中是最多的。在第二组实验中，当设定的检验式滞后阶数不足时，四种检验对于 DGP7p 至 DGP10p 的功效相对于 DGP1p、DGP2p 均出现一定程度的下降。具体来说，对于线性数据生成过程 DGP7p，三种混频检验的功效相对于 DGP1p 并无显著差异，而 LF 检验在 DGP7p 的功效略低于在 DGP1p 时。这表明当数据生成过程为线性时，混频检验对误设是相对稳健的，而传统的低频检验对滞后阶数的选取比较敏感。

对于非线性数据生成过程 DGP8p 至 DGP10p，所有检验的功效相对于 DGP2p 均出现较明显的下降，特别是当 x_t^l 的自回归滞后阶数出现误设时（DGP9p、DGP10p）下降幅度较大，例如 MF 检验对于 DGP10p 的功效只有 0.05 左右。MF_NL 检验虽然也出现程度相似的功效下降，但绝大多数情况下其下降幅度在四种检验中是最低的，显示出一定的优越性。结合两组实验结果来看，在实际应用时，如果真实数据生成过程滞后阶数未知，则应适度增加检验式的滞后阶数。

3.1.4 实证应用

（1）实证研究背景

将应用包括 MF_NL 检验在内的四种检验方法检验经济主体信心与中国宏观经济波动之间的格兰杰因果关系。凯恩斯早在《就业、利息与货币通论》中就曾断言信心是产生经济波动的重要因素。近年来，一些学者如 Matsusaka 和 Sbordone（1995）、Harrison 和 Weder（2006）等在动态随机一般均衡模型（DSGE）的框架内证明经济系统可能存在多重均衡，由于存在经济主体的策略依存，心理状态的改变便可以自我实现，经济主体信心的改变将会使经济在不同均衡中转换，由此导致了经济的波动。

在实证研究方面，很多文献也证明了信心对于解释经济波动以及宏

观经济预测起到了至关重要的作用。例如，Blanchard（1993）指出 20
世纪 90 年代美国家庭耐用品消费的下降是由经济主体信心不足造成的。
Carello（1994）的研究则证明了在预测消费支出时消费者信心可以提供
其他经济变量无法提供的解释能力。近期的研究则进一步将研究领域拓
展到非消费类变量。Smimou（2014）证明了消费者态度可以通过股市
流动性渠道对经济增长、失业率产生影响。国内方面，陈彦斌和唐诗磊
（2009）则利用 VAR 模型研究了经济主体信心对 GDP、CPI、利率、股
市收益率等宏观经济变量的影响。他们证明消费者信心与宏观经济波动
双向均不存在格兰杰引致关系，这一结论与经济理论相悖，并且同上述
国外基于发达国家的研究得出的结论都不一致。但他们使用的是传统的
基于线性 VAR 模型的检验方法，并且通过计算将月度消费者信心指数
平均转换为季度数据，从而与季度实际 GDP 增长率数据相对应。因此
有必要利用混频方法对二者之间的格兰杰非因果性进行再检验，并且考
虑非线性引致关系。

（2）指标选择、数据与检验设定

在检验经济主体信心与经济波动之间的格兰杰因果关系之前，需要
找到恰当的指标来测度经济主体信心与宏观经济波动。本部分沿用
Blanchard（1993）、Carello（1994）以及 Smimou（2014）的做法，选择
消费者信心指数（cci）作为经济主体信心的代表性指标，选择实际国
内生产总值（rgdp）作为宏观经济波动的代表性指标。这两个指标均来
自 Wind 数据库，数据的时间范围是 1995 年 1 月至 2015 年 12 月，共
252 个月度数据和 84 个季度数据。首先获取数据后对这两个变量进行
Census X-12 季节调整，然后通过对数差分的方式得到增长率序列（cci_t
和 $rgdp_t$），并消除了增长率序列的均值。在检验之前，本部分还分别对
cci_t 和 $rgdp_t$ 进行了 ADF 单位根检验，二者 ADF 统计量数值分别为-24.306
和-4.744，在 5% 的显著性水平下都拒绝了含有单位根的原假设，因此
cci_t 和 $rgdp_t$ 都是平稳过程，满足格兰杰非因果性检验的要求。

在检验方法设定方面，对于 MF_NL 和 MF 检验，要综合考虑数据
的样本容量以及两种检验中 K 的取值（分别为 11 和 4），将 MFVAR 模
型的滞后阶数设为 $p = \{1, 2\}$；对于 Max 检验，将公式（3-11）以及公

式（3-12）表示的辅助回归滞后阶数设为 $q = \{1, 2\}$；对于 LF 检验，本部分在通过算术平均将月度消费者信心指数转换成为季度数据的基础上，首先估计一系列具有不同滞后阶数的双变量 VAR 模型，然后根据似然函数值构造相关检验统计量，进而确定最优滞后阶数。对于自助样本数量、权重等其他相关参数的设定，实证研究均与前文模拟实验相同。

（3）实证结果

MF_NL 检验、MF 检验、Max 检验、LF 检验的结果见表 3-6。

表 3-6　　　　消费者信心与经济增长的格兰杰非因果性检验结果

项目	原假设：cci_t 不是 $rgdp_t$ 的格兰杰原因		原假设：$rgdp_t$ 不是 cci_t 的格兰杰原因	
	伴随概率	检验结论	伴随概率	检验结论
MF_NL 检验（p=1）	0.0040	拒绝	0.5868	无法拒绝
MF_NL 检验（p=2）	0.0084	拒绝	0.7345	无法拒绝
MF 检验（p=1）	0.3862	无法拒绝	0.4731	无法拒绝
MF 检验（p=2）	0.2854	无法拒绝	0.6946	无法拒绝
Max 检验（q=1）	0.1036	无法拒绝	0.4993	无法拒绝
Max 检验（q=2）	0.1767	无法拒绝	0.7044	无法拒绝
LF 检验	0.6099	无法拒绝	0.4569	无法拒绝

根据检验结果不难发现，在 5% 的显著性水平下，对于 "cci_t 不是 $rgdp_t$ 的格兰杰原因" 的原假设，除了本部分提出的 MF_NL 检验之外，其他三种检验均无法拒绝。但值得注意的是，即使 MF 检验以及 Max 检验这两种混频检验无法拒绝原假设，其相应的伴随概率也显著低于 LF 检验。这意味着高频数据向低频数据转换很大程度上掩盖了信心与经济增长之间的因果关系，从而容易导致得出错误结论。而对于 "$rgdp_t$ 不是 cci_t 的格兰杰原因" 的原假设，四种检验均无法拒绝。因此可以说 cci_t 与 $rgdp_t$ 之间存在单向引致关系，并且这种引致关系具有非线性特征。

在得出结论后，本部分进一步基于格兰杰因果关系的定义，通过比较基准模型和对照模型对相关变量的预测精度来验证检验结论。其中基准模型为单变量自回归模型，其滞后阶数根据信息准则确定；对照模型为加入了非线性项的 MF-VAR（p）模型，滞后阶数 p=1。两种情况下模型的预测步长均为 h = 1,2。在此基础上，利用 Harvey 等（1997）提出的用来检验不同模型预测均方误差是否相等的方法构造 t 统计量，并判断基准模型和对照模型的预测均方误差是否存在显著差异，得到的结果见表 3-7。

表 3-7 基准模型与对照模型预测精度比较

预测模型	h = 1		h = 2	
	RMSE	伴随概率	RMSE	伴随概率
$rgdp_t$ 基准模型	1.2132	0.024	1.7496	0.279
$rgdp_t$ 对照模型	1.0651		1.6943	
cci_t 基准模型	1.7102	0.550	2.3383	0.361
cci_t 对照模型	1.7110		2.2367	

根据表 3-7 不难看出，对于 $rgdp_t$，在预测步长 h = 1 时，加入了非线性项的 MF-VAR（p）模型相对于基准模型显著改善了预测精度；在预测步长 h = 2 时，虽然对照模型的 RMSE 低于基准模型，但在 5% 的显著性水平下这种差异并不显著。对于 cci_t，在两种预测步长下，基准模型与对照模型的 RMSE 均没有显著差异。

综上所述，可以认为表 3-6 得出的检验结论是基本可靠的。这一结论证明了公众信心是对我国宏观经济产生影响的行为途径，而非信息显示途径，因此政府在对经济进行宏观调控时，对公众信心进行管理也很重要。

本节在 MF-VAR 模型的基础上提出了混频数据非线性格兰杰非因果性检验（MF_NL），该检验通过加入二次项、交叉项的方式考虑高频变量与低频变量之间的非线性引致关系，并构造了易于实现的 Wald 统计量。同时，为了解决当变量的频率差异较大时产生的维数灾难问题，本部分利用典型相关分析（CCA）对原始混频数据进行降维。此外，本部分还利用自助法修正统计量在有限样本下的水平扭曲。模拟实验结果表明，相对于传统低频格兰杰非因果性检验，即使数据生成过程被条件异方差污染，包括 MF_NL 检验在内的所有混频检验都没有出现严重的水平扭曲。而在检验功效方面，MF_NL 检验具有最高的功效，并且当变量之间的引致关系表现为非线性时，这种优势表现得更加明显。进一步的稳健性实验证明，检验式滞后阶数误设对 MF_NL 检验的影响也是最低的。在最后针对我国宏观经济的实证研究中，MF_NL 检验证明消费者信心是经济增长的格兰杰原因。而传统的低频检验由于数据频率转换以及没有考虑变量之间的非线性引致关系等因素，可能得出了虚假检验结论。本部分研究的主要局限性表现在以下三方面：其一，实证研究中变量之间的非线性关系可能具有非常复杂的形式，而本部分处理非线性的方式可能未必获得较好的近似，这会导致检验功效降低；其二，本部分仅考虑了双变量之间的格兰杰因果关系，而实际上其他控制变量的加入可能对这两个变量之间的因果关系产生影响；其三，本节仅考虑了变量间的均值格兰杰非因果性，而实际上变量之间的引致关系还可以表现在方差或者分布上，这种情况在研究金融市场或金融资产之间传导时普遍存在。上述三方面的局限性将成为笔者后续的研究工作。

3.2 基于网络搜索量和混合频率模型的经济变量预测研究

网络搜索数据是近几年来新出现的数据源，它可以精确记录所有互联网用户的搜索行为，并形成指数化的搜索量序列。由于信息搜索是用户为了满足一定目标需求而进行的特定活动。例如有购买住房意愿的互联网用户会通过搜索引擎查询所在地区的住房价格、贷款政策等方面的信息，而用户的目标需求又受到外部环境的影响。因此，某个关键词的搜索量必然也会受到外部环境的影响，从而表现为该关键词搜索量与经济变量之间具有相关性。利用这种相关性，可以改善模型的预测效果。同时，利用搜索量数据进行宏观经济建模和预测还具有以下两方面优势：第一，中国目前网民规模达到 6.32 亿人，网络购物规模达到 3.02

亿人，搜索引擎用户规模达到 5.07 亿人。这三个数字分别占中国经济活动人口的比例为 80%、38% 和 64%，可见互联网用户在很大程度上代表了现阶段中国经济生活的行为主体。而网络搜索量则是他们获取信息作为决策依据这一过程的数据表现，并从侧面反映出宏观经济的微观基础。第二，与官方统计数字相比，关键词搜索量属于高频数据，例如百度和淘宝每日都会以指数化的方式提供搜索量，这其中蕴含了比较丰富的信息，从而为我们实现实时预测以及捕捉经济运行中的异常波动奠定了基础。

目前，国内外有较多的文献将搜索量数据用于行业领域的市场趋势或者宏观经济中某个变量的研究与预测。在国外方面，Choi 和 Varian 发现将关键词"工作""社会服务""失业"等搜索量数据加入到预测首次申请失业救济人数的模型后可以将预测误差降低 15.74%。Askitas 和 Zimmerman 在德国进行了相似的研究，结果表明关键词搜索量与当月失业率有极强的相关性。在行业方面，Choi 和 Varian 将相关关键词搜索量加入传统 AR 模型中，用于对汽车、旅游和住房市场预测，结果显示搜索量的加入可以将短期预测精度提高 5%~20%（取决于商品属性），在商品购买过程中计划、选择与决策阶段越长，预测精度提高的幅度越大，这进一步证明了网络搜索是消费者获取信息的主要途径。此外，由于搜索动机往往可以体现人的市场预期，因此一些学者将基于搜索量的预测模型与基于信心或者景气调查数据的预测模型进行比较。Schmidt 和 Vosen 的研究结果显示，与基于消费者信心指数的模型相比，将关键词类别经过适当筛选可以大幅度提高预测精度。McLaren 和 Shanbnogue 在英国劳动力和住房市场预测模型中也发现基于搜索量的预测模型比基于市场调查的信心指数预测模型的预测效果更优，并且特别适用于分析突发事件的影响，而调查数据是通过预先设定的问卷采集的，远不如搜索数据灵活，并且数据处理周期较长。国内方面，在研究搜索量与经济变量的相关性方面，研究尚不充分。宋双杰等以及赵龙凯等将股票简称的百度搜索量作为投资者关注度用于研究股票 IPO 市场异象和预测股票收益率。张崇等证明了 Google 搜索数据与 CPI 之间存在一定的相关关系及先行滞后关系，模型的拟合优度很高，预测误差较低，并且模型具有很强的时效性，具备一定的转折点预测能力。

上述研究虽然验证了将搜索量数据用于市场趋势或者宏观经济预测的可行性和实证效果，但要完全发挥出其优势还需要解决两方面问题：

第一，关键词选取问题。该问题是利用网络搜索量进行经济研究和建模的核心环节。由于人们的搜索习惯不同，不同的人在获取相似信息时，往往输入不同的关键词，例如"价格指数"、"CPI"以及"衬衣"、"衬衫"都表示相同的含义，这就使得关键词的数量极为庞大，必须从中选择代表性关键词。现有的技术取词法，即利用高性能计算机将一切关键词都纳入研究范畴的方法，受研究条件的制约很大；而运用主观经验的直接进行取词的方法，虽然可以大幅度降低工作量，但是存在遗漏核心关键词的风险。

第二，低频与高频数据的融合问题。搜索量数据属于高频数据（日度），而预测对象通常是低频数据（月度或季度）。因此在建模时，必须将高频数据转化为低频数据。目前，已有研究都是通过简单平均实现频率转换，但这样不仅减少了样本容量，损失了高频数据的信息，也无法实现对经济运行中异常波动做到及时追踪和描述。

综上，本节将在合理选择关键词的基础上，搜集百度指数、淘宝指数日度数据，建立基于网络搜索量的混合频率模型，用于对中国金融、消费领域的宏观经济变量进行预测。所谓混合频率模型是指在计量模型中同时包括低频和高频变量，从而可以直接利用日度搜索量数据中蕴含的丰富信息。本部分的研究意义在于进一步揭示了搜索行为与经济变量之间的相关性，并尝试对这种相关性的行为基础进行揭示；建立的混合频率预测模型可以充分利用高频搜索量数据中蕴含的信息，从而可以获得更优的样本内外预测精度；利用估计得到的月内各日搜索量数据权重可以探索经济变量对搜索行为的反应模式。总之，研究将为建立基于搜索量的宏观经济预测模型提供新的研究视角，也为政府决策部门和官方统计部门更好地利用搜索量这一新型数据集监控经济走势、辅助政策制定提供参考和依据。

3.2.1 混合频率计量经济模型

混合频率模型（Mixed Data Sampling，MIDAS）是 Ghyselts 等提出的用于解决数据不同频时，计量经济模型估计与预测问题的方法。该方法可以直接利用高频数据信息，避免了在频率转换过程中产生的信息损失和人为虚增。国内已有研究将混合频率模型及其扩展形式用于对中国宏观经济变量进行预测，对经济周期进行测度，并验证了混频模型的有效性。为了更加清晰理解 MIDAS 模型的建模过程，本部分以预测变量为日度数据（高频）、预测对象为月度数据（低频）为例，介绍 MIDAS 模型的形式和参数估计方法。

（1）基础 MIDAS 模型的形式与参数估计

本部分首先给出一元 h 步混合频率模型的形式和参数估计方法。定义 h 步月度数据预测对象为 Y_{t+h}^M，日度预测变量为 $X_{j,t}^D$ 表示第 t 月中的第 j 日，当 j=1 时表示该月的第一天，$j=N_D$ 表示该月的最后一天，其中 N_D 为一个月中的天数。为了简便起见，假设所有月份都具有相同的天数。对于这种混合频率建模问题，传统解决方法是将高频数据变量直接通过取平均值转换为低频数据，即 $X_t^M = \left(X_{1,t}^D + X_{2,t}^D + \cdots + X_{N_D-1,t}^D + X_{N_D,t}^D \right) / N_D$。在此基础上预测模型可以表示为：

$$Y_{t+h}^m = \mu + \beta X_t^M + \varepsilon_{t+h} \tag{3-13}$$

式中，μ 和 β 分别为截距和斜率，ε_{t+h} 为随机误差项。

另一种解决方法是为月内每天数据都赋予一个斜率，相应的预测模型为：

$$Y_{t+h}^M = \mu + \sum_{j=0}^{N_D-1} \beta N_{D-j} X_{N_D-j}^D + \varepsilon_{t+h} \tag{3-14}$$

但这样做需要估计大量参数，会极大地消耗模型的自由度。MIDAS 回归的基本思想是利用具有较少参数的权重函数将高频变量 $X_{j,t}^D$ 映射到低频变量 Y_t^M，相应的预测模型为：

$$Y_{t+h}^M = \mu + \beta \sum_{j=0}^{N_D-1} w_{N_D-j}(\theta^D) X_{N_D-j,t}^D + \varepsilon_{t+h} \tag{3-15}$$

式中，$w_{N_D-j}(\theta^D)$ 为权重函数，并且满足 $\sum_{j=0}^{N_D-1} w_{N_D-j}(\theta^D) = 1$。

典型的权重函数有以下四种形式。

第一种是 P 阶阿尔蒙多项式函数，表达式见式（3-16），P 一般情况下小于 3，否则达不到减少待估参数的目的。

$$w_i(\theta^D) = \frac{\theta_0 + \theta_1 i + \theta_2 i^2 + \cdots + \theta_p iP}{\sum_{i=0}^{N_D - 1}(\theta_0 + \theta_1 i + \theta_2 i^2 + \cdots + \theta_p iP)} \tag{3-16}$$

第二种是指数 P 阶阿尔蒙多项式函数，表达式见式（3-17）。这是目前使用最多的设定，它可以保证权重为正，并且通过不同的参数组合实现递增型、递减型、U 形或者倒 U 形等不同的权重函数形态，并且能使估计量具有较优的渐进性质。

$$w_i(\theta^D) = \frac{\exp(\theta_1 i + \theta_2 i^2 + \cdots + \theta_p iP)}{\sum_{i=0}^{N_D - 1}\exp(\theta_1 i + \theta_2 i^2 + \cdots + \theta_p iP)} \tag{3-17}$$

第三种是 Beta 多项式函数，表达式见式（3-18）。

$$w_i(\theta^D) = \frac{x_1^{\theta_1 - 1}(1 - x_1)^{\theta_2 - 1}}{\sum_{i=1}^{N_D} x_1^{\theta_1 - 1}(1 - x_1)^{\theta_2 - 1}}, x_i = \frac{i - 1}{(N_D - 1)^2} \tag{3-18}$$

第四种是步函数，表达式见式（3-19），也即权重函数是由一系列离散步构成的，可以根据模型的需要定义步数 p。

$$w_i(\theta_1, \theta_2, ..., \theta_p) = \theta_1 I_{i \in [a_0, a_1]} + \sum_{p=2}^{p} \theta_p I_{i \in [a_{p-1}, a_p]} \tag{3-19}$$

式中，$a_0 = 1 < a_1 < a_2 < ... < a_p = N_D$，$I_{i \in [a_{p-1}, a_p]} = \begin{cases} 1, a_{p-1} \leq i \leq a_p \\ 0, a_{p-1} > i, i > a_p \end{cases}$。

在上述四种函数中，第一种和第四种权重函数通常用于金融市场波动率的建模和预测；第二种和第三种权重函数通常用于宏观经济变量的建模和预测。

在 MIDAS 模型的基础上，还可以建立分布滞后自回归 MIDAS 模型（ADL-MIDAS），其基本形式为：

$$Y_{t+h}^M = \mu + \sum_{j=0}^{P_Y^M} \mu_{j+1} Y_{t-j}^M + \beta \sum_{j=0}^{P_X^D - 1} \sum_{i=0}^{N_D - 1} w_{N_D - i + j*N_D}(\theta^D) X_{N_D - i, t-j}^D + \varepsilon_{t+h} \tag{3-20}$$

式中，P_Y^M 和 P_X^D 分别是低频和高频变量的滞后阶数。

MIDAS 模型的参数估计需要分两步迭代进行：首先给出权重函数中未知参数的初始值 θ，然后使用最小二乘法得到截距和斜率估计量 $\hat{\mu}$、$\hat{\beta}$；然后再以 $\hat{\mu}$、$\hat{\beta}$ 为给定值，使用非线性最小二乘法估计 θ，并将该估计量视为下一次迭代中的初始值；重复上述过程直到收敛为止。特别地，在宏观经济建模中，为了使权重函数具有合理的经济含义，需要对 θ 施加一定约束条件。例如，在指数阿尔蒙多项式权重函数中一般要求 $\theta_1 \leqslant 300$，$\theta_2 \leqslant 0$。对于 ADL-MIDAS 模型的参数估计与 MIDAS 模型类似，但需要预先确定滞后阶数 P_Y^M 和 P_X^D，可以根据主观经验或者信息准则进行选择。

（2）MIDAS 模型的扩展形式

MIDAS 模型自从提出来以后，发展相当迅速，出现了许多扩展形式。例如，前文介绍的基础 MIDAS 模型都只包含 1 个高频变量，但影响宏观经济变量的因素众多，需要在预测模型中加入多个高频变量，这就得到了多元 MIDAS 模型。一个拥有 k 个高频变量的 ADL-MIDAS 模型的具体形式为：

$$Y_{t+h}^M = \mu + \sum_{j=0}^{P_Y^M} \mu Y_{t-j}^M + \sum_{k=1}^{n} \beta_k \sum_{j=0}^{P_X^D-1} \sum_{i=0}^{N_D-1} w_{k,N_D-i+j*N_D}(\theta^D) X_{N_D-i,t-j}^{D,k} + \varepsilon_{t+h} \quad (3-21)$$

不难看出，每加入一个高频变量，需要估计的参数只增加 2~3 个（取决于权重函数的设定），这是该模型最主要的优点。但在参数估计时，也需要同时给出所有权重函数中参数的初始值。

此外，为了刻画经济中的非对称和结构突变现象，学者们也将非线性成分引入 MIDAS 模型，相继提出了非对称 MIDAS 模型、平滑转换 MIDAS 模型以及马尔可夫转换 MIDAS 模型等。由于本部分实证研究中建立的全部是线性模型，因此对这些非线性混合频率模型不进行详细介绍，相关内容可以参考有关学者的研究结果。

3.2.2　基于淘宝指数的消费数据混频预测模型

网络购物是目前中国消费者特别是城镇消费者的重要购物方式之一。典型的消费者网络购物过程可以分为两个阶段：研究和选择阶段以及决策购买阶段。而在选择阶段消费者需要利用搜索引擎、电商网站查找与待购买商品相关的品牌、价格、用户评论等信息。尽管消费者可能最终在实体店购买，或者放弃购买，但也产生了特定关键词搜索量。该数据能够相当准确地反映消费者需求以及购买意愿，进而可以用于预测社会消费品零售总额和 CPI 等与消费相关的宏观经济变量。因此本部分尝试使用淘宝指数建立混频预测模型。淘宝指数是淘宝用户进行购物搜索时形成的每日指数化搜索量。使用该数据而不使用百度指数这种通用搜索引擎搜索量的原因是在获取商品信息时，网民绝大多数情况下直接在诸如京东、淘宝网站内进行搜索（中国互联网络信息中心，2014）。而在这些购物网站中淘宝网以接近 90% 的使用率占绝对统治地位，可以说淘宝网搜索量的数据几乎可以完全代表中国网民的购物搜索行为。

在关键词选取方面，由于网络购物涉及的商品种类繁多，因此无法像前文预测理财产品收益率一样，选择指向性很强的关键词。因此本部分在综合考虑居民消费习惯（参考《居民消费支出分类 2013》）以及搜索习惯（参考淘宝指数热搜排行榜）的基础上，给出如下关键词选取方法：首先，连续跟踪热搜排行榜一年，记录每种商品类型每周的搜索热词。这样做一方面可以排除季节性商品的影响，另一方面也避免突发搜索（礼品类商品等）的影响。然后，统计每周商品分类中搜索热词在一年内的出现次数并排序，选择其中一定比例的高频词作为本部分研究使用的关键词。根据该方法最终确定的关键词数量为 200 个（20 个商品小类，每类 10 词）。图 3-1 给出了几个代表性关键词的搜索量序列图（实线），数据范围为 2011 年 7 月 1 日至 2014 年 7 月 1 日，共 36 个月。

显然，搜索量数据呈现出明显的周期性特征，并且存在较多的尖峰和噪声，其他关键词也普遍存在这一现象。因此，在建立混频模型之前需要对原始序列进行处理。本部分沿用笔者在前期研究中采用的方法，即通过连续小波变换实现对原始序列的重构，从而能够消除序列中的噪声、短周期成分和异常值，消除序列均值后，得到的结果如图 3-1 中的虚线所示。

对于消费类经济变量，本部分选择的预测对象为经过 X-12 季节调整的月度居民消费价格指数（全国/城镇）以及社会消费品零售总额（对数值），最终建立的单步预测模型形式为：

$$Y_{t+1}^{M} = \mu + \sum_{k=1}^{n} \beta_k \sum_{j=0}^{P_X^D - 1} \sum_{i=0}^{N_D - 1} w_{k, N_D - i + j*N_D}(\theta^D) SV_{N_D - i, t-j}^{D,k} + \varepsilon_{t+1} \tag{3-22}$$

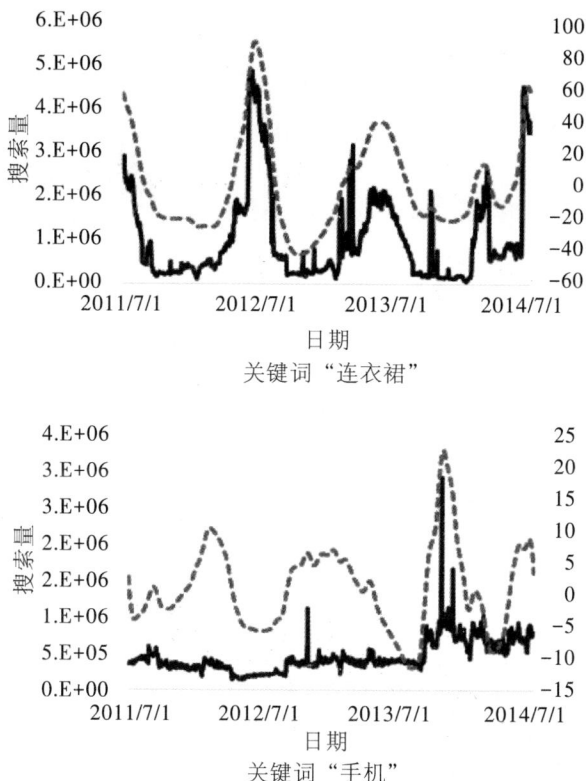

图 3-1　搜索量的原始序列以及经过数据预处理后的序列

式中，Y_{t+h}^{M} 为预测对象，$SV_{N_D,t}^{D,k}$ 为第 k 个关键词的搜索量。根据信息准则确定的滞后阶数 $P_X^D = 1$。权重函数仍然选择指数 Almon 多项式和 Beta 函数。值得注意的是，由于关键词数量众多，将所有关键词加入模型是不可能的，必须进行降维。本部分利用主成分分析将众多关键词搜索量合成为相互独立并且能充分反映总体消费趋势的指标，具体方法是：首先提取每种商品类型内所有关键词搜索量序列的若干共同因子（分类因子）；然后再一次提取这些分类因子的共同因子作为测度消费趋势的指标（整体因子）。这一过程中因子数量根据解释方差贡献度（80%）确定，得到的分类因子以及整体因子序列图如图 3-2 所示（只给出两个方差贡献度最大的因子）。

不难看出，整体因子中的 F1 和 F2 分别具有向上和向下的趋势。进一步研究我们发现，与因子 F1 高度相关的商品类型为衣着服饰、文

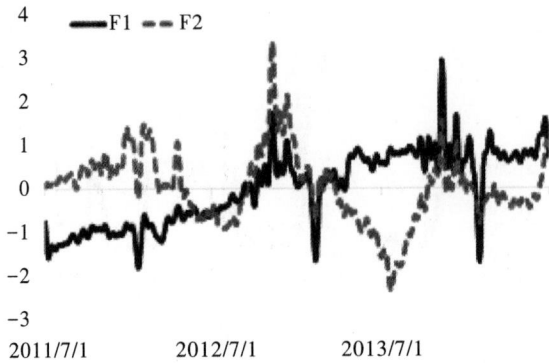

衣着服饰类商品的因子

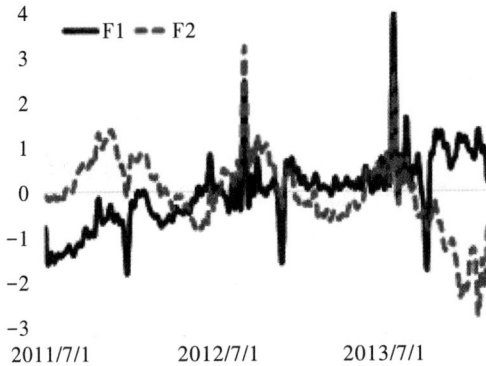

家用电器类商品的因子

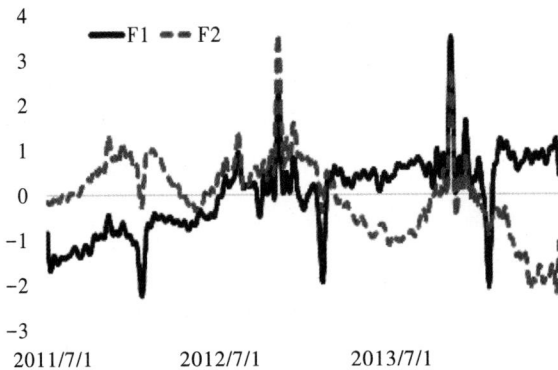

总体消费趋势

图 3-2 典型商品类型分类因子以及整体的共同因子

娱和生活用品类。这些类型的商品由于电商平台售价相对于实体店售价更具有吸引力，并且物流配送也比较便利，属于网络销量最大的商品类型，因此可以反映网络消费的关注程度。与因子 F2 高度相关的商品类型为家庭设备和居住类，这些商品大多数情况下属于耐用消费品，此类商品的消费通常与消费者对未来收入的预期相关。如果对未来收入预期较乐观就会产生更新耐用消费品的需求，从而产生较高的搜索量。因此 F2 可以反映消费者对未来收入或者宏观经济情况的信心。

提取因子后，估计模型参数，为了保证在采用最优化算法求解估计量时具有较高的精度，本部分只在混频预测模型中加入总体因子中的 F1 和 F2，得到的结果见表 3-8。表 3-9 给出了模型的样本外预测效果评价，具体方法与前文相同。图 3-3 则给出了根据参数估计结果计算出的权重函数值。

根据参数估计结果，可以得到以下几点结论：第一，在各种预测模型中，因子 F1 和 F2 都是显著的，模型的预测效果良好，这在一定程度上验证了指标合成的合理性。第二，由于 F1 可以反映消费者对网络购物的关注程度，因此它与社会消费品零售总额正相关。同时，较高的网络购物程度以及电商平台相对较低的售价会拉低社会总体价格水平，因此 F1 与价格指数反相关。F2 反映的是消费者信心，当消费者乐观时，社会总需求旺盛，因此它与社会消费品零售总额和价格水平均正相关。第三，对于 3 个预测对象，混频模型的样本内外预测精度均优于经过频率转换的模型，并且由于网络购物的主体主要是城镇居民，因此预测城镇 CPI 的效果优于预测全国 CPI。第四，在 3 个预测模型中，权重函数都呈现倒 U 形，也即月中搜索量具有更大的贡献度，并且月内各日搜索量数据的贡献度也比理财收益率预测模型中分布得更均匀。笔者认为出现这种情况的原因是理财投资属于定期的计划性行为，而消费特别是非耐用品消费一般是日常行为，随意性比较强。

本节在合理选择关键词的基础上，建立基于日度网络搜索量数据的混合频率预测模型，并根据估计结果构造权重函数。在预测 CPI 和消费品零售总额的模型中，还提出利用主成分分析提取众多关键词搜索量的共同因子作为预测变量，从而实现数据降维。本节得到的主要结论有以

表 3-8　　　　　　　消费类经济变量混频模型参数估计结果

被解释变量	权重函数	参数估计结果					样本内RMSE
		μ	β₁	β₂	θ₁	θ₂	
居民消费价格指数	指数Almon	2.9221 (0.154)	−1.0046 (0.2099)	0.3942 (0.2123)	0.1799 (0.7139)	−0.0070 (0.0246)	0.0675
	Beta函数	2.9222 (0.155)	−1.0019 (0.2122)	0.3554 (0.2159)	1.5490 (3.5331)	1.9788 (4.2904)	0.0649
	算术平均	2.9015 (0.144)	−0.9987 (0.1973)	0.2612 (0.1533)			0.0818
居民消费价格指数（城镇）	指数Almon	2.9018 (0.147)	−0.9941 (0.2023)	0.3960 (0.1825)	0.0983 (0.5836)	−0.0043 (0.0203)	0.0591
	Beta函数	2.8929 (0.140)	−1.0102 (0.1951)	0.3960 (0.1825)	0.9743 (0.1602)	1.1676 (1.1965)	0.0591
	算术平均	2.8999 (0.135)	−0.9560 (0.1844)	0.2745 (0.1432)			0.0761
消费品零售总额	Beta函数	9.8203 (0.011)	0.1179 (0.0152)	0.0624 (0.0236)	3.1540 (2.3934)	1.6776 (1.2481)	0.0508
	算术平均	9.8254 (0.009)	0.1358 (0.0122)	0.0394 (0.0095)			0.0642

下三点：第一，在建立的所有预测模型中，搜索量变量都是显著的，表明网络搜索行为与宏观经济变量之间存在强相关性。第二，建立的混频模型由于可以充分利用日度搜索量的信息，其样本内外预测精度都优于混合频率模型。第三，研究还发现虽然月内各日搜索量在预测模型中的贡献度分布具有不同的模式，利用该模式可以在一定程度上对经济主体行为进行描述和测度。

表 3-9   消费类经济变量预测模型的样本外预测效果

被解释变量	权重函数	样本区间							FRMSE
		2011.7至2013.12	2011.7至2014.1	2011.7至2014.2	2011.7至2014.3	2011.7至2014.4	2011.7至2014.5	2011.7至2014.6	
居民消费价格指数（全国）	实际值	2.490	1.950	2.380	1.800	2.480	2.340	2.290	
	指数Almon	2.323	2.117	2.430	1.892	2.288	2.200	2.228	0.1347
	Beta函数	2.355	2.081	2.430	1.881	2.282	2.199	2.230	0.1236
	算术平均	2.224	2.200	2.462	1.963	2.113	2.118	2.215	0.2256
居民消费价格指数（城镇）	实际值	2.580	2.050	2.490	1.860	2.530	2.400	2.330	
	指数Almon	2.363	2.115	2.457	1.911	2.293	2.208	2.279	0.1468
	Beta函数	2.404	2.101	2.457	1.905	2.286	2.207	2.278	0.1395
	算术平均	2.234	2.147	2.436	1.951	2.077	2.096	2.264	0.2514
消费品零售总额	实际值	10.011	9.969	9.893	9.888	9.964	9.960	9.942	
	Beta函数	9.937	9.848	9.885	9.918	9.937	9.944	9.945	0.0562
	算术平均	9.893	9.787	9.879	9.941	9.913	9.935	9.956	0.0874

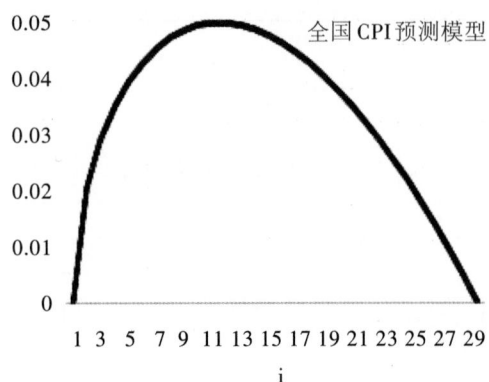

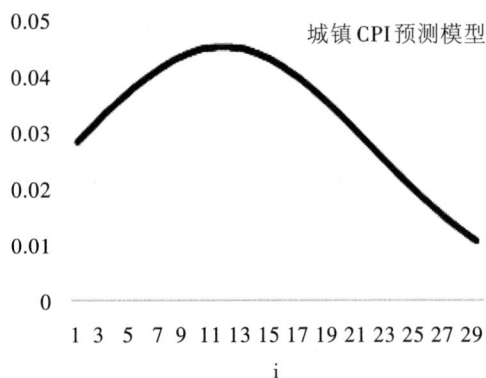

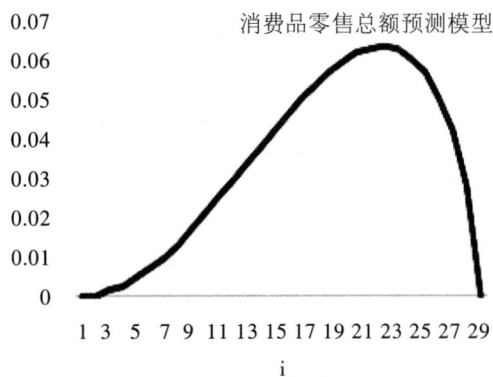

图 3-3 根据参数估计结果计算的权重函数值

3.3 我国房地产行业发展与经济增长的混频数据格兰杰非因果性

近十年来，随着我国城镇化的快速发展、城镇住房制度的改革及其深化以及人民生活水平大幅度提高，我国房地产业飞速发展。房地产的发展与经济增长和波动之间关系的研究成为经济研究中的一个重要领域。国内外学者对房地产投资和经济增长的关系进行了集中探讨。多数情况下都应用了格兰杰非因果性检验。Green 发现房地产投资对经济增长具有单向因果关系。Goulson 和 Kim 得出的结论是房地产投资是引起经济增长的原因。沈悦和刘洪玉对 1986—2002 年我国 GDP 和房地产投资的研究发现，经济增长对房地产投资具有单向因果关系。黄忠华等基于我国省际面板数据研究全国以及区域房地产投资与经济增长的关系，发现绝大多数情况下房地产投资与经济增长具有双向因果关系。赵杨等则研究了我国房价变化对居民消费和经济增长的影响，即研究了房地产业发展带来的财富效应。

上述研究普遍采用的是基于双变量线性 VAR 模型。其主要存在两方面问题：一方面是混频数据可能引起的虚假因果关系；另一方面是双变量 VAR 模型仅能检验基于单步预测的短期因果性，无法检验基于多步预测的长期非因果性问题。

所谓长期非因果性问题，是指虽然变量 X 在预测步长 h=1 时无法引起变量 Y，但在预测步长 h>1 时可以引起变量 Y，借助中介变量 Z，也即通过变量 Z，变量 X 间接引起变量 Y。因此，传统基于双变量线性 VAR 模型的格兰杰非因果性检验得出的 X 与 Y 不存在（短期）格兰杰因果关系的结论，在长期未必成立。针对该问题，Dufour 和 Renault 将基于多步预测视角的格兰杰非因果性检验与多变量 VAR 模型回归系数建立起联系，Dufour 等则进一步构造了针对长期非因果性的 Wald 检验统计量。对于小样本下的检验水平扭曲问题使用了自助法（Bootstrap）进行修正。模拟实验证明，该检验具有较高的功效，可以更准确地挖掘出数据生成过程之间的引致关系。

有鉴于此，本节旨在检验我国房地产行业的发展是否由经济增长带动，以及对经济增长影响的传递机制。相对于已有研究，本节直接利用了不同频率的经济变量，使得格兰杰非因果性检验得出的结论更加可靠。在 VAR 模型中加入中介变量可以同时检验变量之间的短期和长期格兰杰非因果性，特别适用于研究房地产行业的发展与经济增长之间的传导机制。

3.3.1 自助法对检验水平扭曲的修正

对于检验在小样本下的水平扭曲问题，可以采用 GK 自助法进行修正，该自助法不用对误差项的分布进行假设，因此对未知形式的条件异方差是稳健的。其具体步骤如下：

第一，令 h=1，估计 MFVAR（p）模型得到 $\hat{B}(1)(\hat{A}_1, ..., \hat{A}_p)$ 以及相应的残差 $\{\hat{\epsilon}(1), ..., \hat{\epsilon}(T_L^*)\}$；再对预测步长 h 估计 MFVAR（p）模型得到 $\hat{B}(h)$。

第二，基于实际数据计算 Wald 统计量 $W[H_0(h)]$。

第三，构造 N 个模拟误差序列 $\{\tilde{\epsilon}_i(1), ..., \tilde{\epsilon}_i(T_L^*)\}$，$\{i=1, \cdots, N\}$。对于 DPR 自助，$\tilde{\epsilon}_i(\tau_L) \sim N(0_{K \times 1}, \hat{\Omega})$，式中 $\hat{\Omega} = (1/T_L^*)\sum_{\tau_L}^{T_L^*-1}\hat{\epsilon}(\tau_L)\hat{\epsilon}(\tau_L)'$；对于 GK 自助，$\tilde{\epsilon}_i(\tau_L) = \tilde{\epsilon}(\tau_L) \cdot \zeta_i(\tau_L)$，式中，$\zeta_i(T_L) \sim N(0_{k \times 1}, I_k)$。

第四，将原假设转变为对 $\hat{B}(h)$ 的系数约束，然后针对每一个模拟样本模拟（p，h）自回归，其中第 i 个模拟样本的复合误差可以表示为 $u_i^{(h)}(\tau_L) = \sum_{k=0}^{h-1}\hat{\psi}_k\hat{\epsilon}_i(\tau_L - k)$，$\hat{\psi}_k$ 可以通过 $\hat{A}_1, ..., \hat{A}_p$ 迭代计算得到。在此基础上基于每一个模拟（p，h）–VAR 回归计算 Wald 统计量 $W_i[H_0(h)]$。

第五，计算模拟 p 值：

$$\hat{p}_N(W_{T_L^*}[H_0(h)]) = \frac{1}{N}(1 + \sum_{i-1}^{N}I(W_i[H_0(h)]) \geqslant W[H_0(h)]))。$$

3.3.2 实证研究

（1）变量选取与数据处理

综合已有研究，本节用两种思路研究房地产业发展与以 GDP 测度的经济增长之间的短期与长期格兰杰非因果性检验。第一种思路是基于房地产发展带来的投资效应的，其基本思想是房地产业的发展必然伴随着巨额的房地产开发投资，而其中的建筑、安装和土地开发工程则会形成固定资产，进而对 GDP 增长产生贡献。在这一思路下，选取房地产开发投资总额（HOUSE）作为测度房地产发展水平的指标，以全社会固定资产投资总额（INV）作为辅助变量。第二种思路是基于房地产发展带来的财富效应。其基本逻辑是房价上涨导致有房者的资产净值增加，有房者可以通过房产出售或者抵押贷款获得收益导致消费增加。即使未出售房产，但拥有升值的房产会让他们预期自己更加富有。这种未兑现的财富效应依然会起到刺激消费的作用，进而会促进 GDP 的增长。在上述思路下，选取房地产价格（PRICE）作为测度房地产业发展水平的指标，以能够代表居民消费的社会消费品零售总额（EXPD）作为辅助变量。

数据的样本期间为 2001 年 1 月至 2016 年 12 月，其中 GDP 为季度数据，HOUSE、INV、PRICE、EXPD 是月度数据。HOUSE、INV 和 EXPD 直接来自国家统计局公布的相应数据；PRICE 数据虽然可以采用百城住宅价格指数或者 70 个大中城市新建住宅价格指数，但这两个指数分别从 2010 年和 2005 年才开始公布，因此笔者采用住宅销售额与住宅销售面积之比作为 PRICE 数据。

为了剔除价格水平变动的影响，笔者采用定基 CPI 对除 PRICE 之外的变量进行处理。由于国家统计局并没有公布季度和月度定基 CPI 数据，因此笔者将月度环比 CPI 数据转化为月度定基 CPI 数据，并采用简单算术平均法进一步将其转化为季度定基 CPI 数据。与此同时，HOUSE、INV、EXPD 以及 GDP 都具有明显的季节性。因此笔者采用 Census X-12 方法对这几个变量进行季节调整。最后采用对数差分的方式将水平值数据转化为增长率数据，表 3-10 给出了各变量的描述统计特征。不难看出，HOUSE、GDP 这两个变量的波动程度较小，而 INV、PRICE、EXPD 这三个变量的波动程度相对剧烈。

在格兰杰非因果性检验之前还需要对序列的平稳性进行检验，表3-11 给出了所有变量的单位根检验结果。检验结果显示，在 5% 显著水

表 3-10 HOUSE、INV、PRICE、EXPD、GDP 的描述统计特征

变量	均值	中位数	最大值	最小值	标准差	JB 统计量
HOUSE	1.372	1.604	2.687	−12.40	1.245	51 298.4（0.0000）
INV	1.460	1.265	21.05	−8.212	2.252	9 086.31（0.0000）
PRICE	0.652	0.407	12.67	−7.404	2.463	505.353（0.0000）
EXPD	0.956	0.915	11.09	−0.142	2.172	2 135.04（0.0000）
GDP	3.204	3.426	7.118	0.0282	1.442	0.45481（0.0000）

平下，在样本区间内各变量都是平稳的，满足了格兰杰非因果性检验的要求。

表 3-11　　　　　　　　　　单位根检验结果

变量	检验设定 （C，T，K）	ADF 统计量及 伴随概率	检验设定 （C，T，B）	PP 统计量及 伴随概率
HOUSE	（1，0，1）	−6.463（0.0000）	（1，0，7）	−11.05（0.0000）
INV	（1，0，0）	−16.47（0.0000）	（1，0，11）	−16.80（0.0000）
PRICE	（1，0，3）	−5.073（0.0000）	（1，0，4）	−8.021（0.0000）
EXPD	（1，0，0）	−5.253（0.0000）	（1，0，3）	−5.149（0.0000）
GDP	（1，0，0）	−4.556（0.0005）	（1，0，0）	−4.556（0.0005）

注：C=0/1 表示检验式是否包含截距项，T=0/1 表示检验式是否包含趋势项，K 为根据信息准则选取的 ADF 辅助回归的滞后阶数，B 为 PP 检验的带宽。

（2）检验设定

对于混频格兰杰非因果性检验（以下简称混频检验），首先估计包含 HOUSE、INV、GDP 的三变量 MFVAR 模型，并令预测步长 h = {1, 2, …, 8}，即认为房地产投资对经济增长的影响最长为 2 年。根据 MFVAR 模型的定义，我们有 $K_H = 2$，$K_L = 1$，$m = 3$，$K = 7$，$T_L = 60$。建立 MFVAR 模型还需要确定滞后阶数，Ghysels 等通过模拟实验证明了过多的滞后阶数会降低检验功效，因此考虑到本节中各变量的序列长度，令 MFVAR 模型的滞后阶数 $p = 1$，此时需要估计的 VAR 模型回归系数共有 49 个。为了避免有限样本下可能产生的检验水平扭曲，以及模型中可能存在的未知形式异方差和序列相关带来的不利影响，估计方

差–协方差矩阵，并利用 GK 自助法计算混频检验的模拟伴随概率，其中自助样本个数为 999。

作为比较，笔者也使用了经过频率转换的格兰杰因果关系检验（以下简称低频检验）。具体做法是首先采用简单算术平均法将月度变量转化为季度变量，然后估计一个三变量 VAR（p，h）模型。由于 MFVAR 模型也是基于 VAR（p，h）模型的，因此只需要在构建 X（τ_L）时进行适当调整即可实现 VAR（p，h）模型的估计，此时我们有 $K_H = 2$，$K_L = 1$，$m = 1$，$K = 3$，$T_L = 60$。因为 VAR（p，h）模型中的变量个数相对于 MFVAR 模型大幅度减少，因此可以适当加大 VAR（p，h）模型的滞后阶数，令其滞后阶数 p = 4，预测步长同样为 h = {1,2,...,8}。

（3）实证结果

表 3–12 给出了 HOUSE、INV 与 GDP 之间的混频与低频格兰杰非因果性检验的伴随概率。不难看出，在各种检验假设下，两种检验的结果表现出较大差异，即频率转换对格兰杰非因果性检验的结果产生了显著影响。具体来说，对于房地产业发展和经济增长之间的格兰杰因果关系而言，在 5% 的显著性水平下，混频检验表明在预测步长 h=1 至 h=5，HOUSE 都是 GDP 的格兰杰原因，即房地产投资对经济增长同时具有短期影响和长期影响。低频检验则显示在所有预测步长下 HOUSE 都不是 GDP 的格兰杰原因。而在相反方向，混频检验和低频检验都表明 GDP 不是 HOUSE 的格兰杰原因。因此房地产开发投资对经济增长具有单向因果关系。

对于固定资产投资与经济增长之间的格兰杰因果关系，在 5% 的显著性水平下，混频检验表明在预测步长 h=3 至 h=6，INV 是 GDP 的格兰杰原因；低频检验则表明在预测步长 h=2 至 h=6，INV 是 GDP 的格兰杰原因。这意味着固定资产投资对经济增长仅有长期影响。而在相反方向，混频检验和低频检验都表明 GDP 不是 INV 的格兰杰原因。因此固定资产投资对于经济增长仅有单向因果关系，并且该因果关系是通过房地产投资传递的。

对于房地产投资和固定资产投资之间的格兰杰因果关系，混频检验表明在 5% 的显著性水平下，在预测步长 h=1 至 h=5，HOUSE 都是

INV 的格兰杰原因，这进一步印证了房地产投资对经济增长可以产生长期影响。而在所有预测步长下 INV 都不是 HOUSE 的格兰杰原因。而低频检验则表明 INV 和 HOUSE 之间不存在短期和长期格兰杰因果关系，这显然不符合经济理论。

表 3-12　　HOUSE、INV 与 GDP 之间的格兰杰非因果性检验结果

混频检验								
项目	h = 1	h = 2	h = 3	h = 4	h = 5	h = 6	h = 7	h = 8
HOUSE→GDP	<u>0.002</u>	<u>0.006</u>	<u>0.002</u>	<u>0.002</u>	<u>0.006</u>	0.495	0.782	0.281
INV→GDP	0.868	0.527	<u>0.034</u>	<u>0.017</u>	<u>0.045</u>	<u>0.044</u>	0.511	0.391
GDP↛HOUSE	0.685	0.792	0.357	0.561	0.453	0.351	0.285	0.431
GDP↛INV	0.715	0.701	0.180	0.860	0.242	0.481	0.060	0.136
HOUSE→INV	<u>0.002</u>	<u>0.002</u>	<u>0.004</u>	<u>0.002</u>	<u>0.010</u>	0.248	0.226	0.068
INV↛HOUSE	0.860	0.236	0.403	0.419	0.265	0.956	0.756	0.423
低频检验								
项目	h = 1	h = 2	h = 3	h = 4	h = 5	h = 6	h = 7	h = 8
HOUSE↛GDP	0.745	0.335	0.214	0.225	0.127	0.156	0.128	0.191
INV→GDP	0.380	<u>0.018</u>	<u>0.037</u>	<u>0.019</u>	<u>0.040</u>	<u>0.004</u>	0.332	0.651
GDP↛HOUSE	0.628	0.728	0.811	0.650	0.444	0.156	0.140	0.178
GDP↛INV	0.294	0.274	0.186	0.901	0.854	0.277	0.961	0.360
HOUSE↛INV	0.595	0.528	0.279	0.451	0.832	0.656	0.738	0.627
INV↛HOUSE	0.704	0.861	0.649	0.300	0.209	0.727	0.597	0.855

注：带有下划线的数据表示统计量在 5% 显著性水平下拒绝原假设。

表 3-13 给出了 PRICE、EXPD 与 GDP 之间的混频与低频格兰杰非因果性检验的伴随概率。与表 3-12 的结果相似，在 5% 的显著性水平下混频检验比低频检验更频繁地拒绝变量之间无格兰杰因果关系的原假设。具体来说，对于房地产价格和经济增长之间的格兰杰因果关系而言，混频检验表明 HOUSE 分别在预测步长 h=1 和 h=2 是 GDP 的格兰杰原因，而在所有预测步长下 GDP 都不是 HOUSE 的格兰杰原因。这表明房地产价格对经济增长具有单向的短期影响和长期影响，但影响的持续时间远低于房地产投资对经济增长的影响。低频检验则没有检验出 HOUSE 和 GDP 存在格兰杰因果关系。

表 3-13　　　PRICE、EXPD 与 GDP 之间的格兰杰非因果性检验结果

混频检验								
项目	h = 1	h = 2	h = 3	h = 4	h = 5	h = 6	h = 7	h = 8
PRICE↛GDP	<u>0.043</u>	<u>0.016</u>	0.702	0.916	0.633	0.499	0.396	0.233
EXPD↛GDP	<u>0.017</u>	<u>0.018</u>	0.819	0.157	0.978	0.146	0.105	0.249
GDP↛PRICE	0.669	0.406	0.902	0.971	0.161	0.306	0.143	0.942
GDP↛EXPD	0.185	0.711	0.796	0.727	0.160	0.389	0.726	0.843
PRICE↛EXPD	0.959	0.511	0.450	0.563	0.866	<u>0.004</u>	<u>0.012</u>	0.770
EXPD↛PRICE	0.675	0.445	0.023	0.173	0.971	0.614	0.822	0.421
低频检验								
项目	h = 1	h = 2	h = 3	h = 4	h = 5	h = 6	h = 7	h = 8
PRICE↛GDP	0.062	0.215	0.679	0.672	0.607	0.739	0.764	0.663
EXPD↛GDP	<u>0.033</u>	0.075	0.697	0.871	0.292	0.387	0.760	0.414
GDP↛PRICE	0.737	0.783	0.648	0.850	0.113	0.475	0.363	0.359
GDP↛EXPD	0.683	0.902	0.489	0.469	0.731	0.439	0.129	0.119
PRICE↛EXPD	0.688	0.356	0.821	0.380	0.258	0.753	0.166	0.560
EXPD↛PRICE	0.164	0.279	0.922	0.197	0.432	0.802	0.852	0.525

注：带有下划线的数据表示统计量在 5% 显著性水平下拒绝原假设。

对于居民消费和经济增长之间的格兰杰因果关系而言，混频检验表明在 5% 的显著性水平下，EXPD 分别在预测步长 h=1 和 h=2 是 GDP 的格兰杰原因，即居民消费对经济增长同时具有短期影响和长期影响。低频检验则显示居民消费对经济增长仅具有短期影响。而在相反方向，混频检验和低频检验都表明 GDP 不是 EXPD 的格兰杰原因。这一结论虽然与经济理论相悖，但正如李文星等指出的那样，中国居民消费习惯已经相当稳定，经济快速增长对消费的影响有限。本节得出的检验结果印证了这一结论。

对于房地产价格与居民消费之间的格兰杰因果关系而言，混频检验表明在 5% 的显著性水平下，PRICE 分别在预测步长 h=6 和 h=7 是 EXPD 的格兰杰原因，即房地产价格对居民消费具有长期影响。这表明房地产发展与经济增长之间确实存在"房价上涨→居民消费增加→GDP 增加"这一财富效应传导渠道，同时也印证了赵杨等得出的房地产发展带来的财富效应在长期要大于短期这一结论。而低频检验则没有检验出

PRICE 和 EXPD 之间存在格兰杰因果关系。

本节基于 MFVAR 模型检验了房地产开发投资、房价、固定资产投资、居民消费与经济增长之间的短期和长期格兰杰因果关系。在构造统计量时使用了估计量方差协方差矩阵的 HAC 估计量，并利用自助法修正小样本下的水平扭曲。本节得出的基本结论有以下两点：

第一，混频检验的结果表明，代表房地产行业发展水平的房地产投资总额以及房地产价格在短期和长期都是经济增长的格兰杰原因，并且长期格兰杰因果关系分别是由中介变量固定资产投资和居民消费传递的。这意味着房地产行业对国民经济发展同时存在投资效应和财富效应两种传递机制，并且投资效应对经济增长的影响持续时间远大于财富效应。检验结果还显示经济增长在短期和长期都不是房地产行业发展的格兰杰原因。

第二，混频检验和低频检验的结果存在较大差异，这在检验 PRICE、EXPD 与 GDP 之间格兰杰非因果性时表现得尤其明显。混频检验在更多的情况下检验出变量之间存在格兰杰因果关系，并且得出的结论更符合经济理论和客观实际。这表明数据从高频转换成为低频造成的信息损失容易掩盖变量之间真实存在的格兰杰因果关系，季度数据在捕捉波动程度较大的变量之间引致关系时较简略。

3.4 公众信心与中国宏观经济波动的非线性因果关系

经济主体信心对宏观经济的影响具有较高的研究价值。凯恩斯早在《就业、利息与货币通论》中就曾断言信心是产生经济波动的重要因素。目前，有较多文献都从实证研究角度证明了信心对于解释经济波动以及宏观经济预测起到了至关重要的作用。早期学者的研究多数集中在研究消费者信心与消费支出的相关性这一视角。例如，Mueller 指出消费者信心在解释消费支出时是显著的。Blanchard 指出 20 世纪 90 年代美国家庭耐用品消费的下降是由经济主体信心不足造成的。Carello 的研究则证明了在预测消费支出时消费者信心可以提供其他经济变量无法提供的解释能力。较近期的研究则进一步将研究领域拓展到非消费类变量。

Smimou 证明了消费者态度可以通过股市流动性渠道对经济增长、失业率产生影响。陈彦斌和唐诗磊则利用 VAR 模型研究了经济主体信心对GDP、CPI、利率、股市收益率等宏观经济变量的影响。他们证明了除股市表现外，信心变量的影响均是显著的。上述研究以及其他相关研究的基本思路是以消费者信心指数作为信心的代理变量，建立线性计量模型进而研究信心与宏观经济变量之间的动态调整机制，但这样做存在两方面的问题：一方面，消费者信心指数是基于统计调查编制的，受访居民需要对 5 个方面问题进行主观判断，给出定性回答。经过转化后合成为指数，在这一过程中可能会产生一定偏误。我国地域辽阔，各地区经济发展差异巨大，进一步加剧了指数编制的难度。另一方面，已有研究绝大多数是在线性框架内进行的，不能确定在线性模型的框架内检验信心与经济变量是否具有格兰杰因果性；考查信心的引入是否能够显著提高预测精度也不确定。但在现实中，非线性关系普遍存在，主要经济变量之间几乎都存在复杂的非线性关系。因此，本节尝试对上述两方面问题进行适当改进。

对于信心指数的编制问题，本部分尝试基于网络搜索数据构造消费者信心指数，其基本思想是消费者的经济活动会受到其信心水平的影响，而理性的经济主体在进行相关决策时会通过各种渠道获取信息，这必然会在搜索引擎、社交媒体等网络应用中留下信息表现，这意味着信心水平与特定关键词的搜索量是高度相关的。进一步而言，网络搜索数据的优势还表现在以下两点：第一，互联网用户庞大，人数约占我国经济活动人口的 70%，因此网络搜索数据相对于调查数据更具有代表性。第二，网络搜索数据是由服务器实时、自动采集的，在测度信心时更客观，并且其数据频率远高于统计调查。国内外有较多文献将网络搜索数据用于经济研究。Penna 和 Huang 利用金融、商业、奢侈品、能源成本四类关键词的搜索量构造了消费者信心指数，并用于居民消费预测，实证研究表明其预测效果优于基于统计调查的信心指数的预测模型；孙毅和吕本富基于百度指数构造消费者信心指数，分析指数与宏观景气指数的预测，并对社会消费品零售总额进行预测。本部分将在现有研究的基础上利用主成分分析将众多关键词搜索量合成为指数用于信心水平的测度。

在构造信心指数后，本部分将在非线性框架内检验信心指数与经济变量之间的格兰杰因果性，并建立模型描述公众信心与经济变量之间的动态调整机制。对于非线性格兰杰因果性检验，本部分分别使用 Diks 和 Panchenko 以及 Kyrtsou 和 Labys 提出的参数和非参数检验方法，这两种方法被普遍用来研究经济变量之间的因果性。对于公众信心与经济变量的非线性模型建模问题，本部分将采用马尔科夫区制转换贝叶斯向量自回归模型（MSBVAR）。采用多方程的向量自回归模型的原因在于公众的信心水平可能也会受到经济环境的影响，因此信心变量与经济变量之间的关系是双向的。对于二者的非线性关系，本部分利用马尔科夫区制转换进行描述，即当经济处于不同状态时（区制），模型的回归系数不同，并且状态之间的转换服从外生的马尔科夫链。国内外有较多研究将马尔科夫转换模型用于经济变量之间的非线性关系建模，参见相关文献。由于区制转换向量自回归模型需要估计多个区制内的参数，当模型的变量较多或者滞后阶数较大时，需要估计大量参数。

本节的主要贡献为：首先基于网络搜索数据构造了信心指数，与现有的基于统计调查的指数相比，该指数是实时的，并且更客观；其次采用两种非线性方法检验信心指数与经济变量之间的格兰杰因果性，在保证了本部分研究合理性的同时，也避免了线性格兰杰因果性检验在面对变量间复杂引致关系时的水平扭曲问题；最后建立了 MSBVAR 模型，围绕信心研究了我国经济的内生转移特征以及每个区制内经济变量与信心指数之间的相互作用机制。国内虽有用信心解释经济波动的研究，但考虑了二者之间非对称性的研究是比较少见的。

3.4.1 非线性格兰杰因果性检验

根据 Granger 的定义，如果变量 X 可以格兰杰引起变量 Y，则直到 T 期为止，所有的 X_t 可以影响第 T+1 期变量 Y 的概率分布。但在实际操作时，处理变量的分布函数较为困难。因此研究人员将对 Y 概率分布的影响简化为对 Y 的期望的影响，并且认为 X_t 对 $Y_{(T+1)}$ 期望的影响具有线性形式，这就得到了目前普遍采用的基于双变量 VAR 模型的格兰杰因果性检验方法。为了使检验更具有一般性，相关文献基于相关性积分提出了一种非参数检验方法（以下简称 DP 检验），另有文献基于多元含有噪声的 Mackey-Glass 过程提出了一种参数检验方法（以下简称 KL 检验）。

（1）DP 检验

变量 X_t 无法格兰杰引起 Y_t 的原假设等价于 $Y_t | (X_{t-1}, ..., X_{t-L_X}; Y_{t-1}, ..., Y_{t-L_Y}) \sim Y_t | (Y_{t-1}, ..., Y_{t-L_Y})$，式中 L_X 和 L_Y 分别是 X_t 和 Y_t 的滞后阶数。在此基础上定义 $L_X + L_Y + 1$ 维向量 $W_t = (X_t^{L_X}, Y_X^{L_Y}, Z_t)$，式中 $X_t^{L_X} = (X_{t-L_X}, ..., X_{t-1})$，$Y_t^{L_Y} = (Y_{t-L_Y}, ..., Y_{t-1})$，$Z_t = Y_t$。为了便于表述，在省略时间下标后，原假设等价于：

$$\frac{f_{X,Y,Z}(x,y,z)}{f_{X,Y}(x,y)} = \frac{f_{Y,Z}(y,z)}{f_Y(y)} \tag{3-23}$$

经过适当变形后，（3-23）式等价于：

$$\frac{f_{X,Y,Z}(x,y,z)}{f_Y(y)} = \frac{f_{X,Y}(x,y)}{f_Y(y)} \cdot \frac{f_{Y,Z}(y,z)}{f_Y(y)} \tag{3-24}$$

如果将格兰杰因果性定义在变量之间的期望，则可以构造统计量：

$$q_g = E\left[\left(\frac{f_{X,Y,Z}(x,y,z)}{f_Y(y)} - \frac{f_{X,Y}(x,y)}{f_Y(y)} \cdot \frac{f_{Y,Z}(y,z)}{f_Y(y)} \right) g(X,Y,Z) \right] = 0 \tag{3-25}$$

式中 $g(\cdot)$ 为定义在正实数域内的权重函数，$g(\cdot)$ 有多种选择，相关文献通过模拟实验证明当 $g(\cdot) = f_Y^2(y)$ 时，统计量具有较小的检验水平扭曲，此时（3-25）式变形为：$\tilde{q} = E\left[f_{X,Y,Z}(x,y,z) f_Y(y) - f_{X,Y}(x,y) \cdot f_{Y,Z}(y,z) \right]$。$\tilde{q}$ 的估计量可以表示为 $\tilde{q}_n = (2\varepsilon)^{-d_X - 2d_Y - d_Z} T_n$，式中：

$$T_n = \frac{1}{n(n-1)(n-2)} \sum_i \left[\sum_{k,k \neq i} \sum_{j,j \neq i} \left(I_{ik}^{XYZ} I_{ij}^Y - I_{ik}^{XY} I_{ij}^{YZ} \right) \right] \tag{3-26}$$

d_X、d_Y 和 d_Z 分别是 X，Y，Z 的维数，$I_{ij}^W = I(\|W_i - W_j\| < \varepsilon)$。若定义 (X_i, Y_i, Z_i) 局部相关性积分 $C_i^W = \frac{1}{n-1} \sum_{j,j \neq i} I_{ij}^W$，则 T_n 可以简化为 $T_n = \frac{n-1}{n(n-2)} \sum_i (C_i^{XYZ} C_i^Y - C_i^{XY} C_i^{YZ})$。

可以证明 $\sqrt{n} \dfrac{\left[T_n - (2\varepsilon)^{-d_X - 2d_Y - d_Z} \tilde{q}_n \right]}{S_n} \xrightarrow{d} N(0,1)$，$S_n$ 为 W 的序列相

关稳健方差估计量。参数 ε 的选择与序列长度有关。相关文献给出的最优 ε 的表达式为 $\varepsilon^* = kn^{-\alpha}$，式中 $k \approx 7.0$，$\alpha \approx 0.27$。

（2）KL 检验

在格兰杰因果性检验中，变量间非线性调整机制会带来双重影响。一方面，X_t 和 Y_t 与其自身各阶滞后项的关系是非线性的；另一方面，变量之间的交互影响也是非线性的。相关文献基于非线性动力学领域中的 Mackey-Glass 过程，提出了一种参数检验方法。其检验采用的 Mackey-Glass 模型如（3-27）式，该模型的优势在于可以通过调整参数 c 和 τ 描述多种复杂的动态相依结构。

$$Y_t = \alpha_{11} \frac{Y_{t-\tau_1}}{1 + Y_{t-\tau_1}^{c_1}} - \delta_{11} Y_{t-1} + \alpha_{12} \frac{X_{t-\tau_2}}{1 + X_{t-\tau_2}^{c_2}} - \delta_{12} X_{t-1} + \varepsilon_t \tag{3-27}$$

式中，$\varepsilon_t \sim N(0,1)$，$t = (\tau, ..., N)$，$\tau = \max(\tau_1, \tau_2)$。系数 α_{ij} 和 γ_{ij} 分别表示 Y_t 和 X_t 之间的线性与非线性关系。参数 c 和 τ 可以通过似然比检验或者 Schwarz 信息准则进行选择。Mackey-Glass 模型可以直接通过 OLS 进行估计。原假设 X_t 不会格兰杰引起 Y_t 等价于检验 $\alpha_{12} = \delta_{12} = 0$，可以构造 F 统计量或拉格朗日乘子统计量。

3.4.2 马尔科夫区制转换贝叶斯向量自回归模型（MSBVAR）

（1）模型框架

MSBVAR 模型的基本框架为：

$$Y_t = (y_1, ..., y_t) \in (R^n)^t, \quad \theta = (\theta_i)_{i \in H} \in (R^r)^h$$
$$Q = (q_i, q_j)_{(i,j) \in H \times H} \in R^{h^2}, \quad S_t = (s_0, ..., s_t) \in H^{t+1} \tag{3-28}$$

$H = \{1, ..., h\}$ 表示经济具有的 h 个区制（状态）。y_t 表示 n 维内生变量向量，对于第 i 个区制，由 y_t 构成的向量自回归模型的系数为 θ_i，将 θ_i 堆叠后构成参数向量 θ。Q 为状态转移矩阵，矩阵中的元素 q_{ij} 为转移概率，即当 t-1 时刻经济处于区制 j 时，在 t 时刻处于区制 i 的概率。q_{ij} 满足 $q_{ij} \geq 0$，$\sum_{i \in H} q_{ij} = 1$。定义 q_j 为矩阵 Q 的第 j 列元素，将 q_j 堆叠后可以得到 $h^2 \times 1$ 维参数向量 q。S_t 是由从初始时刻（t=0）至 t 时刻经济在各个时刻所处区制的潜变量构成的序列。(Y_t, θ, q, S_t) 的联合概率

密度函数为 $p(Y_t, \theta, q, S_t)$，该密度函数满足以下条件。

条件 1：$p(s_t | Y_t, \theta, q, S_{t-1}) = q_{s_t, s_{t-1}}$，$t>0$

条件 2：$p(y_t | Y_{t-1}, \theta, q, S_t) = p(y_t | Y_{t-1}, \theta_{s_t}, q, s_t)$，$t>0$

条件 1 意味着 S_t 的演化服从以 Q 为状态转移矩阵的外生马尔科夫过程。条件 2 意味着模型参数只取决于它所处的区制。

（2）先验分布

在 MSBVAR 模型中，由于马尔科夫区制转换行为是外生的，因此其 VAR 部分的参数与状态转换矩阵中的参数先验分布彼此独立。对于 VAR 部分的参数，现有研究中广泛使用的有 Minnesota-Wishart 分布，Normal-Wishart 分布、Sims-Zha 分布等。

对于转移概率矩阵 Q，Q 的先验分布具有 Dirichlet 形式，即对于 $i \geq 1$，$j \leq h$，Q 的先验分布可以表示为：

$$p(Q) = \prod_{j \in H} \left(\frac{\Gamma(\prod_{i \in H} \alpha_{i,j})}{\prod_{i \in H} \Gamma(\alpha_{i,j})} \right) \times \prod_{i \in H} (q_{i,j})^{\alpha_{i,j}-1} \tag{3-29}$$

对于 $i \neq j$，令 $\alpha_{i,j} = 1$，并且令 $Eq_{j,j} = p_{j,dur}$，$p_{j,dur}$ 是经济处于相同的区制 j 的概率。根据该定义 $p_{j,dur} = \dfrac{\alpha_{j,j}}{\sum_i \alpha_{i,j}}$，整理后可以得到 $\alpha_{j,j} = \dfrac{p_{j,dur}(h-1)}{1-p_{j,dur}}$。对于一个两区制模型，如果经济在某区制 j 内停留的概率为 0.9，则 $\alpha_{j,j} = 9$。

（3）后验分布及其 MCMC 估计

Y_T 的似然函数可以表示为 $p(Y_T | \theta, q) = \sum_{t=1}^{T} \left[\sum_{s_t \in H} p(y_t | Y_{t-1}, \theta, q, s_t) \cdot p(s_t | Y_{t-1}, \theta, q) \right]$。根据贝叶斯准则，$(\theta, q)$ 的后验分布可以表示为 $p(\theta, q) \cdot p(Y_T | \theta, q)$，式中 $p(\theta, q)$ 是 (θ, q) 的先验分布。(θ, q) 的后验分布非标准，因此可以采用 Gibbs 抽样的思想交替从 $p(S_T | Y_T, \theta, q)$、$p(q | Y_T, \theta, S_T)$ 和 $p(\theta | Y_T, q, S_T)$ 中抽样，得到经验联合后验密度 $p(\theta, q, S_T | Y_T)$，在此基础上得到 θ 的后验众数。使用后验众数而不是均值作为估计量的原因是 θ 的后验分布多数情况下是非正态的。

在最优化算法方面，对于单方程马尔科夫转换模型可以直接采用 EM 算法进行估计，但对于多方程模型，由于其 E 步骤不存在解析表达式，因此可以使用蒙特卡罗 EM 算法（MCEM），即利用蒙特卡罗抽样对 E 步骤中的后验密度进行近似。但 MCEM 算法耗时极长，特别是当似然函数接近其极值时，迭代过程十分缓慢。为了提高算法效率，文献提出一种分块最优化算法，该方法的基本思想是由于参数向量 θ 和 q 的条件后验密度彼此独立，因此可以将它们划分为两个参数块。如果模型的变量较多，可以将 θ 进一步划分为若干更小的参数块。在划分了参数块并且给定参数初始值后，使用标准的最优化算法（爬坡法或牛顿法）对某个参数块进行迭代求解，固定其余参数块保持不变。重复这一过程，直到所有参数块内的参数都近似收敛。在算法的最后阶段，再使用标准的最优化算法对全部参数进行迭代求解从而获得更优的似然函数值，由于在分块迭代求解时，各参数已经近似收敛了，因此这一迭代过程较短。

3.4.3　基于网络搜索的消费者信心指数的构造

（1）关键词的选取与数据预处理

在关键词选取方面，本部分基于淘宝搜索量数据提供的最近一周内关键词搜索量排行榜功能确定使用的关键词，该排行榜根据销售量将商品划分为 20 个热销类型，包括男/女装、手机、零食、住宅家具等。具体做法是：将一年内每周排行榜前 5 名的关键词记录下来，然后再统计这些关键词在排行榜内的出现次数，选取出现次数最多的 10 个关键词作为该类型的代表性关键词，共 200 个。数据的时间范围是 2011 年 7 月 1 日至 2015 年 9 月 30 日，共 1 553 个观测点。由于消费者信心指数和本部分选取的一些作为研究对象的宏观经济变量是月度数据，因此本部分也采用简单算术平均法将日度搜索量数据转换成为月度数据。

在数据转换后，由于大部分网购商品都存在明显的季节效应，并且存在由"双十一"、"双十二"这两个购物节和春节这个中国传统节日产生的节日效应。因此本部分在使用 Census X-12 方法进行季节调整时将

11 月、12 月和 2 月的观测点作为异常值处理，即加入相应的虚拟变量表示上述 4 个月的观测值。

（2）因子分析与指标构造

采用因子分析方法提取 200 个关键词搜索量的公共因子。在进行因子分析之前首先对数据是否适合进行因子分析进行检验，其中 KMO 检验统计量的数值为 0.9706，巴特利球形检验的伴随概率接近 0。这表明数据非常适合进行因子检验。在估计因子载荷矩阵时使用主成分分析法，因子数量根据方差解释百分比进行确定。最终在方差解释百分比为 80% 时得到两个公共因子，分别记为 F1 和 F2。

公共因子 F1 在耐用消费品和一些奢侈品类关键词上具有较高的载荷，因此可以视为居民生活非必需品消费的体现；公共因子 F2 在食品、服饰、洗护用品等关键词上具有较高的载荷，因此可以视为居民生活必需品消费的体现。由于耐用消费品和奢侈品具有较高的收入弹性和价格弹性，而生活必需品的收入弹性和价格弹性较低，因此因子分析结果具有较明确的经济含义。在此基础上，以因子的方差贡献率为权重，将 F1 和 F2 合成为消费者信心指数（记为 CCINet），得到的结果如图 3-4 所示。

（3）与基于调查的消费者信心指数的关系

时差相关系数法是利用相关系数检验经济时间序列变量之间滞后关系的一种最常用的方法，本部分利用这一方法研究构造的消费者信心指数与已有官方基于调查的消费者信心指数（CCI）的关系。其基本思想是对于两个时间序列，选择其中一个作为基准，然后计算与另一个序列在不同时间间隔上错开（滞后或领先）时的相关系数，再进行比较，其中最大的时差相关系数所对应的时间间隔被认为是两个时间序列变量之间的时滞。经过计算得到 CCINet 与 CCI 之间的最大时差相关系数均出现在第 0 阶，为 0.5304。这表明 CCINet 与 CCI 呈现较强的正相关关系，并且在时滞结构上是一致指标。但考虑到基于调查的 CCI 在数据公布上存在 1 个月左右的滞后期，而 CCINet 是可以实时得到的，因此 CCINet 仍具有领先性。

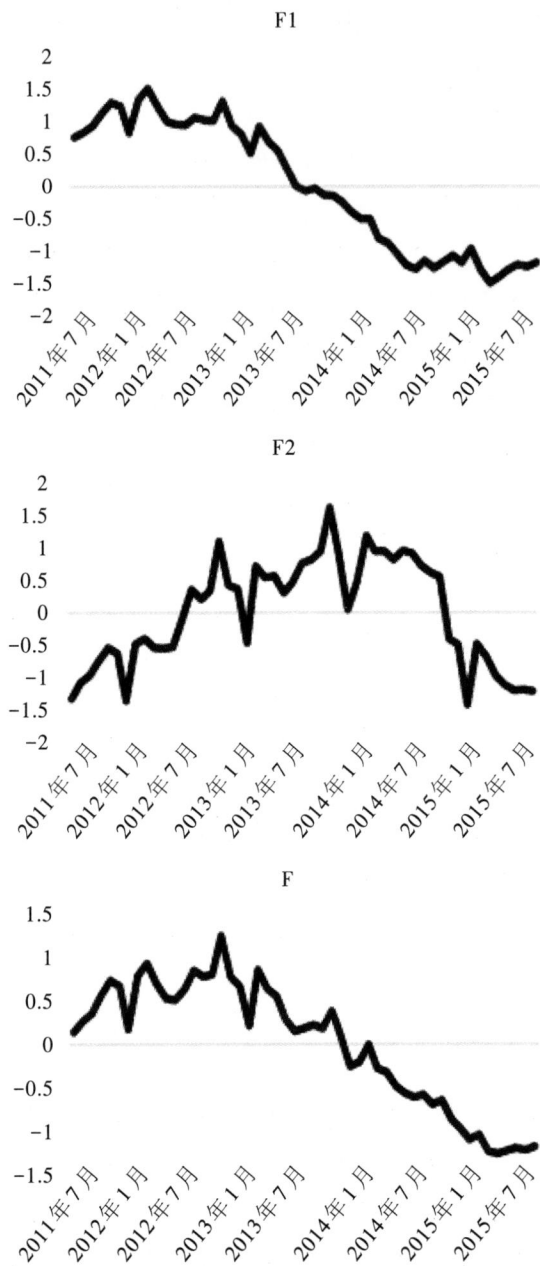

图 3-4　公共因子 F1、F2 与合成的消费者信心指数

3.4.4　信心指数与相关经济变量的格兰杰因果性检验

（1）变量选取与数据来源

本节选择经过季节调整的月度固定资产投资环比增长率（INV）和社会消费品零售总额月度环比增长率（SALE）、通货膨胀率（CPI）、名义利率（R）、证券市场收益率（RET）作为描述我国经济波动的代理变量。其中通货膨胀率直接采用月度环比居民消费价格指数，名义利率采用银行间 7 天同业拆借利率，证券市场收益率基于沪深 300 指数收盘价（P_t）计算，并根据公式 $RET_t = \ln(P_t) - \ln(P_{t-1})$ 换算成为月度收益率。本部分没有使用 GDP 作为测度经济增长的原因在于，一方面消费和投资是国民经济的主要组成部分，因此固定资产投资同比增长率和社会消费品零售总额同比增长率可以在相当大的程度上测度我国的经济增长情况；另一方面是 GDP 只有季度数据，而信心变量是月度数据，直接采用插值方法将季度数据转换为月度数据会产生人为的信息虚增情况。上述变量的数据来源为 Wind 数据库，数据的时间范围是 2011 年 7 月至 2015 年 9 月，共 51 个月。各变量的平稳性满足格兰杰因果性检验和下文 MSBVAR 模型建模的要求。

（2）格兰杰因果性检验设定

本节分别使用线性的格兰杰因果性检验以及非线性的 DP 检验和 KL 检验确定信心变量（CCINet、CCI）与经济变量（INV、SALE、CPI、R、RET）之间的格兰杰因果性关系。对于线性检验，本部分在双变量 VAR 模型的基础上构造 F 统计量，VAR 模型的滞后阶数根据信息准则在 1 至最大滞后阶数内确定，本部分将最大滞后阶数设定为 13；对于 DP 检验，本部分使用与线性检验相同的滞后阶数，参数 $\hat{\varepsilon}^* = 2.42$；对于 KL 检验，幂指数 c_1 和 c_2 的参数空间为 $\{1, 2\}$，滞后阶数 τ_1 和 τ_2 的参数空间为 1 至最大滞后阶数，最大滞后阶数同样设定为 13，然后根据 Schwarz 信息准则确定最终使用的幂指数和滞后阶数。

（3）检验结果

线性格兰杰因果性检验通过 Eviews 8.0 软件实现，DP 检验和 KL 检验则通过自行编制 Matlab 程序实现。本部分在线性检验后还将构造

Ljung-Box Q 统计量对双变量 VAR 模型的残差序列进行检验，用于确定模型是否依然存在残余线性，最终得到的结果见表 3-14。

根据表 3-14 中的结果可以看出，本节构造的消费者信心指数 CCINet 与投资、消费和价格水平的变动均存在双向格兰杰引致关系。这表明经济主体信心会对他们的投资、消费行为产生影响，而投资和消费引起的总需求变动又会传导至价格水平上。同时，投资、消费和价格水平的变动又是对外部经济环境变动的反映，进而也会影响到经济主体的信心水平。另外，由于我国货币和资本市场尚不完备，有效性偏弱，因此经济主体信心的变动较难传递至股票市场收益率和利率上。根据检验结果，还能发现消费者信心普遍与经济变量不存在格兰杰引致关系。笔者认为出现这种现象的原因是我国消费者信心指数编制较晚，在编制方法实践中尚处于探索阶段，加之我国各地区发展不平衡，导致单一信心指数的代表性较差。在检验方法比较方面，对双变量线性 VAR 模型残差序列进行的 Ljung-Box 检验表明，可以认为 VAR 模型已经充分捕捉到了经济变量与信心变量之间的线性相依关系。同时，本部分还发现在线性检验中判断出的不存在格兰杰因果关系的变量组合中，KL 检验和 DP 检验也检验出它们之间存在格兰杰因果关系。这意味着变量之间存在更复杂的引致关系，传统的线性检验框架可能存在偏误。

3.4.5　信心指数与中国宏观经济波动的 MSBVAR 模型

（1）MSBVAR 模型的设定

选择经济变量 SALE、INV 和 CPI 与信心变量 CCINet 建立 MSBVAR 模型。首先对 MSBVAR 模型进行设定，包括选取最优滞后阶数，确定区制数量和 Sims-Zha 先验分布中的超参数。对于最优滞后阶数的选取，直接沿用了一般 VAR 模型的滞后阶数选取方法，即估计一系列不同滞后阶数的 VAR 模型，然后根据似然函数值构造相关检验统计量，然后确定滞后阶数，得到的结果见表 3-15。根据表 3-15 可以发现 VAR 模型最优滞后阶数为 1 阶，因此将 MSBVAR 模型的滞后阶数也设定为 1。对于区制数量，由于实证研究中变量的样本长度较短，设定较多的区制数量会使模型损耗过多的自由度，进而导致估计不稳定，因

表 3-14 　　　　　　　　　**格兰杰因果性检验结果**

原假设：信心变量无法格兰杰引起经济变量					
项目		INV	SALE	CPI	R	RET
线性检验	CCINet	7.490 (0.009)*	3.029 (0.022)*	2.057 (0.158)	2.915 (0.094)	0.786 (0.509)
	LB	10.01 (0.124)	8.079 (0.232)	8.858 (0.182)	6.397 (0.38)	10.73 (0.097)
	CCI	0.574 (0.636)	3.873 (0.005)*	0.992 (0.324)	2.278 (0.114)	0.722 (0.492)
DP检验	LB	7.144 (0.308)	8.797 (0.185)	8.433 (0.208)	9.049 (0.171)	12.202 (0.058)
	CCINet	5.438 (0.000)*	3.539 (0.000)*	3.747 (0.000)*	1.007 (0.157)	0.451 (0.326)
	CCI	0.863 (0.194)	0.570 (0.285)	0.837 (0.201)	0.390 (0.348)	0.111 (0.456)
KL检验	CCINet	6.442 (0.003)*	6.346 (0.004)*	3.563 (0.022)*	2.608 (0.084)	0.613 (0.546)
	CCI	0.200 (0.819)	0.340 (0.714)	1.597 (0.213)	2.623 (0.083)	1.713 (0.191)

原假设：经济变量无法格兰杰引起信心变量					
		INV	SALE	CPI	R	RET
线性检验	CCINet	6.374 (0.015)*	1.520 (0.209)	4.853 (0.033)*	0.308 (0.582)	0.425 (0.736)
	LB	10.78 (0.095)	6.776 (0.342)	7.136 (0.308)	10.67 (0.099)	7.624 (0.267)
	CCI	3.178 (0.051)	1.148 (0.358)	3.998 (0.051)	0.206 (0.652)	1.419 (0.253)
DP检验	LB	8.176 (0.225)	8.687 (0.192)	10.53 (0.104)	6.732 (0.346)	9.853 (0.131)
	CCINet	4.586 (0.000)*	3.073 (0.001)*	3.074 (0.001)*	1.215 (0.112)	0.673 (0.251)
	CCI	0.302 (0.381)	0.218 (0.414)	0.317 (0.376)	0.232 (0.408)	0.086 (0.466)
KL检验	CCINet	4.093 (0.023)*	5.034 (0.010)*	4.279 (0.020)*	0.959 (0.391)	0.945 (0.396)
	CCI	2.130 (0.130)	3.089 (0.055)	2.743 (0.075)	0.498 (0.611)	0.991 (0.379)

注：线性检验和 KL 检验的伴随概率根据 F 统计量计算，DP 检验的伴随概率根据标准正态分布计算，"*"表示在 5% 的显著性水平下拒绝原假设。

此将区制数量设定为 2。对于 Sims-Zha 先验分布中的超参数，采用数据驱动的思路进行选取，即参考相关文献对先验分布参数值的设定经验，给出超参数的参数空间，然后在参数空间内选取一系列参数组合进行 MCMC 估计，最后根据后验似然函数值确定最优的参数组合，并同时得到模型估计量，其中 $\lambda_0 \in \{0.8, 0.85, 0.9\}$、$\lambda_1 \in \{0.15, 0.2, 0.25\}$、$\lambda_3 = 1$、$\lambda_4 = 0.25$、$\mu_5 = \{0.8, 0.9, 1.0\}$、$\mu_6 = \{0.8, 0.9, 1.0\}$。对于转移概率矩阵 Q 的先验分布，认为经济在两个区制内停留的概率分别为 0.9 和 0.5，因此令 $\alpha_{1,1} = 9$，$\alpha_{2,2} = \alpha_{1,2} = \alpha_{2,1} = 1$。

表 3-15　　　　　　　　　**MSBVAR 模型最优滞后阶数的确定**

Lag	LogL	LR	AIC	SC	HQ
0	−62.64502	NA	2.835958	2.993418	2.895211
1	37.92973	179.7506	−0.762967	0.024330*	−0.466702*
2	58.4822	33.23378*	−0.956689	0.460445	−0.423412
3	74.84467	23.67337	−0.972114*	1.074858	−0.201825
4	84.97134	12.92765	−0.722185	1.954625	0.285117

（2）参数估计结果

图 3-5 给出了状态转换矩阵 Q 的估计结果以及两个区制的滤波概率，表 3-16 给出了两个区制向量自回归系数的估计结果，括号内的数字为估计量的标准误差。根据转换概率可以计算出两个区制的持续期，其中区制 1 的持续期为 1/（1−0.9291）=14.1 个月，区制 2 的持续期为 1/（1−0.9665）=29.85 个月。而根据滤波概率可以确定在本部分的样本期间内，2012 年 5 月至 2014 年 3 月经济处于区制 1，而其余时期经济处于区制 2。对比同期的 CPI 数据不难发现，区制 1 内虽然从绝对水平看 CPI 较低，但是 CPI 已经在经历较长时间连续下滑后，开始表现出企稳和回升；而在区制 2 内 CPI 则经历了较长时间的连续下降。因此，本部分建立的区制转换模型较好地刻画了我国通胀的动态变化过程，并且在区制划分上通胀的持续性变化趋势相对于纯粹的通胀水平起到了更重要的作用，这与已有研究（龙如银等（2005））单纯依据通胀水平的高低划分区制是不同的。

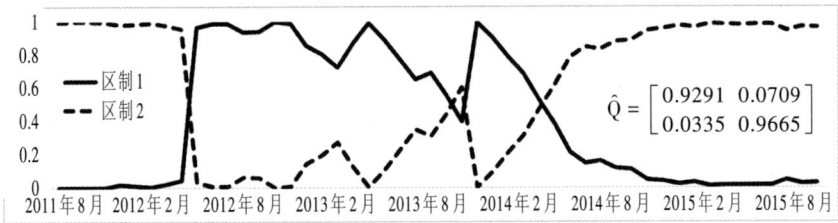

$$\hat{Q} = \begin{bmatrix} 0.9291 & 0.0709 \\ 0.0335 & 0.9665 \end{bmatrix}$$

图 3-5　两个区制的滤波概率以及转换概率矩阵

表 3-16　　　　　　　MSBVAR 模型的参数估计结果

项目	区制 1 （自由度=30）				区制 2 （自由度=20）			
	CCINet	INV	SALE	CPI	CCINet	INV	SALE	CPI
CCINet (−1)	0.8500 (0.044)	−0.053 (0.061)	0.0200 (0.036)	−0.002 (0.100)	0.9768 (0.057)	0.2134 (0.067)	0.1468 (0.038)	0.0487 (0.013)
INV (−1)	0.3634 (0.070)	0.5844 (0.098)	0.1397 (0.057)	0.5634 (0.160)	0.1056 (0.121)	−0.050 (0.141)	0.0267 (0.080)	−0.021 (0.281)
SALE (−1)	−0.668 (0.526)	0.8109 (0.175)	0.1461 (0.103)	0.8436 (0.286)	−0.2452 (0.236)	0.4232 (0.275)	0.0418 (0.156)	0.7370 (0.549)
CPI (−1)	0.1230 (0.024)	−0.026 (0.033)	0.0695 (0.019)	0.6870 (0.055)	0.1294 (0.030)	0.0153 (0.035)	0.0905 (0.020)	0.8076 (0.071)
C	−0.157 (0.147)	−0.311 (0.204)	0.4962 (0.120)	−0.765 (0.333)	0.0098 (0.235)	0.897 (0.273)	0.7020 (0.155)	−0.334 (0.546)

　　分析参数结果可以发现，两个区制回归系数差异较大，这进一步印证了我国宏观经济波动具有显著的区制转换特征。具体来说，在区制 1 内信心水平会受到上一期投资水平和价格水平的显著正向影响，这意味着在 CPI 经历较长时间的连续下降后，CPI 的止跌回升以及投资的增加可以视为市场需求恢复的信号，进而会提升公众的信心水平；而在区制 2，除 CPI 外，其他经济变量对信心水平无显著影响，公众信心更多是受其自身惯性的影响。这意味着当市场低迷、通缩风险加剧时，公众缺乏信心大多表现为一种非理性的预期自我实现，此时单纯依靠经济政策刺激去恢复信心是相对低效的。

而在信心对经济变量影响方面，在区制 1 内信心对投资、消费以及价格水平的影响均是不显著的，在区制 2 信心对上述变量却有显著正向影响，这表明信心对宏观经济波动的影响具有非对称性。这一结论证实并拓展了相关文献的结论，即信心是对我国宏观经济影响的行为途径，而非信息显示途径，但这种影响在经济下行、市场低迷时更加突出，此时对公众信心进行管理尤其重要。

（3）脉冲响应分析

图 3-6 给出了信心变量与投资、消费和价格水平之间的脉冲响应分析结果。根据脉冲响应分析的结果可以发现，在两个区制内价格水平与信心之间的冲击反应程度显著高于其他经济变量与信心之间的反应程度。以区制 1 为例，当受到信心 1 个单位正向冲击后，价格水平会产生最高 0.15 个单位的正向反应，而投资和消费则只会产生 0.12 和 0.11 个单位的反应；而 1 个单位的投资、消费和价格水平的冲击，则会对信心分别产生 0.06、0.08 和 0.67 个单位的正向反应。这一方面表明通胀水平在公众信心形成时起到了至关重要的作用，另一方面也表明除经济变量外，信心也会显著影响通胀水平。

而从脉冲响应的时滞结构来看，区制 2 内各变量之间脉冲响应的时滞长度都显著高于区制 1，这与根据转换概率计算得到的区制 2 持续期大于区制 1 是一致的。具体来说，投资与信心之间的脉冲响应具有较长的时滞，无论是投资对信心冲击的反应还是信心对投资冲击反应的峰值都出现 6 期~17 期，然后开始缓慢衰减，并且直到第 23 期反应仍然是显著的。消费与信心之间的脉冲响应不存在时滞，在第 1 期达到峰值后迅速衰减，在区制 1 内消费与信心之间的冲击反应在 23 期变得不显著，而在区制 2 内反应仍然是显著的。价格水平与信心之间脉冲响应的时滞介于投资和消费之间，对冲击反应的峰值出现在 3~6 期，此后的衰减速度也介于二者之间。信心与经济变量之间的这种动态调整机制意味着信心对中国宏观经济的影响具有总供给冲击的特征，这种冲击将会对价格水平以及产出产生较长期的影响。本部分认为信心冲击类似于总供给冲击的主要原因是信心反映了市场中经济主体的预期，而预期无法通过滞后的宏观经济变量体现。

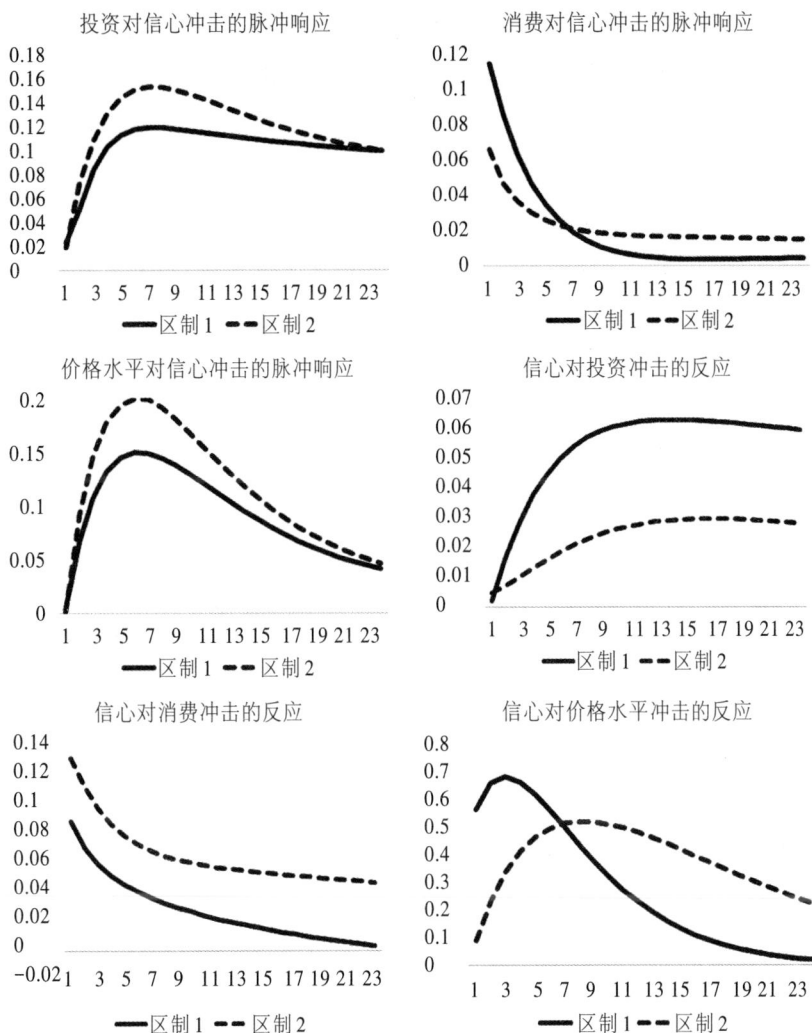

图 3-6 两个区制内经济变量与信心之间的脉冲响应

基于对实证结果的分析，可以得出以下四点结论：

第一，本节构造的信心指数具有较明确的经济含义，并且与基于调查的消费者信心指数是强相关的，在时滞结构上也是一致指标。由于基于调查的指数在数据公布上存在 1 个月左右的滞后期，因此本部分构造的指数实际上具有领先性。

第二，本节构造的信心指数与投资、消费和价格水平的变动均存在双向格兰杰引致关系，并且这种引致关系具有非线性特征，如果使用基于线性 VAR 模型的检验方法容易得出谬误结论。对于金融市场的代理变量股市收益率和利率，信心与之则没有相互引致关系，其原因是我国货币和资本市场有效性偏弱，经济主体信心的变动较难传递至股票市场的收益率和利率上。

第三，建立的 MSBVAR 模型将样本期间内我国宏观经济波动划分为持续期不同的两个区制，这种划分较好地刻画了我国通胀的动态变化过程，并且在区制划分上，价格水平的连续变动相对于价格的绝对水平高低起到了更重要的作用。

第四，参数估计结果以及脉冲响应分析结果表明，信心与经济变量之间的动态调整机制虽然存在较大差异，但都证明了信心是我国宏观经济波动的显著影响因素，并且其影响具有总供给冲击的特征，在经济下行、市场低迷时表现得更加突出；另外，在选取的经济变量中，价格水平的持续性变化趋势对公众信心变动起到了最重要的作用。

由于公众信心是宏观经济波动的重要原因，在宏观经济政策传导中扮演着重要角色，因此基于需求管理思路的总量调控型宏观经济政策不足以"包打天下"，只有对市场中经济主体的信心进行管理，并在此基础上逐步开展供给侧改革和结构调整才能提高政策的灵活性、有效性和可持续性，使政策发挥事半功倍的效果。同时，鉴于网络搜索数据在经济行为测度中具有优势，在官方统计工作中应充分利用这种新型数据源。

4 多维决定性差分系统模型与信贷资产 质量变化对银行体系稳定性的影响

　　Goetz（2009）围绕整个宏观经济金融体系运行状态的变化过程阐述了资产减值与金融稳定间的间接、非线性的关系，激发了学术界对该问题的研究热情。但令人遗憾的是，后续研究鲜有将违约与资产减值冲击都涵盖在内进行考虑的，对资产质量下降与金融稳定间是否存在直接作用关系，冲击之下宏观经济金融系统稳态的阶段性特征与演化机制，以及隐藏在背后的系统运行逻辑的深入研究也是凤毛麟角。进行上述分析的前提是构建逻辑一致的合理理论模型。然而，事实上多数研究者在研究中都始终遵从建立在瓦尔拉斯一般均衡理论上的新古典经济学研究范式，而忽视了其中所存在的严重缺陷。以琼·罗宾逊为首的一些学者早在剑桥资本争论中就提出：当新古典生产函数包含异质资本品时会出现逻辑悖论，从而导致围绕这一分析范式所展开的研究本身就含有错误；并且新古典综合派在改造与合并诞生于边际革命的新古典凯恩斯通论学说以形成新古典宏观经济理论的过程中，忽视了凯恩斯革命的重要贡献——对货币和货币量值概念的引入，偏离了凯恩斯革命的初衷

（Robertson，1966）。新古典理论的企业决策以生产函数为基础，把基于实物的相对价格决定简化为企业的主要行为，而在实际中企业做的是基于会计核算的货币量值决策。由此一些学者提出有必要使用基于会计成本收益核算的货币量值分析框架，以更好地反映资产减值波动对宏观经济金融体系稳态的影响（柳欣，2006；Goodhart，2009；刘春航等，2011）。

对中国而言，经济货币化程度高企加剧了资产价格波动环境的复杂性。未来中国有面临违约和资产减值冲击对经济金融体系带来巨幅震动的双重可能。研究上述问题对宏观经济金融体系稳定性的影响具有重要的现实意义。并且，违约和资产减值对宏观经济金融体系冲击的问题已不能再单纯放置于由实物概念的实际变量所构成的分析框架中进行研究。

基于上述考虑，本章试图放弃以生产函数作为企业决策基础的新古典研究分析思路，突出经济活动参与者的货币收益核算对经济金融系统的决定作用，选择基于成本收益核算的货币量值分析思路，拓展柳欣（2006）、Goetz（2009）、Emanuel 和 Moshe（2009）的研究方程，综合考虑违约和资产减值与金融稳定间的间接和直接作用过程，构建多维决定性差分系统模型，研究系统不动点的存在性、唯一性和稳定性。

4.1 模型构建的文献基础

4.1.1 宏观经济波动冲击与信贷资产相关性压力测试方法

宏观压力测试是分析网络冲击源的重要手段，其应充分考虑宏观经济增速特征转变、资产相关性以及金融风险的内生性因素。但目前既有研究尚未能综合考虑上述因素的影响。Ai 和 Daly（2010）、Havrlchyk（2010）、Jimenez 和 Mencia（2009）分别采用 SUR、MVAR 和 GVAR 等方法作为压力传导模型，考虑了银行体系及其风险特征对于宏观经济的影响，从而能够体现宏观经济与银行体系间的相互作用关系，但未考虑到信贷资产相关性，忽略了宏观经济波动引致风险传导的过程和作用机理。Castren（2009）基于 Merton 原理的系列宏观压力测试研究能较好地辨识由宏观经济变化所导致的信贷资产质量的结构性变化，但忽略了不同行业信贷资产间的风险相关性，低估了银行网络所潜在的毁损程度。针对这一缺陷，国内外学者对模型进行了努力拓展，试图将多元风险因子模型运用于压力测试，以之反映不同行业信贷资产间的违约相关性，使宏观压力测试方法能够反映风险的来源与作用机理（Klaus 和Martin，2009），但对风险因子分布厚尾特征的忽视和未能将压力情景设置与宏观经济因子相挂钩，使得既有压力测试方法仍不能充分体现宏观经济波动对银行体系的作用（彭建刚、易昊和潘凌遥，2015）。

4.1.2 银行系统建模方式与研究框架选取

既有关于银行系统建模研究的构建依据主要为银行间信用相关性（包全勇，2005；IMF，2009；高国华和潘英丽，2012）和大额支付系统（Glaser，Haene，2009；贾彦东，2011；童牧和何奕，2012），但缺乏经济理论框架支撑，且不能恰当反映信贷资产质量的行业结构性变化是其缺陷所在（Billio、Getmansky、Lo 和 Pelizzon，2010）。未定权益分析法（即 CCA）围绕资产未来收益与另一资产价值的依存关系计算违约可能性。其拓展至宏观领域颇为显著性的实证成果实现了对救助政策设计等应用效率的提升（Gray 和 Malone，2008；宫晓琳，2012），表现为 End 和 Tabbae（2005）通过违约概率和预期损失量对荷兰金融稳定状况的测度；Castren 和 Kavonius（2009）通过财务危机距离对欧元区系统性风险的分析等。范小云、方意和王道平（2013）将 CCA 和网络理论中有向无环图技术结合，构建了我国银行体系风险传染网络。学者们在理论层面对 CCA 研究框架进行了努力提升（Malone，2008，Gray等，2008），但在探索金融风险管理与宏观分析的融合方面，CCA 的理论发展相较于实证研究仍存在较大空间有待突破，缺乏核算关系支撑和行为方程约束是其关键所在。

以 Godley 为代表的多位经济学家通过建立宏观经济部门资产负债矩阵和资金流量矩阵，将存量流量的核算一致和相互影响通过核算等式和行为方程体现，由预算和加总约束维持总量平衡，该框架名称为存量流量一致分析框架（即 SFC）。针对金融不稳定性分析，Godley 和 Lavoie（2007）将存款准备金要求，资本充足率、银行利润、贷款违约等因素引入 SFC 框架下的银行部门行为方程。Godely（2007）、Toporowski 和 Mitchell（2011）证实，在此框架中引入货币金融体系的作用，对 2007 年美国爆发的金融危机具有更强的解释和预测能力。相较于主流宏观经济模型，SFC 不仅明确考虑了存量流量核算的一致性，而且针对了货币金融体系的重要性、金融危机等被主流宏观经济理论忽视或无法容纳的问题，可为经济理论框架探索的进一步推进提供借鉴（柳欣、吕元祥和赵雷，2013）。在宏观经济金融体系稳定性分析需同时涵盖存流量数据的现实情形下，尝试与网络性能研究相结合，将进一步拓展 SFC 的研究深度和广度。基于 SFC 建立经济运行的核算等式和行为方程，并以此结合 CCA 测算方法，可以实现对宏观经济波动下信贷资产风险相依作用机制的整体化模型表达，进而提高网络构建的信度和效度。

4.2 多维决定性差分系统模型构建与求解

4.2.1 模型设定

柳欣（2006）将剑桥增长公式与收入支出模型结合，基于成本收益核算的货币量值分析思路提出两部门（家庭部门与企业部门）经济下的货币量值分析模型，为研究提供了借鉴。但模型未涉及金融体系影响以及金融体系状态变化问题。本节在此基础上进行拓展，将银行部门以及金融市场的影响加入其中。在全部由名义变量构成的模型中，资产值借助名义值等于价格与数量乘积的形式进入模型。基于市场信息不对称、抵押（或质押）、竞争和破产机制存在的基本假设，对家庭部门（H）、企业部门①（E）和银行部门（B）的经济活动过程可进行相关数学表达。

考虑金融体系影响后，假设家庭部门的工资总额全部用于消费，储

---

① 本部分所指的企业部门为非银行企业部门。

蓄只能用于购买股票或进行银行存款，暂不考虑家庭部门的贷款行为。家庭部门的总收入由货币工资总额（W_F）、利息（R_H）和股票资产收益（$\prod_H$）构成，支出为消费（C_H）和储蓄（S_H）。这一过程的表达式为 $C_H + S_H = W_H + R_H + \prod_H$。当 $C_H = W_H$ 时，变形得到（4-1）式：

$$R_H + \prod_H = S_H = D_H + E_{H1} + E_{H2} = r_d \times D_H + \prod_H \qquad (4-1)$$

式中，D_H 是家庭部门存款总额，r_d 是存款利率，E_{H1} 和 E_{H2} 分别是家庭部门对一级市场股票和二级市场股票的净购买额。

在既定资产价格和存款利率水平下，居民的风险态度和行为偏好[①]直接决定了上述恒等式中变量的取值关系。为了简化，本部分约定居民的风险态度与行为偏好始终保持不变，当资产值一定时，（4-1）式处于依偏好调整后的静止性均衡状态。

企业追求利润最大化，其贷款需求伴随利润空间的存在而存在。假设在利润空间存在的前提下，企业在利润分配后将其全部剩余利润进行再投资[②]。企业对利润的预期为静态预期，即下一期的投资增长是前期利润（在连续模型中即为当期利润）的函数。为了简化，进一步假设企业以抵押（或质押）贷款方式获取贷款（C_r）。《中国金融年鉴2011》中各类银行大中小型企业贷款分类别余额的数据显示，抵押与质押贷款是中国企业获取贷款的主要方式之一。为此，这样的假设也能表征中国实际。

在柳欣（2006）两部门模型中加入金融体系对企业的影响后，有关企业部门的表达式得到进一步扩展。企业部门总收入分布于支付的货币工资总额（W_E），支付给银行的利息（R_E），折旧（d_E），包含股息的净利润（$\prod_E$），并归纳为消费[③]（C_E）和投资（I_E）。这一过程的表达式为 $W_E + R_E + \prod_E + d_E = C_E + I_E$。设 t 时点企业部门投资总额为 $I_{Et} = (1 - \delta_{Et}) \prod_{Et} + C_{rt}$，式中 δ_{Et} 表示企业部门的平均股息分配率。又设 t 时点企业部门资产价值存量（K_{Et}）由固定资产和持有的股票资产构

[①] 家庭部门在进行资产选择时会充分比较各种资产的收益率以及考虑对收益未来变动情况的预期。家庭部门的资产选择过程也与居民对无风险资产用途的认识相关。

[②] 如凯恩斯（1936）和卡尔多（1962）所指出的，"影响将来的人类决策不可能依据严格的数学预期，社会之所以会周转不息，是由于我们生来就想活动的欲望所驱"，"企业如果认为当前利润率足够收回成本就会进行投资"。

[③] 由于现实中企业与银行不破产都不会进行消费，为此本部分如无特殊说明均视企业部门消费 $C_E = 0$，银行部门消费 $C_B = 0$。

成，自有资本总额仅为企业在一级股票市场发行的股票总额，即股本（E_{Et}）；企业部门平均折旧率为 σ_{Et}；银行贷款利率为 r_c，则 $\prod_{Et} = \frac{1}{\delta_{Et}} \left[(1 - r_c) C_{rt} - W_{Et} - \sigma_{Et} K_{Et} \right]$。在抵押率（$\alpha$）的约束下，企业部门可获得 $C_{rt} = \alpha \lambda (K_{Et} + E_{Et})$ 的贷款总额，λ 是企业实际抵押（或质押）的资产价值量占可抵押（或质押）资产价值量的比重，$0 \leqslant \lambda \leqslant 1$。整理得到 t 时点企业部门包含股息的净利润表达式：

$$\prod_{Et} = \frac{1}{\delta_{Et}} \left\{ \left[\alpha \lambda (1 - r_c) - \sigma_{Et} \right] K_{Et} + \alpha \lambda (1 - r_c) E_{Et} - W_{Et} \right\} \tag{4-2}$$

考虑投资对资产值存量的影响后，t 时点企业部门资产价值存量与 t + 1 时点资产价值存量的关系可被表达为：

$$K_{E(t+1)} = K_{Et} + I_{Et} = K_{Et} + (1 - \delta_{Et}) \prod_{Et} + C_{rt} \tag{4-3}$$

企业部门即在（4-3）式的运行约束下追求（4-2）式最大化。

Emanuel 和 Moshe（2009）针对银行红利分配方案的调整，分析了在其影响下银行部门资本积累不动点性质的变化过程，为研究提供了借鉴，但未涉及资产价格因素。基于成本收益核算的货币量值分析思路将 Emanuel 和 Moshe（2009）的模型进行改写。首先从成本收益核算角度推出包含股息的银行部门利润 $\prod_E = r_c C_r - r_d D_H - W_B$，式中 W_B 为银行部门支付的货币工资总额。继而从会计恒等式的角度考虑，银行部门资产（A_{Bt}）等于负债（D_{Ht}）加所有者权益（E_{Bt}）；资产等于贷款（C_{rt}）加存放在中央银行的准备金（rrD_{Ht}），于是 $A_{Bt} = D_H + E_{Bt} = C_{rt} + rrD_{Ht}$，由此推出 $D_{Ht} = \frac{C_{rt} - E_{Bt}}{1 - rr}$。最后根据 Emanuel 和 Moshe（2009）的研究结果，设定 $\sigma_B \frac{E_B}{C_r}$ 为发行在外的每货币单位贷款的风险测度，则 t 时刻银行部门包含股息的预期利润函数可表达为：

$$E(\prod_{Et}) = E \left[r_c \left(1 - \sigma_B \frac{E_{Bt}}{C_{rt}} \right) C_{rt} - r_d D_{Bt} - W_{Bt} \right] \tag{4-4}$$

银行部门的资本积累同时受坏账损失（σ_B）和在资本存量上的投资 I_B 的影响。若银行部门按照比率 δ_B 为股东分配股息，并将剩余利润全部用于资本积累，则银行部门资本积累过程表达式为：

$$E_{B(t+1)} = (1 - \sigma_{Bt})E_{Bt} + \begin{cases} \prod_{Bt}, & \delta_{Bt} \le 0 \\ (1 - \delta_{Bt})\prod_{Bt}, & \delta_{Bt} \in (0, 1] \\ 0, & \text{其他} \end{cases} \tag{4-5}$$

金融与实体经济协调发展要求银行部门资本的合意增长率与合意的经济增长水平相适应。这里不妨设其为 g_B，表达式为：

$$E_{B(t+1)} = (1 + g_{Bt})E_{Bt} \tag{4-6}$$

各式中名义变量等于价格与数量乘积，由此实现对资产值变量的引入。约定（4-1）式至（4-6）式均为连续可微函数，其外生变量为 W_H、W_E、W_B、α、λ、σ_E、rr、g_B、r_d 和 r_c[①]，$W_H = W_E + W_B$；用于调节系统状态的内部控制变量包括 σ_B、δ_B 和 δ_E；冲击变量为资产值和违约。进一步研究资产减值与其他变量之间的关系，得到 $\prod_H$、$\prod_E$、E_E、E_B 和 C_r 为资产值的增函数，资产值为 σ_B 的减函数，并且 σ_B 为 E_B 的减函数，为 r_c 的增函数[②]。

综合（4-1）式至（4-6）式，即得到拓展柳欣（2006）、Emanuel 和 Moshe（2009）研究模型后，由家庭、企业和银行三部门组成的多层递阶动态系统模型，也称多维决定性差分系统（Deterministic Difference System，DDS）模型（见（4-7）式）。

$$\begin{cases} S_{Ht} = r_d \times D_{Ht} + \prod_{Ht} \\ \prod_{Et} = \dfrac{1}{\delta_{Et}}\{[\alpha\lambda(1 - r_c) - \sigma_{Et}]K_{Et} + \alpha\lambda(1 - r_c)E_{Et} - W_{Et}\} \\ K_{E(t+1)} = K_{Et} + I_{Et} = K_{Et} + (1 - \delta_{Et})\prod_{Et} + C_{rt} \\ C_{rt} = \alpha\lambda(K_{Et} + E_t) \\ E\left(\prod_{Bt}\right) = E\left[r_c\left(1 - \sigma_B\dfrac{E_{Bt}}{C_{rt}}\right)C_{rt} - r_d D_{Ht} - W_{Bt}\right] \\ E_{B(t+1)} = (1 - \sigma_{Bt})E_{Bt} + \begin{cases} \prod_{Bt}, \delta_{Bt} \le 0 \\ (1 - \delta_{Bt})\prod_{Bt}, \delta_{Bt} \in (0, 1] \\ 0, \text{其他} \end{cases} \\ E_{B(t+1)} = (1 + g_{Bt})E_{Bt} \end{cases} \tag{4-7}$$

---

① 在竞争性存款市场上，银行是市场存款利率的接受者；在贷款市场上，由于银行面对相对缺乏弹性的贷款需求，相对企业在确定贷款利率方面具有调节优势。因此，对于银行而言，r_c 相对于 r_d 而言具有可调节性。但由于 r_c 与 r_d 均受货币政策调控意向影响，因此本部分将其视为系统的外生变量。

② 银行资本越充足意味着其对风险的能力越强是一般性常理。日常贷款损失准备金的提取以银行资本来衡量时 σ_B 是 E_B 的减函数。Stiglitz 和 Weiss（1981）指出，贷款银行提高利率水平会招致逆向选择。尽管提高利率能够获得较高收益，但所招揽的借款人的违约风险也比较高。提高利率使客户群整体的可信度下降，最终导致银行平均利润下降，即为 Stiglitz-Weiss 效应。根据 Stiglitz-Weiss 效应，高贷款利率对应高风险，故 σ_B 是 r_c 的增函数。

4.2.2 既定资产值水平下模型的均衡条件及其稳定性

先考虑既定资产值水平下系统的均衡与稳定。我们从对系统的均衡分析入手。由（4-7）式可知，企业部门受银行部门的融资约束，银行部门在（4-4）式至（4-6）式的约束下通过调节 $E_{B(t+1)}$ 和 δ_B 使预期净利润流现值最大（见（4-8）式），式中 φ 是贴现因子，$\prod_{Bt}$ 满足表达式（4-4）。

$$
\begin{cases}
\max: V_{Bt} = \sum_{t=0}^{\infty} \varphi^{t} E[\delta_{Bt} \prod_{Bt}] \\
s.t. \\
E_{B(t+1)} = (1 - \sigma_{Bt}) E_{Bt} + (1 - \delta_{Bt}) \prod_{Bt} \\
E_{B(t+1)} = (1 + g_{Bt}) E_{Bt} \\
\delta_{Bt} \in [0, 1]
\end{cases}
\tag{4-8}
$$

使用基于欧拉-拉格朗日定理求解得到 $\dfrac{\partial L_{Bt}}{\partial E_{B(t+1)}} = 0$，$\dfrac{\partial L_{Bt}}{\partial \delta_{Bt}} = 0$（$L_{Bt}$ 为（4-8）式的拉格朗日函数）约束下系统的短期均衡条件（见（4-9）式）。

$$
\begin{cases}
E_{Bt}^{*} = \dfrac{(r_c - \frac{r_d}{1-rr}) C_{rt}^{*} - W_{Bt}^{*}}{\frac{g_{Bt} + \sigma_{Bt}}{1 - \delta_{Bt}^{*}} - \frac{r_d}{1-rr} + r_c \sigma_{Bt}} \\
C_{rt}^{*} = \alpha \lambda^{*} (K_{Et}^{*} + E_{Et}^{*}) \\
\prod_{Et}^{*} = \dfrac{1}{\delta_{Et}^{*}} \{ [\alpha \lambda^{*} (1 - r_c) - \sigma_{Et}] K_{Et}^{*} + \alpha \lambda^{*} (1 - r_c) E_{Et}^{*} - W_{Et}^{*} \} \\
K_{E(t+1)}^{*} = K_{Et}^{*} + I_{Et}^{*} = K_{Et}^{*} + (1 - \delta_{Et}^{*}) \prod_{Et}^{*} + C_{rt}^{*}
\end{cases}
\tag{4-9}
$$

考虑均衡解的稳定性。当均衡位置不存在变化趋势时，该均衡点具有稳定性。由银行部门中的约束条件可知，$\prod_{Bt}(1 - \delta_{Bt})$ 与 $(g_{Bt} + \sigma_{Bt}) E_{Bt}$ 相等约束了均衡点的变化。不妨设 $\prod_{Bt}(1 - \delta_{Bt}) = f(E_{Bt})$，$(g_{Bt} + \sigma_{Bt}) E_{Bt} = h(E_{Bt})$，$f(E_{Bt})$ 和 $h(E_{Bt})$ 的每个交点与系统的稳定状态一一对应，式中 $f(0) = (r_c - \frac{r_d}{1-rr}) C_{rt} - W_{Bt} > 0$，$h(0) = 0$，交点所对应的 E_{Bt} 从小到大依次表示为 ε_1，ε_2，$\cdots$，ε_n。

命题 4-1：对系统来讲，在 $E_{Bt} \in (0, \varepsilon_1)$ 内 $f(E_{Bt}) > h(E_{Bt})$ 恒成立；在 $E_{Bt} \in (\varepsilon_n, \infty)$ 内有 $f(E_{Bt}) > h(E_{Bt})$ 恒成立或 $f(E_{Bt}) < h(E_{Bt})$ 恒成立；当

$n \geq 2$ 时，在 $E_{Bt} \in (\varepsilon_i, \varepsilon_{i+1})$ 内有 $f(E_{Bt}) > h(E_{Bt})$ 恒成立或 $f(E_{Bt}) < h(E_{Bt})$ 恒成立，$i = 1, 2, \cdots, n-1$。

容易证明，若在某一个开区间内既有 E_{Bt} 使 $f(E_{Bt}) > h(E_{Bt})$ 成立又有 E_{Bt} 使 $f(E_{Bt}) < h(E_{Bt})$ 成立，则根据函数连续性，在该开区间内一定存在 E_{Bt} 使 $f(E_{Bt}) = h(E_{Bt})$ 成立。这样此 E_{Bt} 必是诸 ε_i 之一，与其处于开区间内相矛盾。因此，$f(E_{Bt})$ 与 $h(E_{Bt})$ 的大小关系在每个开区间内是单调的。

又由于根据包络定理，当银行部门预期风险暴露较小时 $\frac{\partial \Pi_{Bt}}{\partial E_{Bt}} > 0$；银行部门资本存量较小时 $\frac{\partial^2 \Pi_{Bt}}{\partial E_{Bt}^2} < 0$，$f(0) = (r_c - \frac{r_d}{1-rr})C_{rt} - W_{Bt} > 0$，$h(0) = 0$，且函数连续可微，则在 $(0, \varepsilon_1)$ 内 $f(E_{Bt}) > h(E_{Bt})$ 恒成立。从而命题 4-1 得证。

命题 4-2：在系统中，若初始 $E_{Bt} = \varepsilon_i$，则 $\lim_{t \to \infty} E_{Bt} \equiv \varepsilon_i$，$i = 1, 2, \cdots$；若初始 $E_{Bt} \in (0, \varepsilon_1)$，则 $f(E_{Bt})$ 和 $h(E_{Bt})$ 从初始位置开始一直攀升至形成新的交点；若初始 $E_{Bt} \in (\varepsilon_n, \infty)$，则 $f(E_{Bt})$ 和 $h(E_{Bt})$ 值趋于无穷，不存在交点；若初始 $E_{Bt} \in (\varepsilon_i, \varepsilon_{i+1})$，则 $\lim_{t \to \infty} E_{Bt} = \varepsilon_i$ 或 ε_{i+1}。

由命题 4-1 易知命题 4-2 成立。命题 4-2 的含义是，既定资产值水平下，由家庭、企业和银行三部门构成的经济金融系统存在多种稳态的形式。当系统变量初始值处于稳态值时，系统有一直处于初始稳定状态的可能；当系统变量初始值低于最低稳定状态时，系统有自发攀升至该状态的趋势；当系统变量初始值高于最高稳定状态时，系统将处于发散状态；当系统变量初始值处于两稳态值之间时，会依 $f(E_{Bt})$ 和 $h(E_{Bt})$ 大小关系的不同而收敛于不同的稳定状态。

具体来讲，如图 4-1 所示。若系统中银行部门的初始资本存量 E_{By} 小于稳态水平 ε_1，根据函数性质，则 σ_{Bt} 变大。根据（4-9）式，减少银行部门股息分配率 δ_{Bt} 可使 $\prod_{Bt}(1-\delta_{Bt})$ 和 $(g_{Bt} + \sigma_{Bt})E_{Bt}$ 的交点重新回到稳态。又由于均衡时的利润高于 $\prod_{By}$，在参与者逐利和系统由非均衡向均衡回复的动力驱使下，系统存在自发回到稳态水平 ε_1 的动力。若系统中银行部门的初始资本存量 E_{Bx} 大于稳态水平 ε_1，则系统既可能在由非均衡向均衡回复的动力驱使下调高 δ_{Bt}，使 $\prod_{Bt}(1-\delta_{Bt})$ 和 $(g_{Bt}+\sigma_{Bt})E_{Bt}$ 的交点回到初始稳态，也可能向高点稳态迈进，具体情况依命题 4-1 中的内容而定。

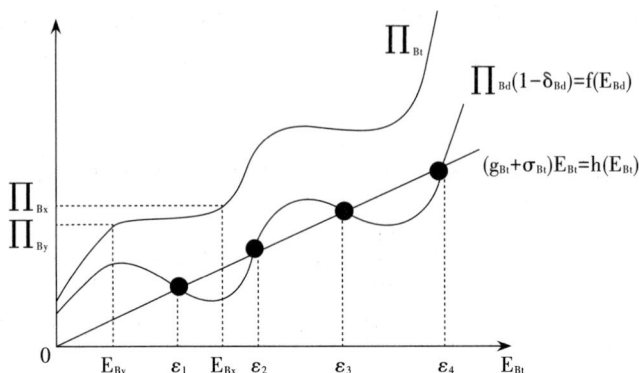

图 4-1　资产值既定时系统中可能存在的稳态

需要进一步说明的是，ε_2 和 ε_4 这类稳态点，其右侧 $f(E_{Bt})>h(E_{Bt})$ 同时左侧 $f(E_{Bt})<h(E_{Bt})$，系统一旦偏离此类稳态后便不能收敛到该状态，称该类稳态为发散型稳态。ε_1 和 ε_3 这类稳态点则可被称为收敛型稳态。在新古典经济理论框架下，研究者通常只关注收敛型稳态，而忽视发散型稳态的存在。

4.2.3　资产值既定条件下均衡稳态解的性质

在资产值既定条件下，模型的均衡稳态解具有以下两个重要含义：

含义 4-1：在某一既定的违约率和资产值水平且外生变量保持不变的前提下，模型的均衡稳态解唯一且静止。

如前所述，曲线 $\prod_{Bt}(1-\delta_{Bt})$ 和曲线 $(n_{Bt}+\sigma_{Bt})E_{Bt}$ 均具有单调性，又根据（4-9）式，在某一既定的资产值水平下均衡解是存在的，故均衡稳态解存在唯一性且既定不变。

含义 4-2：在某一既定的违约率和资产值水平且外生变量保持不变的前提下，模型实现均衡稳态时，银行部门和企业部门都是杠杆化的，即资产负债率不等于零。

证明：

∵ 银行的资产负债率为 $\dfrac{D_{Ht}}{A_{Bt}} = \dfrac{A_{Bt} - E_{Bt}}{A_{Bt}} = 1 - \dfrac{E_{Bt}}{A_{Bt}}$，

对（4-9）式中第一个等式的两边同时除以 t 时刻的银行资产价值存量 A^*_{Bt}，得：

$$\frac{E^*_{Bt}}{A^*_{Bt}} = \frac{\left(r_c - \dfrac{r_d}{1-rr}\right)\dfrac{C^*_{rt}}{A^*_{Bt}} - \dfrac{W^*_{Bt}}{A^*_{Bt}}}{\dfrac{n_{Bt} + \sigma_{Bt}}{1 - \delta^*_{Bt}} - \dfrac{r_d}{1-rr} + r_c\sigma_{Bt}} \tag{4-10}$$

又 ∵（4-10）式 $\neq 1$，

∴ 银行的资产负债率为 $\dfrac{D^*_{Ht}}{A^*_{Bt}} = \dfrac{A^*_{Bt} - E^*_{Bt}}{A^*_{Bt}} = 1 - \dfrac{E^*_{Bt}}{A^*_{Bt}} \neq 0$，模型实现均衡与稳态时银行部门是杠杆化的。

∵ 企业的资产负债率为 $\dfrac{C_{rt}}{K_{Et}}$。

对（4-9）式中的第四个等式两边同时除以 t 时刻的企业资产价值存量 C^*_{rt}，得：

$$\frac{K^*_{E(t+1)}}{C^*_{rt}} = \frac{K^*_{Et}}{C^*_{rt}} + \frac{I^*_{Et}}{C^*_{rt}} = \frac{K^*_{Et}}{C^*_{rt}} + (1 - \delta^*_{Et})\frac{\Pi^*_{Et}}{C^*_{rt}} + 1 \tag{4-11}$$

又 ∵（4-11）式 $\neq 1$，

∴ 企业的资产负债率为 $\dfrac{C^*_{rt}}{K^*_{Et}} \neq 0$，模型实现均衡与稳态时企业是杠杆化的。

5 基于违约相关性的非均质复杂网络 模型构建与层级拓扑特征[①]

5.1 基于违约相关性的我国银行体系网络模型构建

5.1.1 相关文献基础

在结合货币主义存量流量一致分析框架（SFC）与未定权益分析法（CCA）研究中国经济金融体系网络性能的过程中，复杂金融网络建模、未定权益分析、存量流量一致分析框架和网络性能评价是其核心理论与技术。

（1）复杂金融网络建模层面

鉴于现实中经济金融体系规模庞大，而货币型生产经济中银行部门是企业生产经营活动中的关键融资部门，将经济金融体系信息导入银行

---

① 本章 5.1 节内容由笔者的论文《存量流量一致框架下中国银行体系网络抗毁性研究——基于资产价格波动冲击》支撑，发表在《财贸经济》2015 年第 9 期；5.3 节内容由笔者的论文《带有层级结构的复杂网络级联失效模型》支撑，发表在《物理学报》2014 年第 9 期。

部门，进而转为考量附带系统信息的银行网络特征，成为既有研究的核心形式。其建模依据主要为银行间信用关系（De Nicolo，Kwast，2002；包全勇，2005；IMF，2009；高国华等，2012）或大额支付系统（Lublóy，2008；Glaser，Haene，2009；贾彦东，2011；童牧等，2012）。诚然，大额支付系统数据的全面、连续和实时性可在一定程度上弥补银行信用关系在构建金融网络时的缺欠。但银行间实际业务往来通常仅能考查相互关联的某一方面或风险传染的单一途径，银行间的事实关联还体现为相似的投资组合、风险管理系统以及会计处理方式等方面（Billio等，2010）。当通过金融市场数据分析机构间潜在关联时，所考查的传染渠道更为广泛，且对传染过程的假设限制较少，更贴近现实（IMF，2009）。因此，结合金融市场与信用关系数据综合测度机构风险传染与溢出效应，乃至系统性风险成为新的研究建议（Acharya等，2010）。

（2）未定权益法与存量流量一致分析框架

未定权益分析法（CCA）围绕资产未来收益与另一资产价值的依存关系计算违约可能性，可以实现金融市场与信用关系数据的结合（Gray等，2008；宫晓琳，2012）。其拓展至宏观领域取得颇为显著性的实证成果，实现了在审慎政策设计等问题中的应用提升。表现为 Gray 等（2004，2007，2008）从主权部门与宏观金融稳定角度对主权风险分析建模和基于风险的主权债务可持续性问题的讨论；End 和 Tabbae（2005）通过违约概率和预期损失量对荷兰金融稳定状况的测度；Castren 和 Kavonius（2009）通过财务危机距离对欧元区系统性风险的分析。范小云等（2013）将 CCA 和有向无环图技术结合，希望综合金融市场与信用关系数据构建中国银行体系风险传染网络。学者们在理论层面对 CCA 研究框架也进行了努力提升（Malone，2008；Gray 等，2006，2008），但正如 Goodhart（2009）所指出的，在探索金融风险管理与宏观分析的融合方面，CCA 的理论发展相较于实证研究仍存在较大空间有待突破。

缺乏核算联系支撑和行为方程约束是 CCA 的关键缺陷所在。以 Godley 为代表的多位经济学家所发展的存量流量一致分析框架（SFC）

强调经济模型中存量流量核算的一致性和货币金融重要性。通过建立宏观经济部门资产负债矩阵和资金流量矩阵，所有存量流量的核算一致和相互影响通过核算等式和行为方程体现，预算和加总约束维持总量平衡。针对金融不稳定性分析，Godley 和 Lavoie（2007）拓展性地将存款准备金要求，资本充足率、银行利润、贷款违约等因素引入银行部门行为方程。Ryoo（2010）利用 SFC 分别验证了明斯基的金融不稳定假说和哈罗德不稳定原理。Godely（1999，2007）、Toporowski 和 Mitchell（2011）证实，引入货币金融体系作用的 SFC 对 2007 年美国爆发的金融危机具有更强的解释和预测能力。相较于主流宏观经济模型，SFC 不仅明确考虑了存量流量核算的一致性，而且针对了货币金融体系的重要性、金融危机等被主流宏观经济理论忽视或无法容纳的问题，可为其他经济学家的理论探索提供统一可行的挑战主流经济学的研究框架（柳欣，2013）。在系统性风险分析需同时涵盖存流量数据的现实情形下，尝试与系统性金融风险测度乃至网络性能研究结合，将进一步拓展 SFC 的深度和有价值框架的生成。

（3）复杂网络性能评估技术

在复杂网络性能评估技术研究方面，由于网络拓扑结构的特征谱能够提供复杂网络功能及其动力学行为的丰富信息（Newman，2006；谭跃进等，2011），谭跃进等（2011）基于自然连通度拓展了既有网络性能测度的研究路径（Albert，2000，2002；Wang，2005）。结论证明，自然连通度无论关于网络的添加或移除均严格单调，满足指标的单调性要求。但其主要针对无权静态网络的去边或去节点化处理。从经济意义角度看，现实网络系统宏微观结构的客观差异导致网络节点与链路结合紧密程度不同，从而网络含权；节点失效常常动态关联，但级联失效模型（Motter 等，2002）对大规模不同网络层级数据的强烈依赖不适用于对经济金融系统的分析；中国经济金融体系中银行节点被移除情况较为鲜见，更多要考虑的是链路脆弱情况的演化。为此，将自然连通度测算推广至含权网络，并动态分析链路脆弱情况成为进一步研究的诉求。

综合上述对相关研究成果的梳理与探析，笔者将结合货币主义存量流量一致分析框架、未定权益分析法和自然连通度测算，对中国经济金融体系网络模型进行构建。

5.1.2 三部门存量流量一致分析框架

经济金融体系的存量流量一致性可通过各部门资产负债矩阵和资金流量矩阵加以说明。出于研究目的与合理简化的考虑，本章主要针对由家庭、企业和银行三部门构成的封闭经济金融体系[①]进行研究。在 Godley（2007）、Toporowski 和 Mitchell（2011）、柳欣（2006，2013）研究框架的基础上结合笔者（2013）前期研究成果[②]，从核算等式和行为方程设定角度进一步拓展，侧重关注金融体系状态变化，将资产值借助名义值等于价格与数量乘积的形式进入模型[③]，并最终将系统信息导入银行部门。

根据货币主义的设计初衷，表中所有变量均为名义变量，即表明为货币量值变量关系。三部门经济金融体系的资产负债、实物和金融资产交易的资金流量关系见表 5-1 至表 5-3。

表 5-1　　　　　　经济金融体系各部门资产负债矩阵

项目	家庭	企业	银行
银行存款	$+D_H$		$-D_H$
银行贷款		$-C_{rt}$	$+C_{rt}$
准备金			$+rrD_{Ht}$
资本品		$+K_{Et}(p_{2E}, q_{2E}, p_f, q_{fE}, p_{2B}, q_B)$	
股票	$+E_H$	$-E_{Et}(p_{2E}, q_{1E})$	$-E_{Bt}(p_{2B}, q_B)$

注：p_{2E} 为企业股票价格，p_{2B} 为银行股票价格[④]，p_f 为固定资产价格；q_{2E} 为系统中二级市场总股数，q_{1E} 为企业部门股本总数，q_{fE} 为企业部门所持有的固定资产总数量，q_B 为系统中银行股总股数。企业部门资产 K_{Et} 由固定资产和所持股票构成。E_{Et} 和 E_{Bt} 分别为企业和银行部门发行在外的股票市值。rr 为存款准备金率。

---

① 在 SFC 中所有存量流量的核算一致性和相互影响通过核算等式和行为方程实现，预算约束和加总约束总是成立的，因此不会因部门削减而导致存量流量失衡。
② 马亚明，温博慧．资产价格与宏观经济金融系统的稳定性——基于货币量值模型的理论与仿真分析 [J]．金融经济学研究，2013(6).
③ 事实上，SFC 在建模时特别强调了资产价值重估影响的重要性，即包含资本利得。其是各部门期末净资产的重要组成部分，为资产价格变量的引入方式奠定了基础。
④ Söhnke M. Bartram（2006）认为银行股票价格的变化可以作为整体反映金融系统稳定程度的重要指标。本部分将银行股票价格与企业股票价格波动冲击分开研究，也可对银行股票价格波动是否对金融稳定产生特殊性冲击进行相关说明。

表 5-2　　　　　　　　　　实物交易资金流量矩阵

项目	家庭	企业		银行
消费	$-C_H$	$+C_H$		
固定资产投资		$+p_f \cdot \Delta q_{fE}$	$-p_f \cdot \Delta q_{fE}$	
工资	$+W_E+W_B$	$-W_E$		$-W_B$
贷款利息		$-r_c C_r$		$+r_c C_r$
存款利息	$+r_d D_H$			$-r_d D_H$
股利	$+\prod_H$	$-\delta_{Et}\prod_{Et}$		$-\delta_{Bt}\prod_{Bt}$
列加总（当期储蓄）	S_H	$(1-\delta_{Et})\prod_{Et}$	$-p_f \cdot \Delta q_{fE}$	$(1-\delta_{Bt})\prod_{Bt}$

注：δ_{Et} 和 δ_{Bt} 分别为企业和银行部门的股息分配率，$\prod_{Et}$ 和 $\prod_{Bt}$ 分别为企业和银行部门利润。

表 5-3　　　　　　　　　　金融交易资金流量矩阵

项目	家庭	企业	银行
当期储蓄	S_H	$(1-\delta_{Et})\prod_{Et}$	$(1-\delta_{Bt})\prod_{Bt}$
银行存款	$-\Delta D_H$		$+\Delta D_H$
银行贷款		$+\Delta C_r$	$-\Delta C_r$
资本品		$-\Delta K_E(p_{2E}, q_{2E}, p_f, q_{fE}, p_{2B}, q_B)$	
股票	$-\Delta E_H$	$+\Delta E_E(p_{2E}, q_{1E})$	$+\Delta E_B(p_{2B}, q_B)$

延续第 4 章的思路，表 5-1 中企业在部门内部出售与购买固定资产，加总为零。企业和银行均向家庭部门以股息红利形式分配利润。表 5-3 中各部门使用储蓄进行金融资产交易。其行为模式为：家庭投资于银行存款和股票。既定资产价格和存款利率水平下，居民的风险态度和行为偏好决定家庭部门处于调整后的均衡状态。企业对利润的预期为静态预期，即下一期的投资增长是前期利润的函数。同时，企业追求利润最大化。其贷款需求伴随利润空间的存在而存在。企业部

门利用未分配利润和银行贷款对资本品投资 $I_{Et} = (1 - \delta_{Et})\prod_{Et} + C_{rt}$，形成企业部门当期与下期资产价值存量关系 $K_{E(t+1)} = K_{Et} + I_{Et} = K_{Et} + (1 - \delta_{Et})\prod_{Et} + C_{rt}$。

根据表 5-1 和表 5-2、表 5-3 中存量流量的等量关系，企业部门利润为 $\prod_{Et} = (1/\delta_{Et})[(1 - r_c)C_{rt} - W_{Et} - \sigma_{Et}K_{Et}]$，式中，$\sigma_{Et}$ 为企业部门平均折旧率。在抵押率 α 约束下，企业部门可获得贷款 $C_{rt} = \alpha\lambda(K_{Et} + E_{Et})$，$0 \le \lambda \le 1$ 是企业实际抵押（或质押）的资产价值量占可抵押（或质押）资产价值量的比重。银行部门资本积累同时受坏账损失 σ_B 和在资本存量上的投资 I_B 的影响，$E_{B(t+1)} = (1 - \sigma_{Bt})E_{Bt} + (1 - \delta_{Bt})\prod_{Bt}$。考虑到金融与实体经济协调发展要求银行部门资本合意增长率与经济增长水平 g_B 相适应，银行资本积累需考虑满足 $E_{B(t+1)} = (1 + g_{Bt})E_{Bt}$。设 $\sigma_B(E_B/C_r)$ 为发行在外的每货币单位贷款风险测度（Emanuel，Moshe，2009），根据表 5-1 和表 5-2 中存量流量等量关系，银行部门包含股息的预期利润可表达为 $E(\prod_{Bt}) = E\{r_c[1 - \sigma_B(E_{Bt}/C_{rt})]C_{rt} - r_d D_{Ht} - W_{Bt}\}$。表 5-2、表 5-3 中各列期末资产净值均包含存量资产价格变动的影响，家庭部门期末净值为当期储蓄加上因股价变动导致的股票存量价值变动，企业部门期末净值为未分配利润加上资本品与股票存量价值变动，银行部门期末净值为未分配利润加上贷款抵押物价值变动导致的坏账损失变动与股票存量价值变动之和。

综上所述，货币主义存量流量一致核算框架下三部门行为方程集中转化为多维决定性差分系统（DDS）（见式（5-1））。经欧拉-拉格朗日定理求解，化简为式（5-2）和式（5-3）。系统其他部门信息通过求解与化简转于上述银行部门两等式，从而可成为下文未定权益分析形成理论框架支撑与银行部门资产市值波动率求解的模型基础。

$$
\begin{cases}
\prod_{Et} = (1/\delta_{Et})\{[\alpha\lambda(1 - r_c) - \sigma_{Et}]K_{Et(p_{2E},q_{2E},P_t,q_{tE},p_{2B},q_B)} + \alpha\lambda(1 - r_c)E_{Et(p_{2E}q_{1E})} - W_{Et}\} \\
K_{E(t+1)(p_{2E},q_{2E},P_t,q_{tE},p_{2B},q_B)} = K_{Et(p_{2E},q_{2E},P_t,q_{tE},p_{2B},q_B)} + I_{Et} = K_{Et(p_{2E},q_{2E},P_t,q_{tE},p_{2B},q_B)} + (1 - \delta_{Et})\prod_{Et} + C_{rt} \\
C_{rt} = \alpha\lambda(K_{Et(p_{2E},q_{2E},P_t,q_{tE},p_{2B},q_B)} + E_{Et(p_{2E}q_{1E})}) \\
E(\prod_{Bt}) = E\{r_c[1 - \sigma_B(E_{Bt}/C_{rt})] - r_d D_{Ht} - W_{Bt}\} \\
E_{B(t+1)} = (1 - \sigma_{Bt})E_{Bt} + (1 - \delta_{Bt})\prod_{Bt} \\
E_{B(t+1)} = (1 + g_{Bt})E_{Bt}
\end{cases} \qquad (5-1)
$$

$$\Rightarrow \begin{cases} E_{Bt} = \dfrac{(r_e - \dfrac{r_d}{1-rr})C_{rt} - W_{Bt}}{\dfrac{g_{Bt} + \sigma_{Bt}}{1 - \delta_{Bt}} - \dfrac{r_d}{1-rr} + r_e\sigma_{Bt}} & (5\text{-}2) \\[4mm] C_{rt} = \alpha\lambda(K_{Et} + E_{Et}) & (5\text{-}3) \end{cases}$$

5.1.3　未定权益分析法与违约距离计算

依据假设惯例，银行负债 B 到期时点为 T，初始时点为 0，市场无风险利率为 r，银行资产价值 V_{Bt} 满足几何布朗运动（Lehar，2005），则银行权益市值可表达为 $E_{Bt} = V_{Bt}N(d_t) - Be^{-rt}N(d_t - \sigma\sqrt{T})$，式中 $d_t = \ln[(V_{Bt}/B) + (r + \sigma^2/2)T]/\sigma\sqrt{T}$。由于市场参与者一般为风险厌恶型，令漂移率为无风险收益率，则到期银行经风险调整的违约概率为 $P(V_T \leq B) = P(V_0\exp[(r - \sigma^2/2)T + \sigma\varepsilon\sqrt{T}] \leq B) = P(\varepsilon \leq -DD)$，式中，DD 是银行经风险调整后的违约距离（下文简称违约距离）：

$$DD = [\ln(V_0/B) + (r - \sigma^2/2)T]/\sigma\sqrt{T} \tag{5-4}$$

DD 值越大，资产价值偏离负债水平越远，银行违约风险越低。银行总资产市值及其波动率是计算违约距离的关键。研究者通常遵循 Vassalou 和 Xing（2004）的反向求解法迭代至两次波动率收敛，得到单个银行目标波动率和总资产市值，但银行部门总资产市值及其波动率较难获得（宫晓琳，2012）。对此，本节以 C_{rt} 表征银行部门资产价值，基于所构建的存量流量一致框架下多维决定性差分系统，借助（5-2）式可求解得到银行部门资产价值序列和波动率，进而得到银行部门违约距离 D。

5.1.4　附带系统信息的银行体系网络构建模式

由于违约距离同时涵盖资产负债表、资金流量表和市场数据信息，并且相较于至多采用季度频率的单纯性资产负债表数据法可将频率提升至月度乃至日度，从而有利于监管部门对网络性能的变化形成更为及时的监测。本章拟根据 CCA 法，遵循 Vassalou 和 Xing（2004）反向求解迭代计算各银行违约距离，并沿用前期研究中各银行系统重要性分值占总分值的比重加权（温博慧等，2014），将加权后的各银行违约距离

DD_i 作为网络节点 v_i；以节点间相关性作为网络联结纽带，形成网络边 e_i；从而构成网络 $G(V,E)$。网络 $G(V,E)$ 即为待受冲击网络。

将冲击源设定为依 SFC 和 CCA 结合模型计算得到的附带系统信息的银行部门违约距离 D 在不同资产价格波动冲击下的改变值。由于部门违约距离 D 的改变将按不同冲击分配方式影响各银行节点的违约距离，参照谭跃进（2011）的研究结果，拟考虑随机性冲击、等效应冲击和选择性冲击三种代表性冲击分配方式。其中，随机性冲击分配方式将按随机程序进行分配；等效应冲击分配方式将部门违约距离的总改变量等分于各节点；选择性冲击分配方式考虑按边所连节点度 d_i 和 d_j 的大小关系，划分为强强分配（按 d_id_j 从大到小的比重顺序分配冲击），强弱分配（按 $|d_i - d_j|$ 从大到小的比重顺序分配冲击）和弱弱分配（按 d_id_j 从小到大的比重顺序分配冲击）三种子策略。

对节点先加权再构建网络，实现了运算环境由含权网络向无权网络的转换。这一转换既能涵盖由网络结构所导致的节点与链路关系差异，又能使自然连通度的计算得以运行。网络自然连通度 $\bar{\lambda}$ 的计算见（5-5）式，式中，λ_i 为网络 $G(V,E)$ 邻接矩阵的特征根，n 为节点数。

$$\bar{\lambda} = \ln\left(\frac{1}{n}\sum_{i=1}^{n}e^{\lambda_i}\right) \tag{5-5}$$

$\bar{\lambda}$ 值越小对应网络性能越差。考虑到中国金融监管较为谨慎，金融体系中节点被移除的情况较为鲜见，因此，笔者在研究网络性能过程中，不进行节点或边的移除处理，直接计算不同冲击下邻接矩阵特征根的改变，进而列示系列自然连通度。以自然连通度值的变化，动态反映网络链路脆弱情况的演变。

5.2 带有层级结构的复杂网络级联失效模型

现实世界中几乎所有的复杂系统都可以被视为网络。网络中存在大量的具有复杂连接关系的节点。自从 Watts 和 Strogatz 以及 Barabasi 和 Albert 进行了开创性的研究工作以来，学界将复杂网络广泛用于金融市场、社交网络、互联网、交通网建模，并利用拓扑结构挖掘系统的复杂性特征和演化过程。随着复杂网络研究的兴起，人们开始思考这样一个问题：这些网络是否可靠？近年来大规模网络失效事件频现，例如2003 年美国大规模停电事件、2006 年由海底光缆中断导致的网络瘫痪、2008 年次贷危机后出现的银行倒闭潮等，这些问题的出现使得复杂网络性能研究的理论意义和应用价值凸显。Albert 等研究了不同度分布的复杂网络性能问题，但实际网络具有显著的动态特征，当节点失效后会引起网络拓扑结构发生改变，节点负载会在网络内重新分配，从而使网络整体负载处于非平衡状态，导致更大规模节点失效，这就是所谓的级联失效现象。Motter 等首次研究了无标度网络的级联失效问题，提出了ML 模型，发现在面对级联失效时无标度网络是相当脆弱的，移除负载最大的节点足以使整个网络瘫痪。后续研究将这一分析框架拓展到小世界网络、自治网络、加权网络、有向网络等，提出了不同的初始负载分配方法、打击策略以及失效节点负载重分配方法。但现实中的网络，例如因特网、物流网、金融系统中的节点通常具有类似于组织结构的层级隶属关系，网络的拓扑结构也具有明显的异质性。目前对于这种网络在面临级联失效时的性能研究非常有限。因此本部分尝试建立针对具有层级结构网络的级联失效模型，模型框架选用 Dobbs、Watts 和 Sabel 提出的组织结构网（下文称为 DWS 网络），该网络既含有规则的树形"骨架"又含有随机的"隐含连接"，并且具有多尺度特性，即可以通过调节连接参数得到拓扑性质截然不同的网络，具有高度灵活性。但 DWS网络中节点的分支数是固定的，因此本节尝试对该网络进行改进，令"骨架"中每一层的分支数是随机的，更加突出网络结构的非均匀性，也符合现实世界中网络的特征。本部分给出的级联失效模型是基于多点打击的，并且充分考虑了网络具有的层级结构。例如初始负载分配是基于节点重要性的全局度量的；引入层级均匀参数使得失效节点负载重分配不仅考虑近邻节点的容量还考虑了层级的异质性。同时，本节假设打击者无法了解网络的拓扑结构，只能观察到 DWS 网络的"骨架"而无法观察到"隐含连接"。这属于不完全信息下的打击策略，打击效果介于随机失效和恶意攻击之间，更符合实际情况。综上所述，与已有研究相比，本节构建的模型框架特别适合描述金融系统、物流网、交通网等含有明显层级结构网络的级联失效过程，得出的结论可用于改善此类型网络性能，也是对无标度网络或小世界网络级联失效模型的扩展。

5.2.1　DWS 网络及其改进

DWS 网络具有一个 L 层树形结构的"骨架"，每一层的节点（父节点）拥有 b 个分支（子节点），因此网络具有 $N=(b^L-1)/(b-1)$ 个节点，每一层具有 b^L 个节点，L=0，…，L-1。在生成"骨架"后还需要随机添加 m 条边，我们称之为隐含连接，添加连接的算法是任意选择两个节点 i 和 j，依概率 $P(i,j)$ 将二者相连。$P(i,j)$ 取决于节点 i 和 j 最近的共同祖先 a_{ij} 的深度 D_{ij} 以及它们各自的深度 d_i 和 d_j（如图 5-1 所示），最终 $P(i,j)$ 的表达式见（5-6）式。

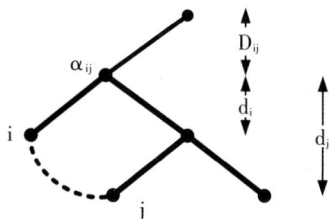

图 5-1　隐含连接示意图

$$P(i,j) \propto e^{-D_{ij}/\lambda} \cdot e^{-x_{ij}/\xi} \qquad (5-6)$$

式中，$x_{ij}=(d_i^2+d_j^2-2)^{1/2}$，$\lambda$ 和 ξ 是两个可调整参数。当 λ 和 ξ 取不同值时，网络会产生不同的拓扑结构，例如 $(\lambda,\xi) \to (\infty,\infty)$ 时 i 和 j 的连接是随机的；当 $(\lambda,\xi) \to (\infty,0)$ 时连接更多发生在具有相同父节点的子节点之间；当 $(\lambda,\xi) \to (0,0)$ 时连接更多发生在顶层（0 层）节点的直属子节点之间；当 $(\lambda,\xi) \to (0,\infty)$ 时连接更多发生在具有不同父节点的子节点之间。上述四种 λ 和 ξ 的参数组合属于极端情况，现实中一般情况下 λ 和 ξ 都是介于 0 与 ∞ 之间，表 5-4 给出了通过模拟计算得到的三层 DWS 网络中不同层级（底层、中层、顶层）之间隐含连接的分布情况。不难看出，隐含连接分布是异质的，并且 λ 和 ξ 对隐含连接分布的影响主要表现在底层与中层以及中层之间，对底层节点之间的隐含连接影响微弱。

表 5-4　　　　　三层 DWS 网络中隐含连接在不同层级的分布

连接参数	底层之间	底层与中层	底层与顶层	中层之间
$\lambda = 0.4, \xi = 0.8$	0.6002	0.2678	0.0220	0.1100
$\lambda = 0.6, \xi = 0.6$	0.5776	0.2180	0.0234	0.1810
$\lambda = 0.8, \xi = 0.4$	0.6025	0.0933	0.0117	0.2925

　　DWS 网络中每个父节点拥有的子节点数量是相同的，而实际情况可能并非如此。物流网络中受覆盖面积和业务量的影响，省级单位下属的网点数差异很大，例如某快递公司在北京、上海、天津拥有的网点数分别为 147 家、119 家和 47 家。因此本部分对 DWS 网络进行改进，认为父节点拥有的子节点数也是随机的，服从正态分布 $N(b, \sigma_b^2)$，σ_b 代表子节点数的离散程度，这进一步增加了网络拓扑结构的异质性。

5.2.2　DWS 网络级联失效模型

（1）节点的初始负载分配与节点容量

　　在级联失效模型中，初始负载分配是基于节点重要性的。在已有的研究中，大多将节点 i 的初始负载定义为 $L_i = ak_i^\alpha$，a 和 α 是调整参数，即初始负载基于节点的度中心度分配，这是一种局部度量。由于 DWS 网络具有层级结构，基于度中心度分配初始负载是不恰当的，顶层节点显然处于最重要的地位，但它的度不一定是最大的。另一些研究将初始负载按照节点的介数中心度分配。介数是指网络中节点 j 与 k 之间经过节点 i 的最短路径条数。这是一种对节点重要性的全局度量方法，但根据 DWS 网络的定义，可知其底层节点介数大多数情况下会是 0，这为初始负载分配带来不便。因此本部分将节点初始负载根据节点的子图中心度进行分配 $L_i = C_s(i)$。子图中心度也是对节点重要性的全局度量，其定义为 $C_s(i) = \sum_{k=0}^{\infty} T_k(i)/k!$，式中 $T_k(i)$ 表示经过节点 i 的长度为 k 的闭合环路条数。可以严格证明 $C_s(i) = e^{\lambda_i}$，λ_i 是网络邻接矩阵节点 i 对应的特征值。节点容量的确定则根据 ML 模型，假设容量 C_i 与初始负载成正比，即 $C_i = L_i(1 + \gamma)$，γ 为容限系数。

（2）不完全信息下 DWS 网络打击策略

复杂网络通常面临两种打击：随机失效（failure）和选择性打击（attack）。所谓随机失效，就是网络节点以某种概率被随机破坏；所谓选择性打击，就是网络节点按一定的策略被破坏，这通常需要获得网络的拓扑结构信息，例如网络中各节点的重要性。一般来说，网络自身原因引起的损伤属于随机失效，而蓄意的破坏则属于选择性打击。从攻击信息角度来看，随机失效和选择性攻击等价于零信息攻击和完全信息攻击。但在现实世界的复杂网络中，这两种属于极端情况，我们面临更多的情况是不完全信息攻击，即部分信息已知，部分信息未知。相关文献将复杂网络攻击信息的获取抽象成为无放回的不等概率抽样问题，并证明攻击信息精度对网络性能有至关重要的作用。

本部分采用的打击策略属于不完全信息条件下的选择性打击策略，并且一次性打击多个节点（称为攻击区域）。假设打击者可以观测到网络的"骨架"但无法观测到节点之间的隐含连接，即不完全信息体现在网络的拓扑结构上。为了确定攻击区域中应包含哪些节点，这里我们再假设攻击行为从网络最底层开始，因为高层节点拥有更大的负载容量，因此具有更强的性能。由于网络"骨架"具有树形结构，为了使父节点级联失效概率最大，攻击行为应针对隶属于同一父节点的底层节点。同时，打击者无法观测到隐含连接，他只能先验地认为"骨架"中度较小的节点性能弱，因此攻击区域应该确定为拥有底层节点数量最少的父节点，并且按照一定比例（称为打击比例）随机选取一部分底层节点进行打击，打击比例 p 是可调整参数。图 5-2 给出了一个三层 DWS 网络的攻击区域和受到攻击节点示意图，其中打击比例 p = 0.5。

不完全信息的影响还表现在对底层节点首轮打击的成功率上。隐含连接的存在使得底层节点的初始负载和容量不同，打击者只能通过对初始负载和容量进行估计确定打击强度，这必然会使对一部分节点的打击失效。

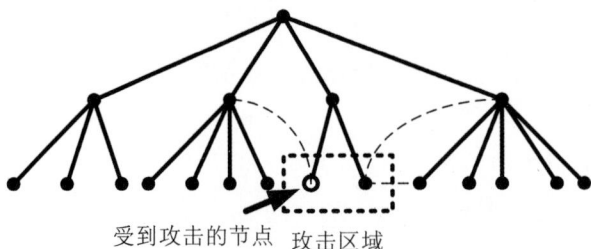

受到攻击的节点 攻击区域

图 5-2 不完全信息下的打击策略

（3）负载重分配算法

当节点失效后，它自身的负载会以一定的规则分配给网络中与之相邻的完好节点。一般将节点 i 失效后，相邻节点 j 得到的负载定义为公式（5-7）：

$$\Delta L_{ji} = L_i \cdot C_j / \sum_{m \in \Gamma_i} C_m \tag{5-7}$$

式中，Γ_i 表示与节点 i 相邻的节点集合，m 表示集合中的任意节点，C_j 和 C_m 表示相应的容量。如果 $L_j + \Delta L_{ji} > C_j$ 则节点 j 也会失效，它的负载会根据上述规则进行分配，直到网络中不再出现失效节点为止。向近邻分配负载是一种局部重分配方式，一些学者则认为失效节点的近邻还可能将负载继续在网络内完好节点之间传递，即负载分配是一种全局行为。在现实世界的复杂网络中，无论是局部还是全局负载重分配都属于极端情况，更多的是介于二者之间的分配。有关研究结果给出了一种可调的负载重分配方案，当节点 i 失效后，完好节点 j 得到的负载表达式见式（5-8）。

$$\Delta L_{ji} = \frac{l_{ij}^{-\theta} k_j^{\beta}}{\sum_{m \in \Omega} l_{im}^{-\theta} k_m^{\beta}} \tag{5-8}$$

式中，Ω 是完好节点的集合，θ 和 β 是负载重分配策略参数，θ 用于控制分配范围，β 用于控制分配的均匀性。

由于受地理环境、组织结构关系所限，DWS 网络中的失效节点很难将负载在全网络内重新分配，因此本部分假设失效节点的负载只向同级或上级最近完好节点分配，图 5-3 给出了节点 i 失效后负载分配的可能路径，实线箭头表示负载在骨架内分配，虚线表示负载在隐含连接内分配。同时，由于 DWS 网络具有层级结构，在负载重分配时应充分考虑这一点，最终得到的重分配表达式见式（5-9），式中 $\theta \in [0, \infty)$ 用于控制分配的层级均匀性，θ 越大负载越倾向于向更高层节点分配。

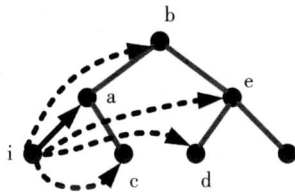

图 5-3　失效节点负载重分配的可能路径

$$\Delta L_{ji} = \frac{x_{ij}^{-\theta} C_j}{\sum_{m \in \Omega} x_{im}^{-\theta} C_m} \tag{5-9}$$

（4）网络性能测度

本部分采用两种方法测度 DWS 网络在面临级联失效时的性能，第一种方式是计算节点 i 失效后引起的级联失效规模 CF_i，即当节点 i 失效后直到级联失效过程结束会引起网络中有多少其他节点失效。由于 DWS 网络具有层级结构，本部分也分别计算每个层次的雪崩规模，并标准化得到 $CF_{i,l}/N_l$，$l = 0, 1, ..., L - 1$。在实际中也经常使用 $1 - CF_{i,l}/N_l$ 表示节点生存比例。

第二种方式是基于网络连通性的，即测度攻击前后网络巨组元规模的变动，巨组元是指网络最大连通子图，则网络性能可以表示为 $G = N'/N$，式中 N 是初始状态的巨组元规模，N′ 是级联失效过程结束后网络的巨组元规模。

5.2.3　仿真实验

（1）DWS 网络拓扑结构的实验结果

首先利用模拟实验研究 DWS 网络的性质，将实验分为两组，第一组实验研究连接参数 λ 和 ξ 对网络拓扑性质的影响，第二组实验研究隐含连接数 m 的影响。两组实验使用的网络均分为 3 个层级，网络节点数为 2 000，中层节点拥有的底层节点数期望分别是 b = 50 和 b = 100，标准差为期望值的 1/3。第一组实验令 m = 1 000；第二组将实验连接参数设定为 $(\lambda, \xi) = \{(0.4, 0.8), (0.6, 0.6), (0.8, 0.4)\}$。为了将 DWS 网络与小世界网络比较，本部分主要考查网络的集群系数。实验的基本思路是根据每组给定参数生成 1 000 个 DWS 网络，计算每个网络的集群系数，然后计算这些网络的集群系数均值，集群系数基于式（5-10）计算，l_i 表示节点 i 的邻点之间的连边数，k_i 表示节点 i 的度，C_i 是节点 i 的集群系数，C 是网络的集群系数。得到的结果如图 5-4 和图 5-5 所示：

$$C_i = \frac{2l_i}{k_i(k_i-1)}, \quad C = <C_i> = \frac{1}{N}\sum_i C_i \tag{5-10}$$

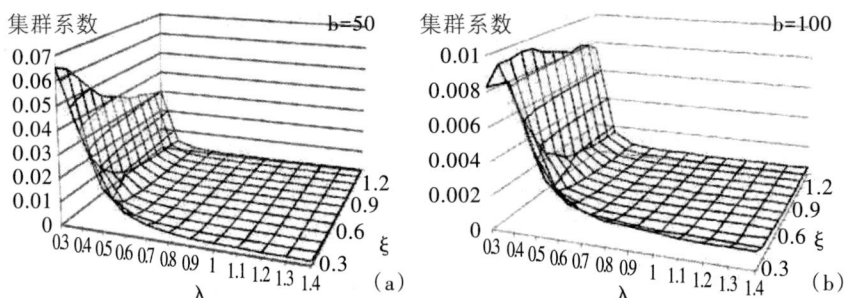

图 5-4　DWS 网络集群系数随 λ 和 ξ 的变化规律

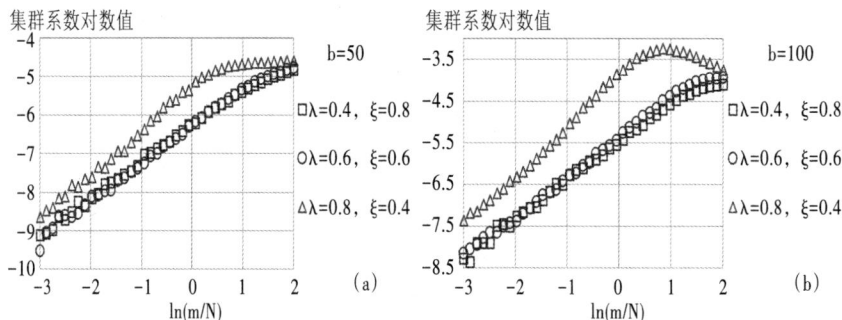

图 5-5　DWS 网络集群系数随隐含连接数的变化规律

根据图 5-4 可以看出 DWS 网络的集群系数在隐含连接数相同的情况下随 λ 和 ξ 的增加而降低，即网络显示出更强的随机性。虽然集群系数的数值较小，但在 λ < 0.5 和 ξ < 0.5 时，仍显著大于具有相同节点数和边数的随机网络，显示出小世界特性。同时，实验还发现 ξ 对网络拓扑性质的影响显著高于 λ。图 5-5 给出了不同 λ 和 ξ 组合下连接比例 m/N 与集群系数的对数-对数关系，显示出多数情况下集群系数会随 m/N 增加而增加。但当 m/N 达到某门槛值后集群系数的上升趋缓，甚

至开始降低（λ=0.8，ξ=0.4，b=100），这与小世界网络是相似的，不同之处在于相应的门槛值较低。

（2）级联失效的仿真实验结果

本部分利用模拟实验分析在级联失效下 DWS 网络的性能。DWS 网络"骨架"结构设定与前面相同，设计三组实验分别考查隐含连接比例（m/N）、重分配层级均匀参数 θ 以及打击比例 p 的影响。实验的基本思路是在给定参数下生成 1 000 个网络，然后根据前文给出的级联失效模型进行模拟，最后测度网络的级联失效规模。第一组实验考查隐含连接可观测与不可观测时 m/N 的影响，实验中将其他参数固定为 θ = 0，p = 1，γ = 0.5，得到的结果如图 5-6 和图 5-7 所示。

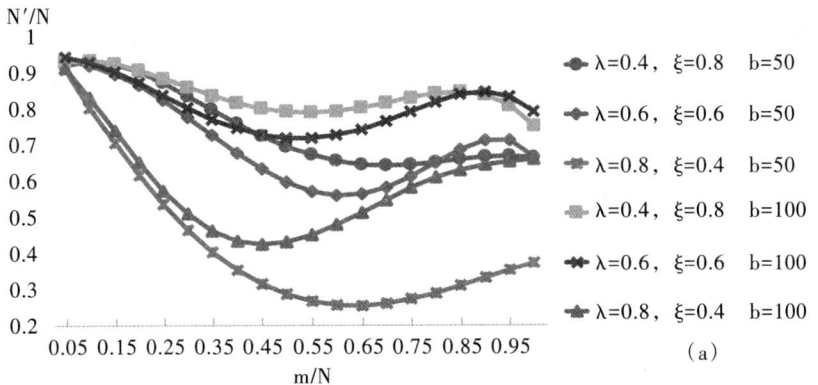

（a）无法观测到隐含连接

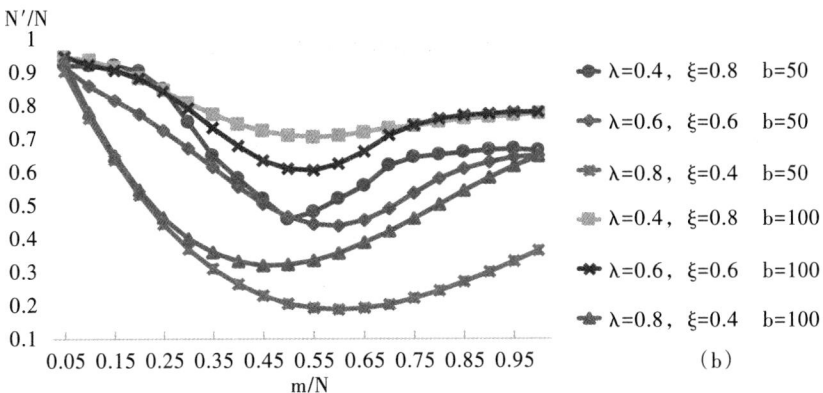

（b）隐含连接可观测

图 5-6　级联失效规模与连接比例的关系

节点生存比例

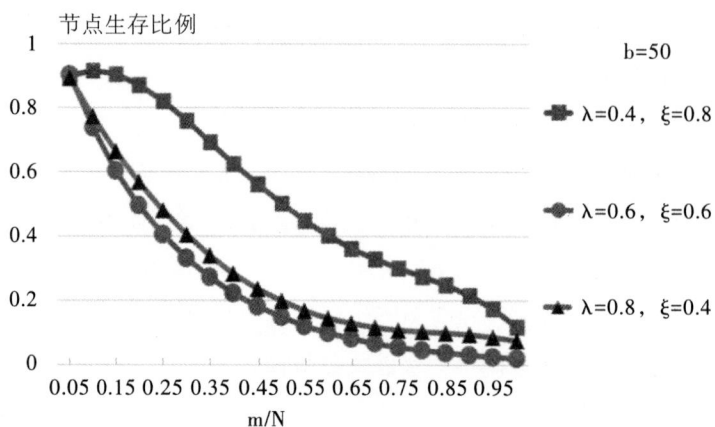

（a）中层节点

节点生存比例

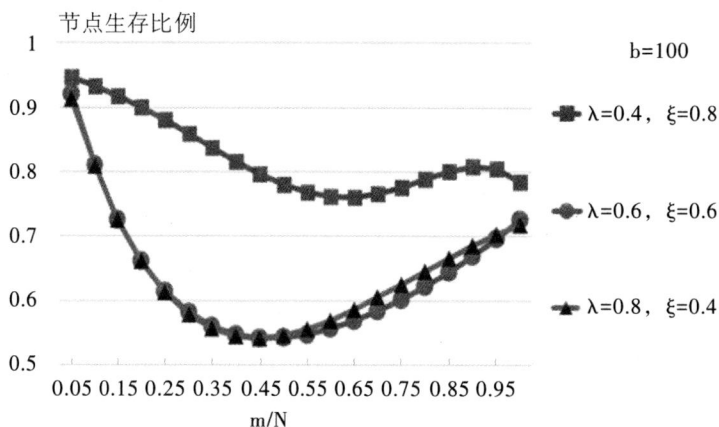

（b）底层节点

图 5-7　节点生存比例与连接比例的关系

　　在仿真实验给出的各种参数设定下，网络的级联失效规模随 m/N 都呈现出先增加而后降低的规律。这是因为当 m 较小时，随着隐含连接数增加，失效节点的影响范围也随之增加。但由于失效节点与具有较高负载承受力的中层节点的连接较少，使得底层节点和中层节点大规模失效。但当 m/N 达到某个临界比例（为 0.4~0.6）后，失效节点与中层节点的连接逐渐增多，负载分配的范围增大，系统可以利用更多的完好节点承担额外负载，进而有效地控制级联失效进一步恶化，底层节点生存比例开始增加，此时网络抗毁损性反而开始升高。实验还发现 λ 较

大 ξ 较小时，级联失效规模较大，这是因为此时中层节点之间的隐含连接数较多，当受到底层失效节点冲击时，负载会在中层节点内分配，从而触发大规模级联失效。另外，比较图 5-6（a）和图 5-6（b）还可以考查信息对打击效果的影响。当 m/N 较小时，是否观测到"隐含连接"对级联失效规模影响微弱。随着 m 增加，信息发挥出至关重要的作用，完全信息下网络受破坏程度显著高于不完全信息时的情况。

第二组实验考查重分配层级均匀性 θ 的影响，将其他参数固定为 m/N = 0.5，p = 1，γ = 0.5，得到的结果如图 5-8 所示。不难看出，θ 越大网络级联失效规模越小，因为顶层节点更多地承担了额外负载，降低了中层节点的负担，控制了级联失效过程进一步恶化。同时，θ 对抗毁损性的影响也受到连接参数的影响，当隐含连接更多地出现在中层节点之间时，θ 对抗毁损性的影响更大。

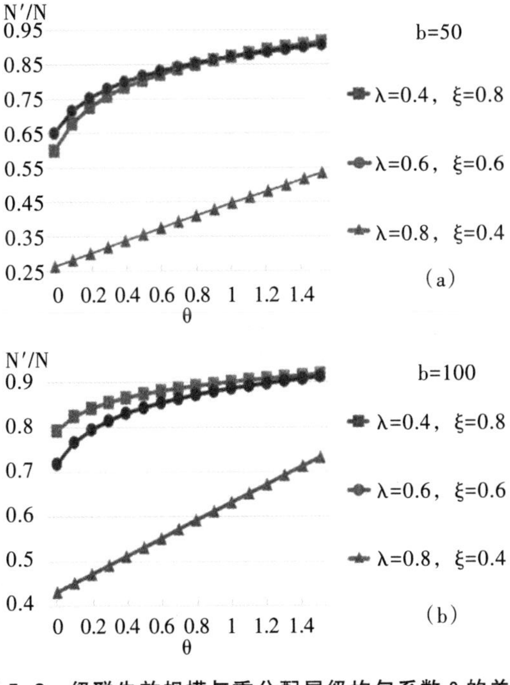

图 5-8　级联失效规模与重分配层级均匀系数 θ 的关系

综合前两组实验结果，不难发现层级结构和隐含连接可以控制负载重分配的范围和比例。从提高网络抗毁损能力角度看，网络应尽量增加底层节点与中层节点的连接数，同时也要将中层节点之间的连接数控制在合理规模。这样就可以在底层失效节点负载重分配时较多地将负载分配至容量较大的高层节点。

第三组实验考查打击比例 p 的影响，将其他参数固定为 m/N = 0.5，θ = 0，γ = 0.5，得到的结果如图 5-9 所示。当 p 很小时，网络级联失效的规模很小，随着 p 增加这一规模显著增加。但值得注意的是，p 对网络受破坏程度的影响也取决于连接参数 λ 和 ξ。例如当 λ=0.8，ξ=0.4 时，p 对级联失效规模的影响显著大于 λ=0.4，ξ=0.8 或者 λ=0.6，ξ=0.6 时。这是由于当 λ=0.8，ξ=0.4 时，底层与中层节点之间的连接较少，负载重分配范围较小，底层节点的抗毁损性较差。但底层与中层节点较少的隐含连接也使得底层节点初始负载分配更均匀，失效规模随 p 的增加是平稳的。

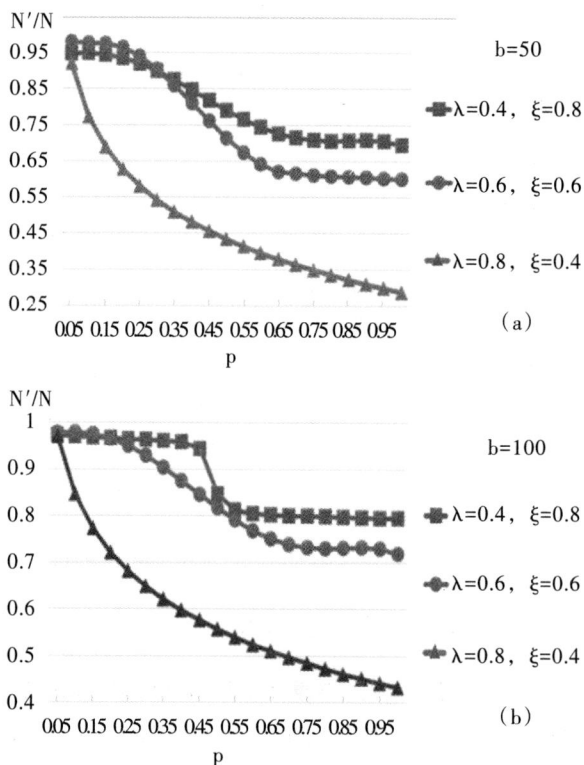

图 5-9 级联失效规模与打击比例 p 的关系

对于随机网络、无标度网络和小世界网络这些逻辑网络的级联失效及灾变机理模型，学界已经进行了深入的研究和应用。但在金融系统、物流网等许多实际网络中，节点之间普遍存在层级隶属关系。这种结构会对网络的抗毁损性带来何种影响目前尚未开展广泛研究。因此本部分在 DWS 网络的基础上对其进行改进，构建了考虑不完全信息和负载重分配层级异质性的级联失效模型，并进行了仿真实验。

由仿真结果可知，DWS 网络的拓扑性质会随连接参数、隐含连接比例变化从小世界网络过渡到随机网络。模拟级联失效过程得出的结果则表明隐含连接及其分布（网络设计因素）、负载重分配的层级异质性（管理控制因素）会对网络的受破坏程度产生显著影响。因此，在满足网络功能的前提下，应充分理解、利用网络的设计因素，并制定恰当的管理控制策略，应尽量利用较多的具有较高负载容量的高层级节点承担灾害风险，避免灾害在较脆弱的底层节点内扩散，进而可以有效控制级联失效规模。此外，本部分还从打击策略（不完全信息和底层节点打击比例）的角度分析了网络的抗毁损性能，为探索相关应对措施提供了参考依据。本部分的研究有着广阔的应用前景，例如可用于金融体系中的风险传染路径及其影响的预测和估计，能为全面认清金融传染的特征，优化金融网络设计，提高金融系统稳定性提供建议和指导。对于物流或供应链系统也可以参考本部分的级联失效模型，结合节点的功能、地位、地理位置，改善网络结构以抵御突发事件的影响。本部分的不足之处是没有考虑对网络边攻击的情况，对于不完全信息影响的研究也较简单，没有考虑隐含连接部分可观测的情形，这些将成为未来的研究重点。

6 我国银行体系网络性能测度

6.1 样本数据选取与预处理

本部分的研究数据涉及建网与冲击过程中的系列变量。后续计算思路为：求解各银行日度违约距离，并以之建网；计算银行部门 C_n 及其波动率的月度序列，进而求得银行部门的月度违约距离并观测其演化；通过滑窗技术和网络模型求解网络邻接矩阵特征根月度值，进而得到自然连通度序列；比较网络自然连通度和银行部门违约距离变化过程，分析网络性能；基于所求解得到的 C_n 回归式得到参数 $\alpha\lambda$，用于后续仿真冲击计算。

上述变量同时涵盖了流量与存量数据。在我国现行国民经济核算体系（2002）[①]中流量数据包括在资金流量表的金融交易账户中，存量数据在资产负债表的金融资产与负债项下（宫晓琳，2012）。不可否认，金融资产负债表和资金流量金融交易账户提供了极具参考价值的数据汇

[①] 我国现行《中国国民经济核算体系》充分采纳了 SNA 的基本核算原则、内容和方法。市场价格是该核算体系中估计的基本参考。

总，但数据的可得性、时效性和完整性使其在计算过程中仍需进行预处理。

本部分以月度人民币中长期贷款基准利率平均值表示 r_c；以月度人民币活期存款基准利率表示 r_d；以月度法定存款准备金率和超额存款准备金率之和表示 rr；以银行季度财务报表中不良贷款率与拨备覆盖率乘积表示 σ_{Bt}；以各银行季度财务报表中应付职工薪酬按该银行资产总额所占比重的加权值的月度平均值表示 W_{Bt}；以季度国内生产总值累计同比增长率所在季度内的平均值表示 g_{Bt}。上述数据来源于 CCER 数据库。以各银行股价与股数乘积求得的银行部门股票总市值月度数据表示 $E_{Bt} = p_{2B} q_B$；以境内上市公司市值总额月度数据减去银行部门股票总市值月度数据得到企业股票市值月度数据 $p_{2E} q_{2E}$[①]，以固定资产投资完成额月度数据表示 $p_f q_{fE}$，以工业企业效益指标中资产与负债月度数据之差表示 $p_{2E} q_{1E}$。上述数据来自于 Wind 数据库。在重点考查金融风险变动趋势的研究中，依照如上方法对不同来源数据的一贯性、系统性处理并不会影响重要因子在结论性数据中的有效性，以及风险演变的准确分析。

在样本区间选择方面，鉴于美国次贷危机爆发，采样总区间设定为 2007 年 10 月至 2017 年 6 月，滑窗基础期设定为 2007 年 10 月 8 日至 2007 年 12 月 31 日。

6.2 我国银行体系网络性能动态特征

6.2.1 我国银行体系网络统计特征

根据 CCA，遵循 Vassalou 和 Xing（2004）反向求解迭代计算 2008 年 1 月 2 日至 2017 年 6 月 30 日的各银行总资产市值和目标波动率，进而计算得到其日度违约距离，并以系统重要性分值加权。以加权后的各银行违

---

① 在计算权益市值时，要考虑流通股和非流通股的区别。对流通股的处理为直接利用每个交易日收盘价与流通股股数的乘积计算流通股市值，而非流通股则利用每股净资产来代替非流通股的价格。

约距离值 DD_i 作为网络节点 v_i，以节点间相关性作为网络边 e_i，建立经赋权转化后的我国的银行体系网络 G（V，E）。网络形态如图 6-1 所示。

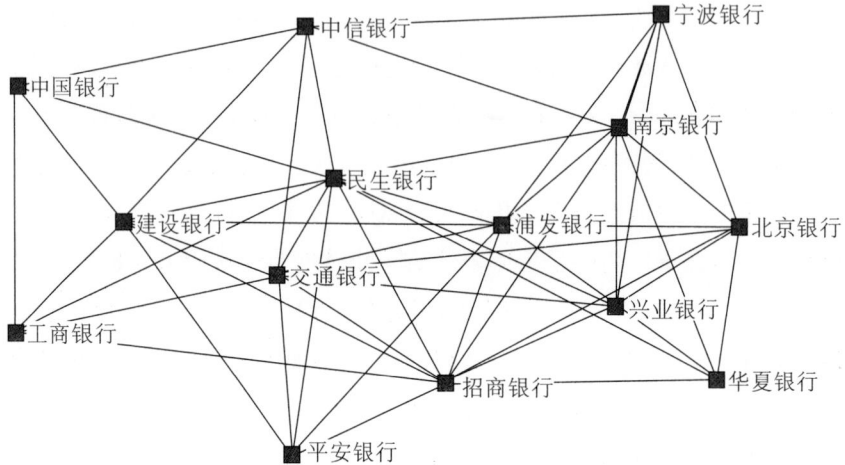

图 6-1 经赋权转化后的中国银行体系网络形态

复杂网络中度分布 p(k)[①]、聚类系数 C[②]和平均路径长度 L[③]是最基本的网络结构统计特征度量，通常用于区分规则网络、随机网络和复杂网络。规则网络的度分布为德尔塔函数，随机网络中 ER 随机图和小世界网络的度分布为泊松分布，无标度网络的度分布为幂律分布；小世界网络通常具有相对较小的平均路径长度、较高的聚类系数和可以调整的熵。我国银行体系网络统计度量结果见表 6-1，其接近于小世界网络。

表 6-1 　　　　　　　　**我国银行体系网络结构统计特征**

聚类系数	0.5067
平均路径长度	1.8793
平均度	4.2930
度分布	近似泊松分布

①　在无向网络中，节点 i 的度 k_i 定义为与该节点相连接的其他节点数目。网络中节点的度分布函数 p(k) 表示一个随机选定的节点的度恰好为 k 的概率，即网络中度为 k 的节点占所有节点数的比例。
②　聚类系数为节点间实际存在的边数 E_i 和可能边数 $(k_i-1)/2$ 之比，表示网络中某一节点的相邻节点间互邻的概率，用于衡量网络集团化程度。
③　平均路径长度 L 为网络中任意两节点之间距离 d_{ij} 的平均值。d_{ij} 为连接两节点的最短路径上的边数。平均路径长度描述了网络中节点间的分离程度，可用于衡量网络传输性能和效率。

6.2.2　附带系统信息的银行部门违约距离动态变化特征

仅关注单一银行的违约风险将严重低估机构间资产价值变动的相关性和风险协同效应，整体监测银行部门十分必要。在 SFC 框架下通过方程组将系统信息导入银行部门，依样本数据计算出的 C_n 求解我国银行部门月度资产价值与波动率，就能得到银行部门月度违约距离 D。D 的演化过程可从时间维度动态表征银行部门系统性风险的变化。

图 6-2 给出了 2008 年 1 月至 2014 年 6 月期间我国银行体系部门违约距离 D 的月度演化过程。其中，2008 年 1 月至 2009 年 3 月，D 均值为 1.4026，阶段内数值几乎呈快速下降趋势且基本不超过 2；2009 年 4 月至 2011 年 10 月，D 总体不断上升，均值为 2.8798；2011 年 11 月至 2014 年 6 月，D 基本平稳在 4 左右，但自 2013 年中期开始出现小幅下降，下降时段均值为 3.5011。整个样本期间 D 的波动率为 1.1834。

由于违约距离越小对应的系统性风险越大，我国银行体系部门违约距离 D 的月度变化状况表明，在美国次贷危机期间，尽管我国银行体系并未出现银行倒闭或明显危机，但银行部门违约距离已受较大影响，系统实际脆弱性显著增加。在后危机时代，虽然违约距离不断上升，但数值较危机前仍存在较大差距[①]。2013 年中期开始出现的小幅回落，恰与我国银行间系统资金紧缺和房地产等资产价格回落引发的银行体系坏账比率攀升的时间匹配。我国银行部门违约距离与经济金融体系表现脆弱性的时段之间呈现出较强的一致性，具有顺周期效应。

6.2.3　我国银行体系网络性能阈值设定

基于所构建的经赋权转化后我国银行体系网络 G（V，E），以

[①]　宫晓琳（2012，2013）、范小云等（2013）对银行系统违约距离的测算结果表明，次贷危机前 D 基本保持在 6 以上，其中 2005 年 6 月为 11.4，2007 年 8 月为 7.76，危机期间 D 则快速下滑。

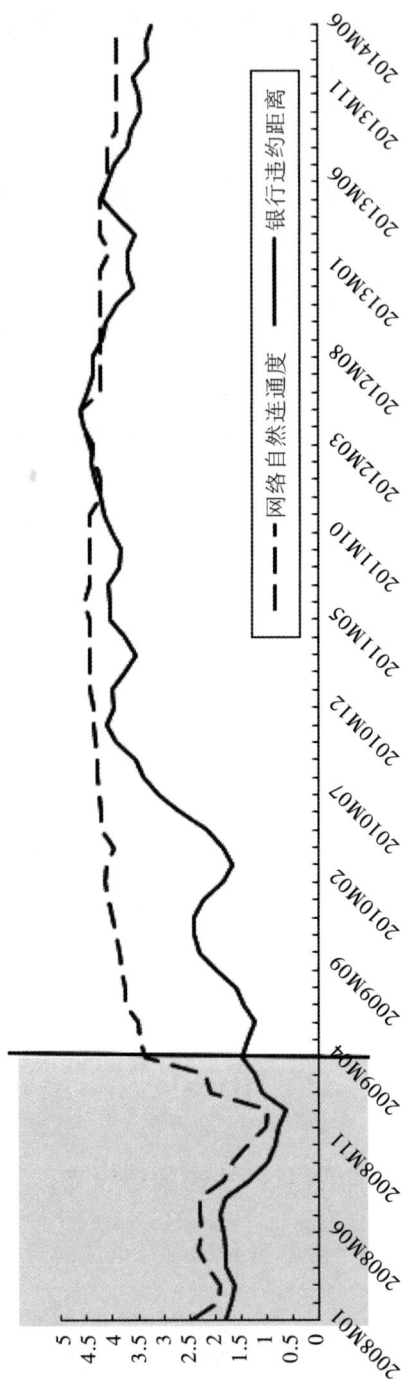

图 6-2 我国银行部门违约距离和网络自然连通度月度变化过程

2007 年 10 月 8 日至 2007 年 12 月 31 日为基础期，以实际月度天数为步长，滑窗求出我国银行体系网络邻接矩阵月度特征根时序，进而得到自然连通度 $\bar{\lambda}$ 的月度演变状况（如图 6-2 虚线所示）。

图 6-2 显示在整个样本期间网络自然连通度 $\bar{\lambda}$ 与银行部门违约距离 D 的变化趋势几乎一致，在危机期间同样呈现了较强的下降趋势。网络自然连通度很好地反映了银行部门违约距离对系统性风险的表征。通过考查我国银行体系网络自然连通度的变化，不仅能够较好地把握银行部门系统性风险在时间维度上的动态变化（包括网络承受风险的能力），还有利于监管当局实时根据整体风险情况酌情实施有效的审慎政策和救助措施。

对于自然连通度阈值的确定，本部分采取经验判定法。结合 $\bar{\lambda}$ 值越小对应网络性能越差的性质，参照次贷危机阶段 $\bar{\lambda}$ 的取值范围，将其区间上限设定为网络性能的适应性阈值。根据样本数据计算结果，2008 年 1 月至 2009 年 3 月期间 $\bar{\lambda} \in [0.9567，2.2927]$（如图 6-2 中灰色区域所示），为此，笔者将 $\bar{\lambda}=2.2927$ 作为我国银行体系网络自然连通度判断性能的阈值。

6.3 我国银行体系网络性能仿真场景比较

本部分将基于前文所构建的 SFC 与 CCA 的融合模型，模拟在资产价格（以银行部门股价、企业部门股价和固定资产价格为例）波动冲击异质风险场景下，附带系统信息的银行网络性能。考虑到单纯性数据模拟可能出现结果严重依赖数据生成的情况，本部分选择借助真实数据求解必要参数，并在此基础上参照假设，生成研究所需模拟数据。仿真过程使用自编的 Matlab 程序。

6.3.1 网络初始负载与冲击源

本部分将网络初始负载和冲击源基数设定为样本期末值，即 2014 年 6 月 30 日的数据。经系统重要性排序加权后的各银行违约距

离 DD_i 作为网络节点，构成网络初始负载。当银行部门违约距离 D 发生改变时，会以其不同分配方式影响 DD_i。又由于银行部门违约距离 D 的计算式可表示为函数 $D = D(C_{rt}, \sigma_{c_{rt}})$，而 $C_{rt} = \alpha\lambda(K_{Et} + E_{Et})$，从而 $D = D(C_{rt}(\alpha\lambda(K_{Et(P_{2E}q_{2E}+p_fq_{fK}+p_{2B}q_{B})} + E_{Et(p_{2E}q_{1E})})), \sigma_{Crt})$，因此，本部分将网络冲击源设定为银行部门违约距离 D 在银行部门股价 P_{2B}、企业部门股价 P_{2E} 和固定资产价格 P_f 三者波动冲击下的改变值[①]。在已回归出的 $\alpha\lambda$ 参数基础上（抵押贷款中抵押物的抵押率 α 数据源于中国银保监会网站，λ 取值范围为（0，1），回归系数均使 α 和 λ 的值在其定义域之内[②]），可分别根据资产价格波动仿真计算银行部门违约距离，进而依冲击分配方式进一步仿真。

6.3.2 资产价格波动冲击与分配策略组合场景

在不同资产性质、波幅和方式的冲击下，网络传导结果不尽相同，从而网络性能也会呈现差异。对此，在资产价格波动方面，设定包括三种资产价格单独波动冲击，两两联合波动冲击和共同波动冲击；在冲击分配策略方面，遵照本章 6.2 节，设定现实中较常出现的随机冲击分配策略、等效应冲击分配策略和选择性冲击分配策略中的强强分配、强弱分配和弱弱分配三种子策略。为了便于表述，笔者将上述策略所对应的网络自然连通度依次编号为 $\bar{\lambda}_1$、$\bar{\lambda}_2$ 和 $\bar{\lambda}_{31}$、$\bar{\lambda}_{32}$、$\bar{\lambda}_{33}$ 以示区别。

（1）随机性冲击分配策略下资产价格波动冲击场景

假设三种资产价格的跌幅均在 [1%，400%] 范围内按照固定比例 1%，从初始跌幅 1% 逐步增至 400%。这样的假设虽然与实际跌幅时间路径并不一致，但只会对冲击阈值到来的时点推算形成影响，并不会对临界值推算造成显著影响。另外，虽然所设定的仿真跌幅范围不能罗列所有下跌对网络冲击的场景，但如果跌幅临界值被包含于该区间，则对

---

① 本部分假设资产数量不变。但从资产价值的改变角度来看，这一假设并不影响实际结论。

② 详见笔者前期研究成果《资产价格与宏观经济金融系统的稳定性——基于货币量值模型的理论与仿真分析》，发表在《金融经济学研究》2013 年第 6 期。

该区间的设置亦为有效。

在此假设之下基于（6-3）式，分别模拟计算企业部门股价、银行部门股价和固定资产价格依次分别单独下跌过程中 C_n 进而 D 的变化。将 D 的变化值以随机试验程序在各银行违约距离 DD_i 间分配，计算网络邻接矩阵特征根，进而得到三者依次分别单独下跌过程中 $\bar{\lambda}_1$ 的演化（如图6-3（1）所示）。同理，资产价格联合下跌所导致网络自然连通度的演化过程如图6-3（2）所示。

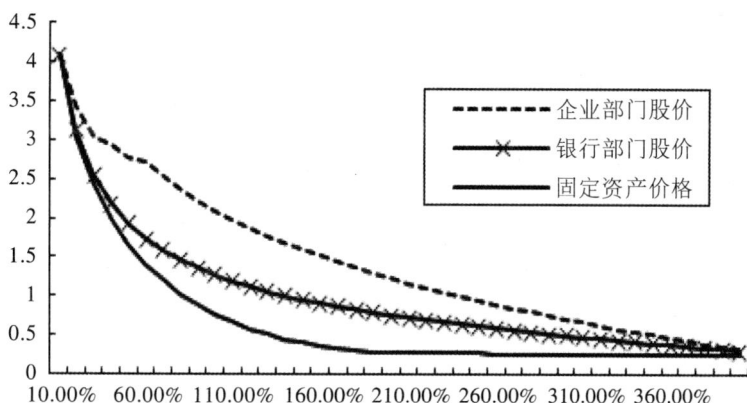

（1）资产价格单独下跌

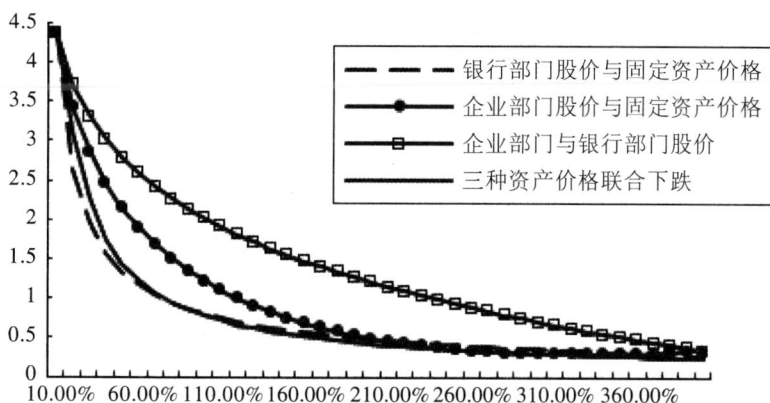

（2）资产价格联合下跌

图6-3 随机性冲击分配策略下资产价格下跌对网络自然连通度的影响

根据图6-3所反映的仿真结果可以发现，企业部门股价、银行部门股价和固定资产价格分别单独下跌导致网络自然连通度碰触适应性阈值的跌幅依次为 93%、52% 和 28%。银行部门股价与固定资产价格、企业部门股价与固定资产价格、银行部门和企业部门股价联合下跌以及三者共同下跌导致网络自然连通度碰触适应阈值的跌幅依次为 28%、46%、83% 和 32%。

（2）等效应冲击分配策略下资产价格波动冲击场景

依然假设三种资产价格跌幅在 ［1%，400%］ 范围内按照固定比例 1%，从初始跌幅逐步增至 400%。将模拟计算出的三种资产价格单独和联合下跌过程中 D 的变化值等分于各节点，重新计算网络邻接矩阵特征根，进而得到自然连通度 $\bar{\lambda}_2$ 的演化（如图 6-4（1）和（2）所示）。

根据图 6-4 所反映的仿真结果可以发现，企业部门股价、银行部门股价和固定资产价格分别单独下跌导致网络自然连通度碰触适应性阈值的跌幅依次为 109%、48% 和 27%。银行部门股价与固定资产价格、企业部门股价与固定资产价格、银行和企业部门股价联合下跌以及三者共同下跌导致网络自然连通度碰触适应阈值的跌幅依次为 24%、41%、71% 和 29%。

（3）选择性冲击分配策略下资产价格波动冲击场景

在选择性冲击分配策略下，将模拟计算出的三种资产价格单独下跌和联合下跌过程中 D 的变化值分别按强强子策略、强弱子策略和弱弱子策略分配于各节点，计算网络邻接矩阵特征根，进而得到自然连通度 $\bar{\lambda}_{31}$、$\bar{\lambda}_{32}$、$\bar{\lambda}_{33}$ 的演化（如图 6-5（1）至（6）所示）。

根据图 6-5 所反映的仿真结果可以发现，在强强、强弱和弱弱子策略下，企业部门股价、银行部门股价和固定资产价格分别单独下跌导致网络自然连通度碰触适应性阈值的跌幅依次为 88%、24% 和 20%；84%、29% 和 23%；118%、67% 和 39%。银行部门股价与固定资产价格、企业部门股价与固定资产价格、银行企业部门股价联合下跌以及三者共同下跌导致网络自然连通度碰触适应阈值的跌幅依次为 20%、37%、34% 和 18%；22%、39%、38% 和 22%；22%、44%、79% 和 31%。

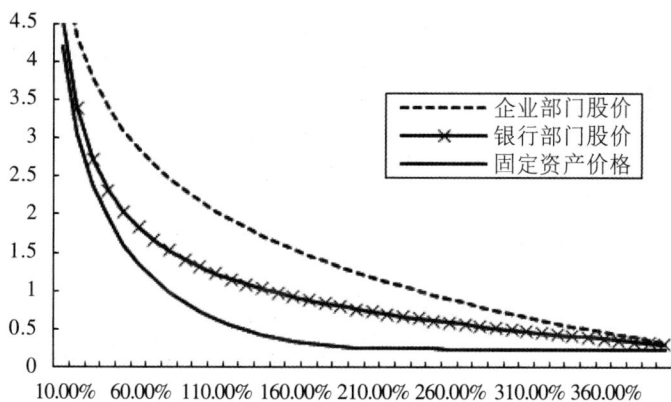

（1）资产价格单独下跌

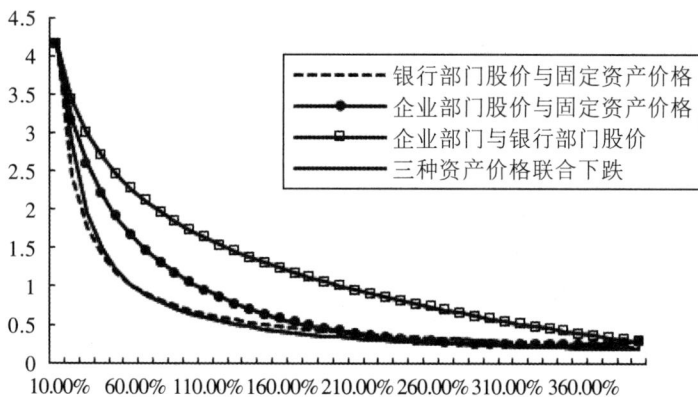

（2）资产价格联合下跌

图 6-4 等效应冲击分配策略下资产价格下跌对网络自然连通度的影响

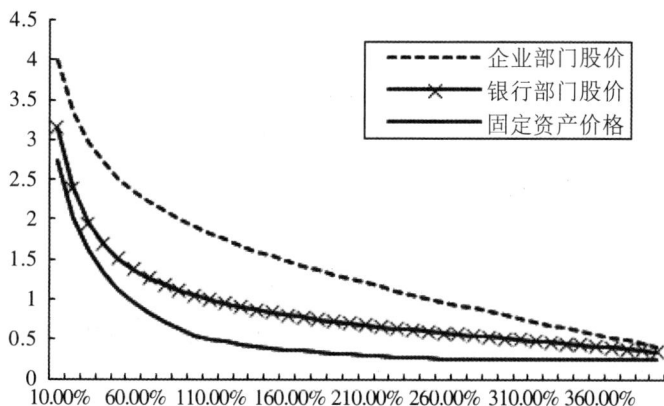

（1）强强子策略下资产价格单独下跌

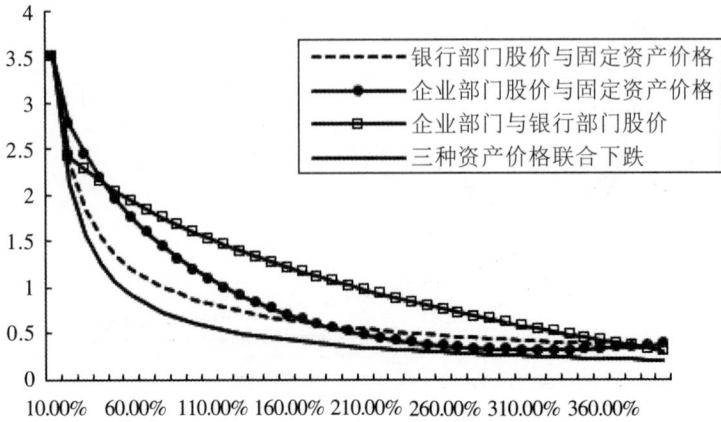

（2）强强子策略下资产价格联合下跌

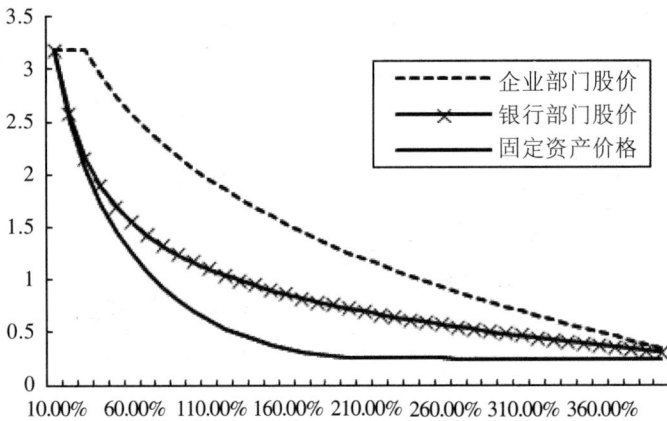

（3）强弱子策略下资产价格单独下跌

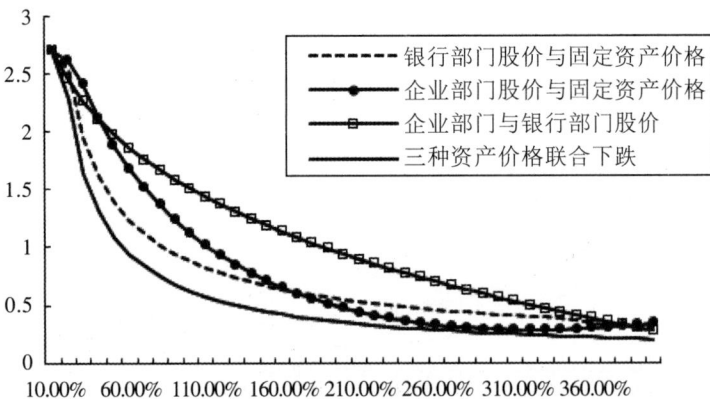

（4）强弱子策略下资产价格联合下跌

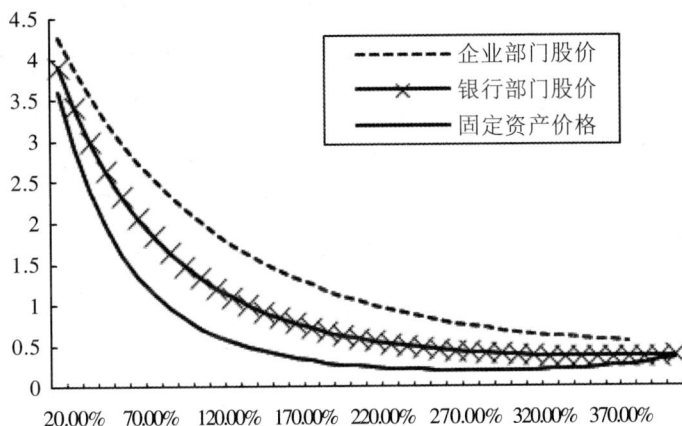

（5）弱弱子策略下资产价格单独下跌

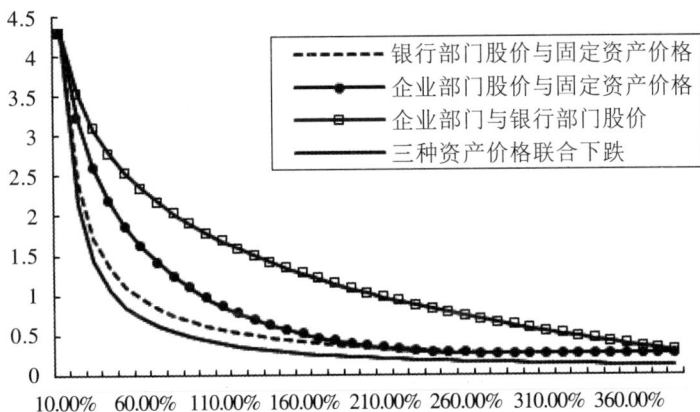

（6）弱弱子策略下资产价格联合下跌

图 6-5　选择性冲击分配策略下资产价格下跌对网络自然连通度的影响

6.3.3　异质冲击场景下网络性能结果比较

根据网络自然连通度 $\bar{\lambda}$ 的性质，其单调于网络性能，即值越小对应网络性能越差；而资产价格波动以越小幅度使 $\bar{\lambda}$ 达到阈值，对网络的冲击力越大。如图 6-5 所示，资产价格下跌冲击过程中网络自然连通度整体呈现随之下降的趋势。

从同一冲击分配策略下网络性能的纵向关系看：根据各资产价格跌幅临界数据，资产价格的单独下跌在各策略中都表现为固定资产价格下跌使网络自然连通度达到阈值的临界幅度最小，其次为银行部门股价、企业部门股价。资产价格联合下跌在随机性冲击、等效应冲击和选择性冲击的弱弱分配子策略中表现为，三种资产价格共同下跌使网络自然连通度达到阈值的临界跌幅最小，随后依次按银行部门股价与固定资产价格联合下跌、企业部门股价与固定资产价格联合下跌，银行企业部门股价联合下跌的顺序跌幅临界值递增；在选择性冲击分配策略的强强和弱弱分配子策略中，虽然同样表现为三种资产价格共同下跌使网络自然连通度达到阈值的临界跌幅最小，但随后依次则按银行部门股价与固定资产价格，银行部门与企业部门股价，企业部门股价与固定资产价格联合下跌的顺序跌幅临界值递增。

从不同冲击分配策略间网络性能的横向关系看：选择性冲击分配策略下的强强和强弱分配子策略中的资产价格跌幅临界值几乎小于其他策略中的相应临界值，而随机性冲击分配策略和等效应冲击分配策略中的差异并不明显，选择性冲击分配策略中弱弱分配子策略的临界值相对最大。

为了进一步明确异质场景下网络性能的差距，笔者在资产价格跌幅触碰网络自然连通度适应性阈值后，继续观测其随后 20% 下跌幅度内自然连通度的变化幅度情况。可以发现：资产价格单独下跌过程中，各冲击分配策略均以固定资产价格下跌所对应的 $\bar{\lambda}$ 变化幅度为最大，并以银行部门股价、企业部门股价的对应顺序递增；资产价格联合下跌过程中，以选择性冲击分配策略下强强分配子策略中的各种资产价格组合形式的 $\bar{\lambda}$ 变化幅度为最大（如图 6-3 至图 6-5 所示）。

上述比较表明，在资产价格波动冲击过程中，以固定资产价格和银行部门股价对网络的冲击力最强，而若以选择性冲击分配策略中的强强分配子策略进行冲击，将进一步加速网络毁损。其意味着，当对网络中关键节点进行有针对性的冲击时，我国银行体系网络承受能力更为脆弱。因此，监管部门可重点关注固定资产价格和银行部门股价波动，并注意价格波动的冲击方式。本研究中银行部门股价在整个股价波动中对网络毁损性程度影响的重要性也与笔者前期研究中有关银行部门股价对系统性风险作用的分析形成了印证。

本部分研究结合货币主义存量流量一致分析框架和未定权益分析法，从双向兼容宏观审慎监管中宏微观与时间截面两个维度的角度，构建了中国经济金融体系复杂网络分析模型，将系统信息导入银行网络，并据此估算了我国银行部门月度违约距离和月度网络自然连通度。研究比较了次贷危机期间及后危机时代，我国银行网络性能在时间维度的动态变化。数据表明，银行部门违约距离和网络自然连通度均在 2008 年1 月至 2009 年 3 月的危机期间明显下降，而后逐步回升，但数值较危机前仍存较大差距。在近期我国银行间系统资金紧缺和因房地产等资产价格回落引发银行体系坏账比率攀升的时段又对应出现数值的回落。我国银行部门违约距离和网络自然连通度均与中国经济金融体系脆弱性时段呈较强的顺周期性。由于网络自然连通度能够恰当而及时地反映中国经济金融体系网络的性能特征，该方法可用于中国监管当局对银行部门实施有效的逆周期审慎监管，防范因银行部门系统性风险过度积累而导致危机的产生。

此外，基于存量流量一致分析框架和未定权益分析法结合所构建的经济金融体系复杂网络分析模型和以系统重要性分值对各银行违约距离赋权转换后的银行网络结构，本章还结合中国数据仿真模拟了不同资产性质、波幅和冲击分配方式对网络性能的影响。其中，本章重点研究了随机冲击分配策略、等效应冲击分配策略和选择性冲击分配策略中的强强分配、强弱分配和弱弱分配三种子策略的分配冲击场景。得出结论：固定资产价格和银行部门股价对网络的冲击力最强，而选择性冲击分配策略中的强强分配子策略会加速网络毁损。这意味着，在中国复杂的金融网络中，当关键节点受冲击时，其网络承受能力比对全部节点等分配冲击时更脆弱。这一原因并不仅在于资产规模，同时还源于风险关联网络中节点所处的传染地位。在固定资产价格与股票价格的波动过程中，对其的侧重关注顺序是固定资产价格和银行部门股票价格。这一结论在现实中十分有意义。

综上所述，本章从宏微观和时间截面两个维度研究了中国经济金融系统网络性能，可为宏观审慎监管的进一步推进提供借鉴意义：在宏微观结合维度，通过核算方程和行为约束方程，不仅明确考虑了存量流量核算一致性，而且强调了货币金融体系的重要性，为从宏观审慎宏微观衔接角度构建经济金融体系网络模型提供了新的借鉴思路；在时间维度上，通过网络自然连通度数据，密切关注承受系统性风险冲击能力的动态变化，可以对逆周期宏观审慎政策审时度势地实施加以辅助；在截面维度上，对处于风险传染重要地位的银行应考虑实施更加严厉的监管。

7 基于深度前馈网络的我国商业银行流动性监测指标评价

　　尽管由华尔街金融海啸所引发的全球金融危机已过去近 10 年，但全球范围内对流动性风险监测的广泛关注和对危机后流动性调节效果的深刻反思并没有终止。商业银行作为一国经济金融体系流动性调节中枢的同时，在市场上扮演着流动性创造者与消耗者的双重角色，为流动性总量在部门和期限之间实现有效配置提供中介平台（Bonner，2012；崔婕等，2018）。商业银行自身天然存在资产负债期限错配问题，使得流动性风险被誉为商业银行所面临的致命风险，易由流动性短缺而引发流动性危机（梁枫，2018）。如何有效监测商业银行流动性成为学术界和实务界共同关注的焦点问题（陆磊等，2016；Banerjee 等，2017；刘晓星等，2014，2018）。

　　商业银行流动性指商业银行能够及时以充足资金或以合理成本应对资产增长或到期债务的偿付能力（Vento 等，2009）。对此，巴塞尔委员会基于危机后对银行流动性风险管理和监管框架的修订，于 2013 年 1 月发布了《巴塞尔协议Ⅲ：流动性覆盖率和流动性风险监测标准》

（以下简称《巴塞尔协议Ⅲ》），将流动性覆盖率和净稳定资金比例引入，尝试作为全球统一的监管指标。银监会 2009 年制定并颁布了《商业银行流动性风险管理指引》，初步确立了我国商业银行流动性风险监管制度框架。我国是较早且严格执行《巴塞尔协议Ⅲ》中流动性覆盖率要求的国家，2014 年 3 月就将流动性覆盖率、存贷比和流动性比例作为流动性风险监管指标，并颁布了《商业银行流动性风险管理办法（试行）》。2015 年 9 月，根据《中华人民共和国商业银行法》修订的进展，将存贷比由监管指标调整为监测指标。2018 年 5 月，中国银保监会发布了《商业银行流动性风险管理办法》，引入了净稳定资金比例、优质流动性资产充足率及流动性匹配率三个新的流动性风险监管指标。监管制度的制定、发布与不断修订，一方面体现出我国商业银行流动性风险管理在监管部门的重视下日益完善，另一方面也反映出商业银行流动性管理任务日趋严峻。

综合来看，商业银行流动性管理在流动性监测指标体系构建、流动性风险随时间积累引致测度方法有效性的改变，以及与宏观经济金融环境变化的结合三方面还存在探讨空间。第一，监管指标是商业银行运作过程中必须达到的硬性标准，而流动性监测则是流动性管理的基础，是防范和化解流动性风险的基础性建设。虽然《巴塞尔协议Ⅲ》试图强调将流动性覆盖率和净稳定资金比例作为全球统一的监管指标，但二者计算的复杂性以及对"稳定资产"概念的实际分类问题使得上述指标在许多估算中作用不大；银行通常不会将其信息、数据集提供给外部研究人员，从而导致外部估算者对流动性覆盖率和净稳定资金比例的计算相对困难，不利于风险监测（Madjid 等，2018）。探寻构建与最新监管指标相衔接且符合我国商业银行实际情况的流动性监测指标体系，具有积极的现实意义。第二，流动性风险在时间维度积累过程中，测度方法的有效性可能发生改变，但目前相关研究的关注不够（高波和任若恩，2015；刘晓星等，2016）。第三，流动性监测指标体系架构具有整体性，不应仅强调单个银行机构的微观审慎监管，还应引入宏观审慎思想，综合考虑宏观经济金融环境变化所带来的反馈效应。事实上，《巴塞尔协议Ⅲ》已经提出将杠杆率指标作为风险资本管理和资本充足率监管的有效补充，以引入新的流动性风险监测指标；杠杆率和流动性及其交互影响同是《巴塞尔协议Ⅲ》重点关注的内容。

于我国而言，杠杆率调整自 2015 年中央经济工作会议开始已被明确为经济工作的一项重要任务。杠杆率调整的不同进程必然会对银行业务产生不同影响，进而导致银行流动性变化带有阶段性特征[①]。那么基于杠杆率调整进程的不同时段，我国商业银行流动性监测评价算法的有效性是否具有阶段性？流动性监测指标体系的构成是否应随杠杆率调整阶段的变化而改变？针对不同性质银行的流动性监测指标体系是否存在差异？基于上述问题，本章将分别以我国国有控股商业银行和股份制商业银行作为研究对象，深入探讨杠杆率调整过程中我国商业银行流动性监测指标选取和评价算法的有效性和阶段性，分析在不同类型银行背景下是否具有显著差异。在方法选取上，将基于深度前馈网络比较不同算法下的计算结果。

7.1 相关文献回顾

从研究方法看，传统的银行流动性监测评价主要涉及静态指标法、动态匹配法和模型分析法。随着机器学习乃至深度学习技术的崛起和不断应用，近期国内外学者也开始使用相关算法展开研究。

7.1.1 静态指标法

在《巴塞尔协议Ⅲ》将流动性覆盖率和净稳定资金比例引入监管框架之前，传统的流动性监测评价方法多以静态期限匹配为目标（隋洋和白雨石，2015），通过配置银行资产负债，构建流动性监测指标体系，即静态指标法（Peter，1996；丹尼斯·黄，1998）。静态指标法问题的焦点在于指标体系中有效指标的选取。从既有文献看，国内外相关研究主要基于银行自身经营状况对指标进行筛选。经多次修订，2018 年 5

---

① 当大部分机构和投资者采取主动或被动去杠杆的方式以减少负债时，会在一定程度上减少银行的贷出款项，并伴随多种不确定因素对银行的流动性产生影响。从图 7-1 可以看出，我国商业银行流动性随银行杠杆率的变化也呈现出阶段性特征，并在 2016 年前后出现明显的斜率改变。

月，我国《商业银行流动性风险管理办法》提出以流动性缺口率、核心负债比例和存贷比等 9 项指标作为流动性风险监测的参考指标[①]。其间，学界和相关部门对上述指标体系构成的可行性和适用性进行了多次争论，如在指标选取上考量超额备付金比率（Magnus，2006；谢志华和杨瑾，2007）、银行总资产增速和其他存款性公司资产负债表扩张率（Adrian 等，2007；北京大学中国经济研究中心宏观组，2008；王晓枫等，2012）、（现金+有价证券）/总资产表示流动性比例（Kashyap 等，2002；Getev 等，2009）、次级负债和权益的比值（Klomp，2012）、在流动性资产和总资产的比值的衡量范围选择上将表外业务纳入其中（Chatterjee，2015），贷款和核心存款的比值（Young，Jang，2016），资本充足率（崔婕等，2018）等指标加入的有效性；在评价方法上使用方差最大化组合赋权法（付强等，2013）、因子分析法（钟永红和曹丹蕊，2013；解晓洋和童中文，2013）以及概率分布计算（顾晓安和朱书龙，2016）等进行检验。谨慎处理流动性风险并通过有效和系统的方法正确评估流动性风险是非常重要的。流动性风险的评估需要确定可以明显表征该机构风险的关键指标。每家银行应选择一组最能表征该银行的资金状况和策略的指标加以监测（Matz，2007）。虽然对指标选取的争论至今仍未停息，但外部环境变化与商业银行流动性状态的联系一直被忽视（巴曙松，2012；刘志洋和宋玉颖，2015；梁枫，2018；崔婕等，2018）。

7.1.2 动态匹配法

动态匹配法主要通过现金流量法和缺口分析法实现对商业银行流动性的监测（Musakwa，2013）。早在 1998 年，丹尼斯·黄即通过对美国商业银行的流动性分析指出，现金流量法是通过比较银行短期内资金的来源和使用来衡量流动性的方法；融资缺口为存贷款平均额之差，差额扩大将预示商业银行存在流动性风险。鲍红波（2006）基于对我国商业银行的分析提出，在使用现金流量法时需对实际现金流与潜在现金流进

---

① 2018 年 5 月，我国《商业银行流动性风险管理办法》中提出的 9 项流动性风险监测参考指标为：流动性缺口、流动性缺口率、核心负债比例、同业融入比例、最大十户存款比例、最大十家同业融入比例、超额备付金率、重要币种的流动性覆盖率和存贷比。

行区分，以预测商业银行的流动性。现金流量法不仅包括融资缺口分析还包括累计融资需求和运用到期日梯度计算的净融资需求等（Gianfranco，2009）。李琦和欧阳谦（2004）、郭德维（2009）认为融资缺口分析仅适用于利率波动频繁的市场环境，对我国的借鉴意义有限。沈沛龙和闫照轩（2011）、周凯和袁媛（2014）等基于我国银行业实际，将高质量流动性资产、净流动性缺口以及净流动性缺口占总资产的比重三项指标加入传统流动性缺口管理指标中，在考虑银行资产质量和流动性等级的同时实现了对银行流动性风险的横纵向比较。虽然相对于静态指标法，动态匹配法能够在一定程度上反映商业银行流动性的动态变化，但由于对潜在现金流估测主观性较强，且不易划分资产负债流动性等级，降低了动态匹配法对商业银行流动性监测的准确性。

7.1.3　模型分析法

使用模型分析法监测银行流动性的国外研究成果相对丰富，模型包括基于成本最小化目标函数的引入（Kusy 等，1986；Furfine，2000；Zhang，2008）、随机规划模型（Seshadri 等，1999）、商业银行流动性决策模型（Kashyap 等，2002）、极值理论模型（Evan Sebastian 等，2005）、系统风险调整流动性模型（Andreas，2014），以及采用非试验设计方式（Mwesigwa，2016）。鉴于数据限制等原因，我国学者对商业银行流动性监测的模型分析研究主要围绕系列 VAR 模型和极值理论展开，在基于流动性调整的 VAR 模型构建和计量方法的有效性评价等方面做出了贡献，如刘晓星等（2006，2010，2017）、季教民等（2009）、李研妮和冉茂盛（2011）、刘志洋和宋玉颖（2015）、梁枫（2018）、崔婕等（2018）。

金融体系是一个嘈杂的、具有非参数特点的动态系统（Huang 等，2009；Cavalcante 等，2016），其往往具有一系列复杂而非线性的特征，对金融数据进行分析与预测一直是金融领域中一项极具挑战性的工作。机器学习和深度学习都能够较容易地设置仅基于银行账面价值或资产负债表中提供的原始数据而无需任何预定义功能就能够提醒流动性风险的简单、实用、易于控制和可分析的系统（Dixon 等，2016）。遗憾的是，国内使用该方法评价商业银行流动性监测的研究并不多见（任飞和聂溱，2007；唐佳和吉余峰，2010；苏治，2017）。传统机器学习方法需要依赖于人工特征设计（Arel 等，2010），深度学习由神经网络输出层和输入层以及两者之间的一系列堆叠隐藏层构成（Schmidhuber，2015），通过多层神经网络的学习能有效捕捉复杂工作所需的非线性特征（Fehrer 等，2015）。Madjid 等（2018）借助深度前馈网络框架，基于多种优化算法下的神经网络（ANN）和贝叶斯网络模型（BN）两阶段分析方法，阐释了数据挖掘在构建银行流动性风险监测模型方面的适用性和准确性，为如何与指标法融合，从而在我国商业银行流动性监测领域进行应用带来新的思路。同时，商业银行流动性管理牵涉面广泛，宏观经济形势和金融事件等外部环境的变化都可能对商业银行流动性风险造成影响，商业银行流动性监测管理系统应是一个可以同时感知宏观经济金融环境和单个银行资产负债结构的有机组合和系统工程（董建萍，2015）。结合我国当前杠杆率调整进程，将深度前馈网络学习与指标评价相匹配，能够在一定程度上突破由静态期限匹配向动态现金流匹配目标转换（《巴塞尔协议Ⅲ》，2013）过程中数据可得性和测算方法的"瓶颈"，并体现对我国宏观经济金融重要环境变化的关注。

7.2 模型构建与数据描述

7.2.1 建模思路与算法原理

深度前馈网络（Multilayer Perceptron，MLP，也称多层感知器）是一种近年来被广泛应用的典型深度学习模型（Szegedy，2015），具有自动基于数据提取特征表示抽象级别的性能，当模型深度较浅时仍能通过增加模型宽度提高准确率（王亚和朱明，2016）。考虑银行流动性风险形成机制的复杂性及影响因素的多样性，指标和评价方法的有效选择尤为重要。MLP 中每一层的权重和阈值可以由监督学习或者无监督学习过程来决定（Bengio，2013）。本部分基于 MLP 模型，在借鉴 Madjid 等（2018）ANN-BN 两阶段分析方法和既有指标选取成果的基础上，研究我国商业银行流动性监测。与 Madjid 等（2018）不同，本部分的研究不再以单一银行为目标进行考量，而是分析不同类型银行背景下的规律性与差异性；不仅探讨算法的静态适用性，而且引入外部环境影响探讨杠杆率调整进程中有效性的改变。

模型结构设计和训练是 MLP 准确拟合复杂映射函数的关键。ANN 模型设计的关键在于对元素权重的更新，而 BN 模型设计的关键则在于先验分布。模型训练主要是指选取优化算法训练模型。二阶优化算法中，迭代算法（Levenberg-Marquardt，LM）主要用于无约束的多维非线性规划问题，通过在高斯-牛顿算法（Gauss-Newton，GN）和梯度下降算法（Gradient Descent，GD）之间插值加快一阶牛顿法的收敛，从而抑制过度拟合。虽然 LM 算法比 GN 算法更优，但它只能找到局部最小值，而不一定是全局最小值。遗传算法（Genetic Algorithm，GA）通过生成随机向量作为随后应用交叉和变异的权向量，输出向量使用输入和权重计算，输出值与目标值之间的差异作为成本引入，通过选择成本最低的遗传算法搜索至权重演变为适当的最终解决方案。GA 算法的实现强调数据集足够方便，全局搜索能力较强，但是 GA 算法容易过早收敛，搜索效率相对于 LM 算法较低。何种算法在监测我国商业银行流动性方面更具优势，需根据市场实际情况进行测算比较。在 BN 部分的算法选取方面，主要依既有研究结论讨论爬山算法的适用性，以形成指标体系内的联结关系。

考虑到《巴塞尔协议Ⅲ》对流动性覆盖率和净稳定资金比例监管标准的引入，银行通常需考虑 30 天的流动性策略时间范围，并在面临流动性短缺时立即援引其他资金来源。MLP-ANN-BN 分析框架下的映射函数采用自回归模式进行配置。

模型构建的研究目标可总结为：在 MLP-ANN-BN 分析框架下，①比较 LM 算法和 GA 算法对我国商业银行流动性监测的有效性，两种算法下国有控股商业银行和股份制商业银行对算法的倾向是否具有一致性；②识别我国商业银行流动性监测指标体系和指标间关联；③说明在我国杠杆率调整进程中，商业银行流动性监测评价算法的有效性和流动性监测指标体系构成是否随之改变。

7.2.2 指标选取

（1）输入变量

在《巴塞尔协议Ⅲ》流动性计量标准的基础上，结合中国商业银行流动性监管实践和规则要求，权衡数据的可得性和可比较性，综合选取以下 9 个代表性指标（详见表 7-1）作为输入指标。

在表 7-1 中，为了简化表述，以 Z 代表"正在评估的银行"，Q 代表"其他银行"。选取 X1 是考虑到我国《商业银行流动性风险管理办法》中的流动性风险监测参考指标含有流动性缺口和流动性缺口率，而在 MLP-ANN-BN 框架中流动性比率将被作为输出指标，故以速动比率衡量商业银行流动资产中立即变现用于偿还流动负债的能力；X2 的选择源自《巴塞尔协议Ⅲ》，反映商业银行承受风险的能力以及对负债的最后清偿能力；选取 X3 是考虑负债的增加可能导致净资产收益率的上升，银行将有更多的钱投资于其他项目，从而对银行流动性产生间接影响（Pavla，2011）；X4 主要衡量存贷比的变化对我国商业银行流动性的影响；X5 是不良贷款率，不仅反映商业银行信贷资产的安全状况，还是体现信用风险积累和变化情况的重要指标，主要用于评价商业银行财务的稳健性和对信贷风险的防范能力，能够直接影响我国商业银行的流动性；X6 是美联储计量商业银行流动性的静态指标，此处用于衡量存款期限结构对我国商业银行流动性的影响；X7 和 X8 反映了信贷业务交互作用对流动性的影响（Madjid 等，2018），也是对同业融入情况的反映；X9 选自我国《商业银行流动性风险管理办法》中的流动性风险监测参考指标，现金及存放中央银行款项是商业银行持有或要求持有的用于承担风险敞口、业务损失等风险的资金，能直接影响银行的流动性。

（2）输出变量

选取流动性比例为输出变量。与 Madjid 等（2018）一致，该指标能够较好地反映商业银行流动性水平及流动性风险状况在监管状态下的变化趋势（刘晓星，2017），在模型中记为 X10=流动性比例=Z 的流动性资产/Z 的流动性负债，函数设定为 L（X10）：当 X10<1 时，L（X10）=1-X10；其他为 0，采用自回归模式进行配置。

表 7-1　　　MLP-ANN-BN 分析框架下我国商业银行流动性监测输入指标

指标序号	指标名称	计算方法	风险来源
X1	速动比率	Z 的速动资产/Z 的流动性负债	资产类
X2	核心资本充足率	Z 的核心资本净额/Z 的加权风险资产总额	资产类
X3	ROE	Z 的净利润占银行自有资本份额	资产类
X4	存贷比	Z 的总贷款/Z 的总存款	贷款类
X5	不良贷款率	Z 的不良贷款/Z 的贷款总量	贷款类
X6	存款结构比率	Z 的活期存款/Z 的定期存款	存款类
X7	——	Z 在 Q 的信贷/Z 的流动性资产	拆借类
X8	——	Z 在 Q 的信贷/Q 在 Z 的信贷	拆借类
X9	超额备付金率	(Z 在中央银行的超额准备金存款+库存现金)/各项存款	准备金类

注：Z 代表"正在评估的银行"，Q 代表"其他银行"。

（3）杠杆率变化作为外部环境的影响

《巴塞尔协议Ⅲ》规定，杠杆率和流动性及其交互影响同是重点关注的内容。国内外学者在杠杆率、流动性和银行经营绩效关系方面取得了相关成果（Flannery 和 Rangan，2002；Sufian，2009；宋琴和郑振龙，2011 等）。巴曙松（2012）则提出，如果将杠杆率监管、资本管理办法和流动性监管标准综合来考查商业银行，则会从客观上增加经营成本、降低收益水平，需要银行净利差保持在较高水平方能实施。很明显，在降低社会融资成本的现行背景下，并不适宜将杠杆率指标纳入我国商业银行流动性监测指标体系中。考虑上述因素，本部分仅以集多种宏观因素影响后形成的商业银行杠杆率（X11）[①] 的变化作为影响商业流动性的外部环境，并以阶段分析方式研究杠杆率调整进程中，上述 MLP-ANN-BN 分析框架下的商业银行流动性监测评价算法的有效性和流动性监测指标体系构成是否随之改变。

---

　　① 根据《巴塞尔协议Ⅲ》和我国《商业银行杠杆率管理办法》的规定，商业银行杠杆率为净一级资本与全部风险暴露（即调整后表内外资产余额）之比。X11=银行杠杆率=净一级资本/调整后表内外资产余额。

7.2.3　数据来源与样本区间

考虑到美国次贷危机影响后的修复，本部分选择 2010 年第四季度至 2017 年第四季度作为研究的全样本区间。全样本的子样本阶段划分将根据对杠杆率调整进程的梳理和随后的断点检验分析给出。所有指标数据根据样本银行季度财务报告整理得出，来源于 Wind 数据库。同时，考虑到 MLP-ANN-BN 分析框架下模型的深度，借鉴 Madjid 等（2018）采用插值法三次插值增加样本数量。书中对所有输入和输出变量都进行标准化处理。

样本银行选择 5 家国有控股商业银行，分别是中国工商银行、中国建设银行、中国银行、中国农业银行和交通银行；7 家股份制商业银行，分别是招商银行、中国光大银行、中国民生银行、兴业银行、浦发银行、中信银行和华夏银行，在实证过程中进行分类讨论。

7.3　学习结果与分析

7.3.1　杠杆率调整阶段划分的断点确认

从对我国杠杆率调整进程的梳理可以看出 2015 年年底至 2016 年年初可能是子阶段划分的重要起点。随着经济杠杆率调整要求的实施，我国商业银行流动性随银行杠杆率的变化也呈现出阶段性特征，并在 2015 年年底前后出现明显的斜率改变。所以 2015 年第四季度至 2017 年第四季度可能形成全样本区间中的一个子样本阶段。对于子样本阶段的判定也可使用断点检验加以辅助①。结果表明，全样本区间的两个子样本区间分为 2010 年第四季度至 2015 年第三季度（第 1 阶段）和 2015 年第四季度至 2018 年第一季度（第 2 阶段），对全样本区间和子样本区间数据均采用相同模式算法进行比较分析。

---

① Chow 断点检验结果也表明 2015 年第四季度存在断点。

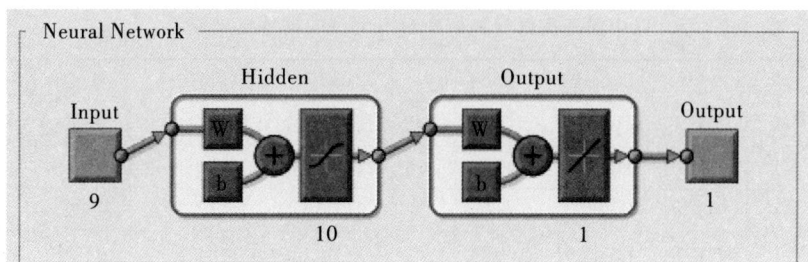

图 7-1 三层 MLP 网络架构

7.3.2 网络结构

选择具有一个隐藏层的三层 MLP 架构，将输入变量 X1 至 X9、输出变量 X10 和流动性风险函数 L（X10）纳入，数据分为训练（70%）、验证（15%）和测试（15%）三组（如图 7-1 所示）。基于全样本和子样本区间，通过 LM 算法和 GA 算法对 12 家银行进行反复测试，以均方误差（MSE）、目标值与输出的相关系数（R）、平均值（μ），残差标准差（σ）等之间的相关性来选择网络。

全样本和子样本区间分析结果均表明，9-10-1 结构的 MSE 和 σ 比其他结构小，且 LM 算法本身有抑制过度拟合的优点，所以选取比其他三层结构在质量方面表现得更好的 9-10-1 对样本进行学习。鉴于篇幅有限，表 7-2 以中国工商银行和招商银行分别作为国有控股商业银行和股份制商业银行的代表，报告 LM 优化算法下的网络结构分析结果。

7.3.3 神经网络训练与算法性能比较

基于测算出的 9-10-1 结构，分别使用 LM 算法和 GA 算法对 5 家国有控股商业银行和 7 家股份制商业银行进行全样本和子样本（第 2 阶段）区间的分析。

表 7-3 给出了全样本区间和子样本区间（第 2 阶段）国有控股商业银行在两种优化算法下输出值与目标值之间的相关系数、均方误差、均方根误差、平均值和残差标准差方面的比较。从对比结果看，全样本区间内 LM 算法下的国有控股商业银行的输出值与目标值相关性优于 GA

表 7-2　　以中国工商银行和招商银行为例的网络结构展示

中国工商银行					招商银行				
结构	MSE	σ	R	次数	结构	MSE	σ	R	次数
9-1-1	8.20E-04	2.86E-02	0.98807	43	9-1-1	3.02E-03	5.41E-02	0.97976	76
9-2-1	5.95E-04	2.39E-02	0.98864	21	9-2-1	9.92E-04	3.18E-02	0.99205	22
9-3-1	1.41E-04	1.08E-02	0.99800	27	9-3-1	3.52E-04	1.87E-02	0.99721	43
9-4-1	1.16E-04	1.09E-02	0.99822	29	9-4-1	6.86E-05	8.41E-03	0.99939	93
9-5-1	1.32E-06	1.16E-03	0.99998	185	9-5-1	1.14E-05	3.25E-03	0.99990	164
9-6-1	8.96E-07	9.55E-04	0.99998	111	9-6-1	2.37E-06	1.56E-03	0.99997	222
9-7-1	2.16E-05	4.67E-03	0.99972	31	9-7-1	3.61E-06	1.85E-03	0.99998	97
9-8-1	1.81E-08	1.30E-04	1	505	9-8-1	1.39E-05	3.78E-03	0.99990	42
9-9-1	5.89E-08	2.38E-04	1	321	9-9-1	3.24E-07	5.59E-04	1	78
9-10-1	7.57E-09	8.71E-05	1	758	9-10-1	2.56E-09	5.02E-05	1	855
9-11-1	8.36E-08	2.92E-04	1	249	9-11-1	2.01E-08	1.44E-04	1	509
9-12-1	1.23E-08	1.12E-04	1	175	9-12-1	4.93E-08	2.25E-04	1	437
9-13-1	1.05E-08	9.19E-05	1	795	9-13-1	5.13E-07	6.90E-04	1	67

算法下的模拟效果，且 LM 算法下的均方误差、均方根误差、平均值和残差标准差小于 GA 算法下的结果，这说明 LM 算法在监测国有控股商业银行流动性方面比 GA 算法更具优势。子样本区间，即我国杠杆率调整进入重点关注时期后，结果显示 LM 算法相对于 GA 算法的优势并没有改变。

同理，表 7-4 分别给出了全样本区间和子样本区间下股份制商业银行在两种优化算法下输出值与目标值之间的相关系数、均方误差、均方根误差、平均值和残差标准差方面的比较。从对比结果来看，全样本区间下 LM 算法下银行的输出值与目标值的相关系数均为 1，GA 算法下兴业银行、浦发银行和中信银行的输出值和目标值的相关系数在 0.97 左右，相比招商银行、中国民生银行、中国光大银行和华夏银行的模拟效果要好；在均方误差、均方根误差、平均值和残差标准差方面 LM 算法要比 GA 算法下小得多，所以对股份制商业银行而言，LM 算法在监测流动性方面比 GA 算法更具优势，且杠杆率调整进程中算法的效力没有发生改变。

表 7-3

国有控股商业银行 LM 算法与 GA 算法比较

银行	算法	数据	全样本区间				子样本区间			
			R	MSE	μ	σ	MSE	μ	σ	R
中国工商银行	LM	训练数据	1	6.88E-11	2.63E-08	8.32E-06	9.83E-11	-2.83E-08	1.00E-05	1
		验证数据	1	1.67E-09	-8.67E-06	4.05E-05	5.89E-10	-3.40E-07	2.57E-05	1
		测试数据	1	7.57E-09	1.41E-05	8.71E-05	3.02E-09	1.52E-05	5.60E-05	1
	GA	训练数据	0.8957	1.02E-02	6.14E-02	8.03E-02	2.36E-02	5.36E-02	1.46E-01	0.8855
		验证数据	0.9165	8.68E-03	7.54E-02	5.56E-02	1.58E-02	8.23E-02	1.01E-01	0.9379
		测试数据	0.9543	1.05E-02	5.94E-02	8.46E-02	8.24E-03	-1.80E-02	9.51E-02	0.9861
中国农业银行	LM	训练数据	1	1.61E-09	-3.01E-08	4.03E-05	1.25E-10	-3.87E-08	1.13E-05	1
		验证数据	1	2.08E-07	-1.71E-08	4.29E-04	1.02E-08	3.29E-05	1.01E-04	1
		测试数据	1	1.40E-07	-1.25E-04	3.58E-04	5.03E-09	4.81E-05	5.53E-05	1
	GA	训练数据	0.9637	6.24E-03	2.00E-02	7.67E-02	7.39E-03	-2.42E-02	8.35E-02	0.9592
		验证数据	0.9611	5.91E-03	2.26E-02	7.45E-02	8.37E-03	-1.69E-02	9.54E-02	0.9405
		测试数据	0.9881	3.69E-03	7.14E-03	6.12E-02	1.55E-02	3.60E-02	1.33E-01	0.9387
中国银行	LM	训练数据	1	5.69E-10	-1.30E-08	2.39E-05	1.57E-09	1.03E-06	4.01E-05	1
		验证数据	1	1.15E-08	3.39E-05	1.03E-04	2.17E-08	-5.67E-05	1.44E-04	1
		测试数据	1	7.58E-09	-4.77E-06	8.83E-05	1.95E-07	-2.20E-04	4.05E-04	1
	GA	训练数据	0.9444	7.18E-03	-1.07E-03	8.50E-02	5.07E-03	2.07E-02	6.90E-02	0.9545
		验证数据	0.9476	7.46E-03	-2.24E-02	8.47E-02	9.43E-03	5.30E-02	8.63E-02	0.9721
		测试数据	0.9466	8.16E-03	1.04E-03	9.17E-02	1.23E-02	-3.14E-02	1.14E-01	0.9218
中国建设银行	LM	训练数据	1	1.35E-09	3.55E-08	3.69E-05	3.31E-09	-8.32E-07	5.83E-05	1
		验证数据	1	8.99E-09	-1.93E-05	9.42E-05	1.22E-07	2.20E-04	2.89E-04	1
		测试数据	1	3.27E-08	-2.11E-06	1.84E-04	3.22E-07	2.81E-04	5.23E-04	1
	GA	训练数据	0.9108	1.33E-02	3.59E-02	1.10E-01	2.53E-02	-2.24E-02	1.60E-01	0.8786
		验证数据	0.9157	7.17E-03	2.16E-02	8.31E-02	1.33E-02	-4.58E-02	1.12E-01	0.8407
		测试数据	0.8709	2.02E-02	1.36E-02	1.44E-01	3.38E-01	-1.37E-02	1.32E-01	0.9313
交通银行	LM	训练数据	1	9.76E-09	2.91E-07	9.91E-05	2.31E-11	3.20E-08	4.87E-06	1
		验证数据	1	7.01E-08	4.58E-05	2.65E-04	5.98E-06	8.42E-04	2.44E-03	0.9998
		测试数据	1	1.30E-07	1.77E-04	3.18E-04	1.05E-05	1.91E-03	2.78E-03	0.9997
	GA	训练数据	0.7502	2.27E-02	8.70E-03	1.51E-01	1.70E-02	1.48E-02	1.31E-01	0.7562
		验证数据	0.7930	1.63E-02	2.88E-02	1.26E-01	1.31E-02	3.08E-02	1.17E-01	0.8014
		测试数据	0.7837	3.26E-02	2.13E-02	1.82E-01	2.17E-02	1.80E-02	1.56E-01	0.6378

表 7-4　股份制商业银行 LM 算法与 GA 算法比较

银行	算法	数据	全样本区间				子样本区间			
			R	MSE	μ	σ	R	MSE	μ	σ
兴业银行	LM	训练数据	1	6.47E-10	4.27E-08	2.55E-05	1	7.12E-11	2.75E-08	8.55E-06
		验证数据	1	2.57E-08	2.35E-05	1.61E-04	1	9.99E-09	1.15E-05	1.05E-04
		测试数据	1	1.47E-08	2.22E-05	1.21E-04	1	7.87E-08	1.34E-04	2.61E-04
	GA	训练数据	0.9758	5.22E-03	4.52E-03	7.23E-02	0.9838	5.06E-03	-1.56E-02	7.03E-02
		验证数据	0.9709	7.76E-03	-1.30E-02	8.85E-02	0.9893	3.81E-03	-2.07E-02	6.17E-02
		测试数据	0.9703	5.01E-03	1.52E-02	7.02E-02	0.9418	4.35E-03	9.69E-03	6.97E-02
招商银行	LM	训练数据	1	4.01E-10	4.40E-08	2.01E-05	1	5.02E-10	-3.70E-09	2.27E-05
		验证数据	1	7.86E-09	-1.04E-05	8.94E-05	1	3.20E-07	4.56E-05	5.98E-04
		测试数据	1	1.91E-07	1.49E-04	4.17E-04	1	1.38E-07	8.34E-05	3.83E-04
	GA	训练数据	0.9150	9.93E-03	-4.78E-03	9.99E-02	0.9680	1.07E-02	-1.07E-02	1.04E-01
		验证数据	0.9397	8.75E-03	-4.51E-02	8.32E-02	0.9890	4.29E-03	-3.51E-03	6.93E-02
		测试数据	0.9325	8.28E-03	-1.31E-02	9.14E-02	0.9754	6.10E-03	-3.91E-02	7.23E-02
浦发银行	LM	训练数据	1	2.74E-10	9.17E-10	1.66E-05	1	1.46E-09	-8.65E-07	3.87E-05
		验证数据	1	4.44E-09	2.93E-06	6.75E-05	1	5.22E-09	8.58E-07	7.66E-05
		测试数据	1	5.62E-09	-3.08E-05	6.93E-05	1	1.23E-07	3.61E-05	3.69E-04
	GA	训练数据	0.9706	9.92E-03	1.68E-02	9.85E-02	0.9657	4.53E-03	-1.79E-02	6.57E-02
		验证数据	0.9694	5.73E-03	-3.71E-03	7.68E-02	0.9704	6.62E-03	-2.60E-02	8.18E-02
		测试数据	0.9764	7.86E-03	1.19E-02	8.92E-02	0.9611	9.97E-03	-3.37E-02	1.01E-01

基于深度前馈网络的我国商业银行流动性监测指标评价

续表

银行	算法	数据	全样本区间				子样本区间			
			R	MSE	μ	σ	R	MSE	μ	σ
中国民生银行	LM	训练数据	1	4.25E-10	4.41E-08	2.07E-05	1	1.48E-10	-1.97E-08	1.23E-05
		验证数据	1	8.19E-09	2.91E-05	8.69E-05	1	3.65E-08	1.15E-04	1.61E-04
		测试数据	1	2.36E-09	-1.21E-05	4.78E-05	1	7.68E-08	-1.24E-05	2.94E-04
	GA	训练数据	0.9494	8.49E-03	-2.57E-02	8.88E-02	0.9802	2.81E-03	1.46E-02	5.16E-02
		验证数据	0.9652	7.84E-03	-5.42E-03	8.97E-02	0.9680	8.05E-03	3.99E-02	8.53E-02
		测试数据	0.9571	7.69E-03	-2.63E-02	8.49E-02	0.9856	6.57E-03	5.07E-02	6.76E-02
中信银行	LM	训练数据	1	6.43E-10	-3.49E-08	2.54E-05	1	2.20E-11	3.53E-08	4.75E-06
		验证数据	1	2.91E-08	-1.76E-06	1.73E-04	1	7.34E-07	-3.20E-04	8.43E-04
		测试数据	1	1.08E-07	-5.80E-05	3.29E-04	1	2.95E-08	-1.46E-05	1.82E-04
	GA	训练数据	0.9763	4.89E-03	2.87E-02	6.40E-02	0.9540	7.68E-03	1.78E-02	8.69E-02
		验证数据	0.9826	3.71E-03	1.77E-02	5.92E-02	0.9811	6.07E-03	2.42E-02	7.86E-02
		测试数据	0.9730	4.90E-03	1.89E-02	6.84E-02	0.9289	4.31E-03	1.75E-02	6.76E-02
中国光大银行	LM	训练数据	1	4.27E-10	2.91E-08	2.07E-05	1	2.53E-09	-2.91E-07	5.10E-05
		验证数据	1	1.13E-08	2.56E-05	1.05E-04	1	7.66E-09	-1.65E-05	9.11E-05
		测试数据	1	4.99E-09	-1.23E-05	7.06E-05	1	9.29E-07	3.00E-04	9.72E-04
	GA	训练数据	0.9370	7.01E-03	-3.72E-03	8.39E-02	0.9352	7.28E-03	-1.09E-02	8.57E-02
		验证数据	0.9567	5.03E-03	-4.29E-03	7.18E-02	0.9788	7.66E-03	-4.45E-02	7.99E-02
		测试数据	0.9255	8.56E-03	2.11E-03	9.39E-02	0.9602	5.97E-03	-5.70E-02	5.58E-02
华夏银行	LM	训练数据	1	6.75E-10	-1.71E-08	2.61E-05	1	2.58E-13	-1.60E-08	5.14E-07
		验证数据	1	9.61E-08	6.81E-05	3.07E-04	1	2.16E-10	1.06E-05	1.08E-05
		测试数据	1	3.45E-08	4.14E-05	1.84E-04	1	1.76E-11	4.39E-07	4.42E-06
	GA	训练数据	0.9482	9.70E-03	2.32E-02	9.60E-02	0.9626	7.85E-03	-4.25E-02	7.87E-02
		验证数据	0.9600	7.91E-03	2.03E-02	8.79E-02	0.9918	5.94E-03	-4.84E-02	6.36E-02
		测试数据	0.9669	8.48E-03	3.86E-02	8.49E-02	0.9686	1.04E-02	-8.25E-03	1.09E-01

　　进一步的，从算法在训练、验证和测试三个独立数据组上的性能和学习错误的下降趋势来看，无论是国有控股商业银行还是股份制商业银行，在杠杆率调整进程中都显示 LM 算法优于 GA 算法。考虑篇幅有限，下面仅以中国工商银行为例进行比较结果的图像展示（如图 7-2 和图 7-3 所示）。图 7-2 和图 7-3 分别表示了 LM 算法和 GA 算法的学习质量，三个数据组均由四个子图组成：图（a）显示输出值和目标值，用来比较学习模式（输出）与真实数据（目标）的相似程度。由于对所有数据都进行了标准化，所以纵轴取值范围是 0 到 1。图（b）描绘了输出与目标之间的相关性。图（c）提供了输出与目标之间的均方误差的图形表示。图（d）用于检查残差是否具有正态分布特征。

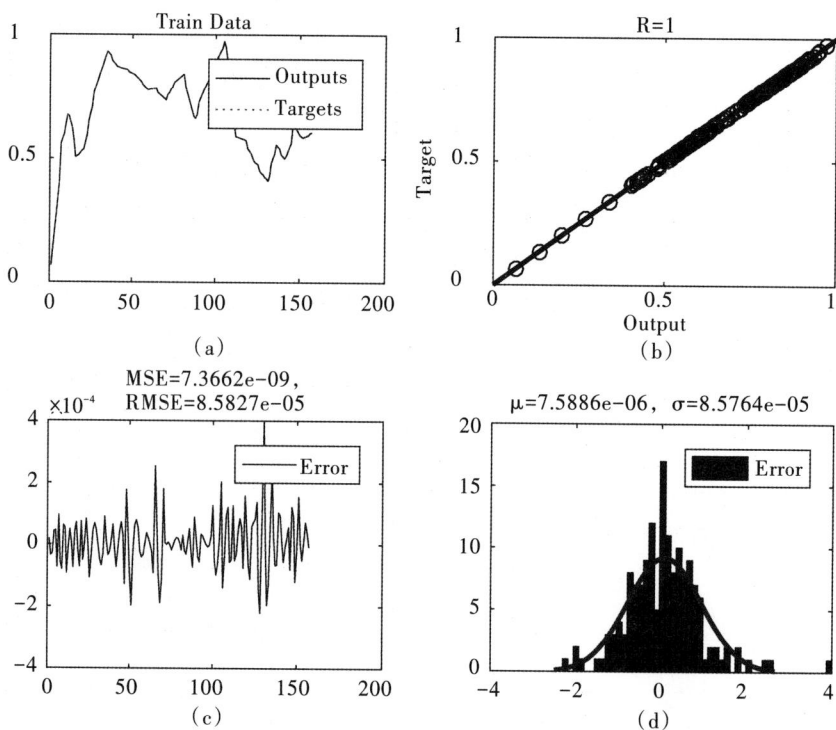

（1）训练数据学习过程评估

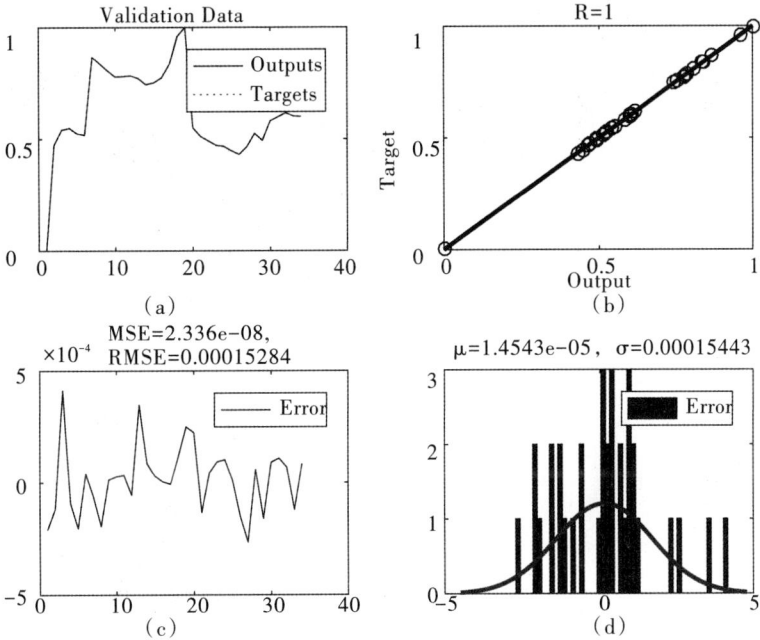

（2）验证数据学习过程评估

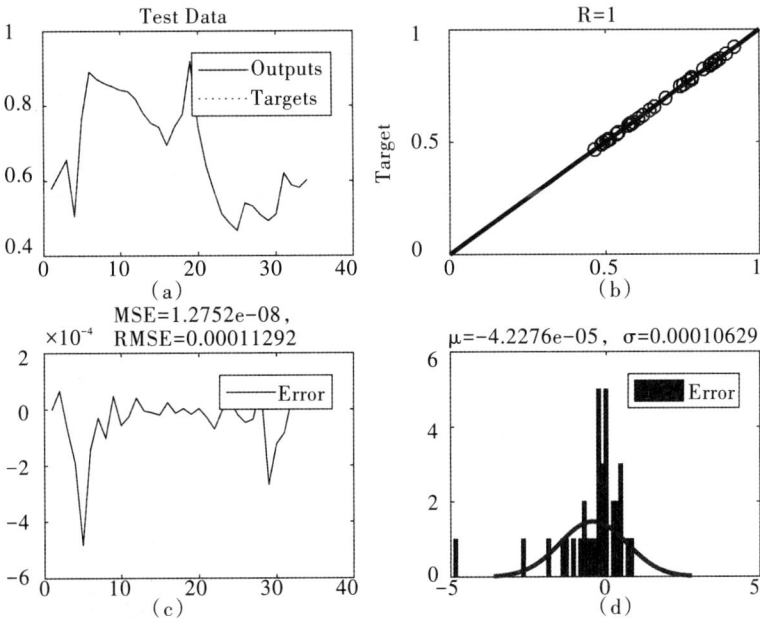

（3）测试数据学习过程评估

图 7-2　以中国工商银行为例 LM 算法在训练、验证和测试三个独立数据组上的性能

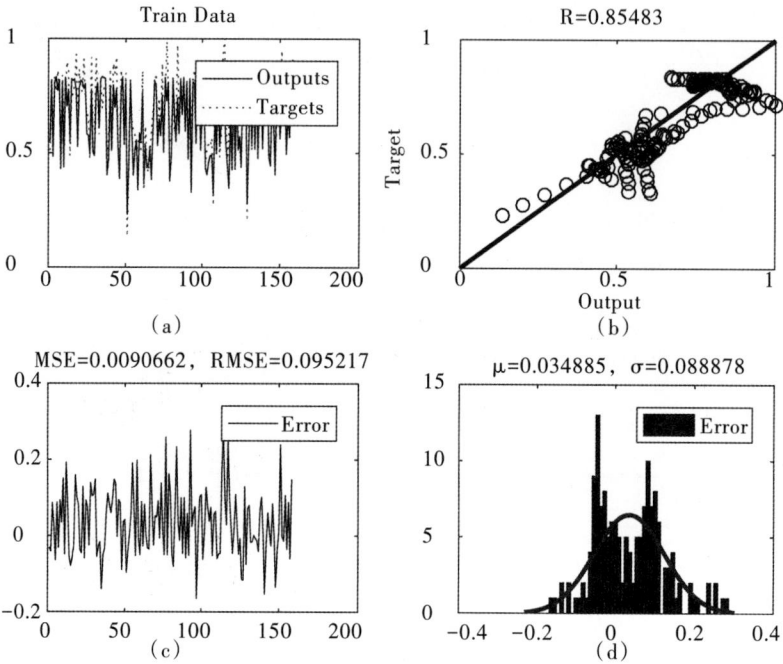

（1）训练数据学习过程评估

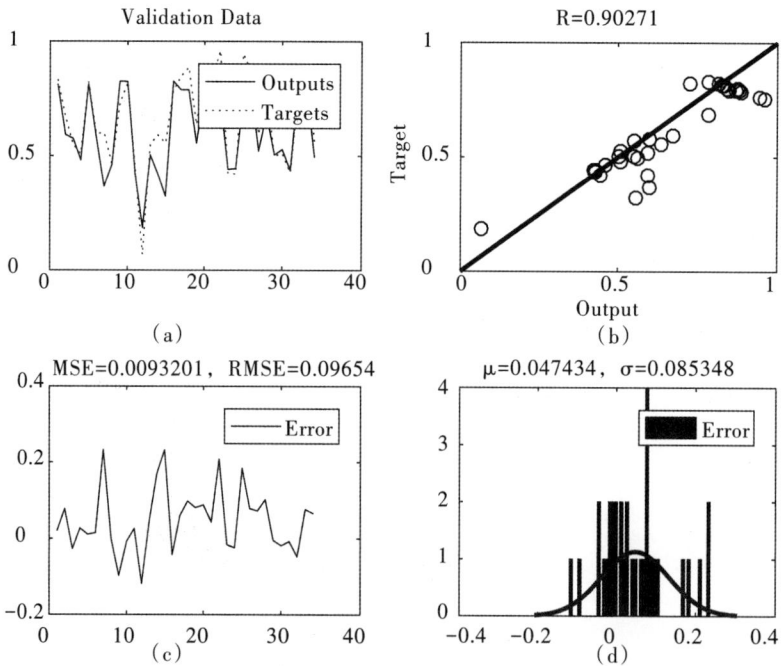

（2）验证数据学习过程评估

Test Data

Outputs
Targets

R=0.8687

Target

Output

（a）

（b）

MSE=0.0088209，RMSE=0.09392

Error

μ=0.011959，σ=0.094599

Error

（c）

（d）

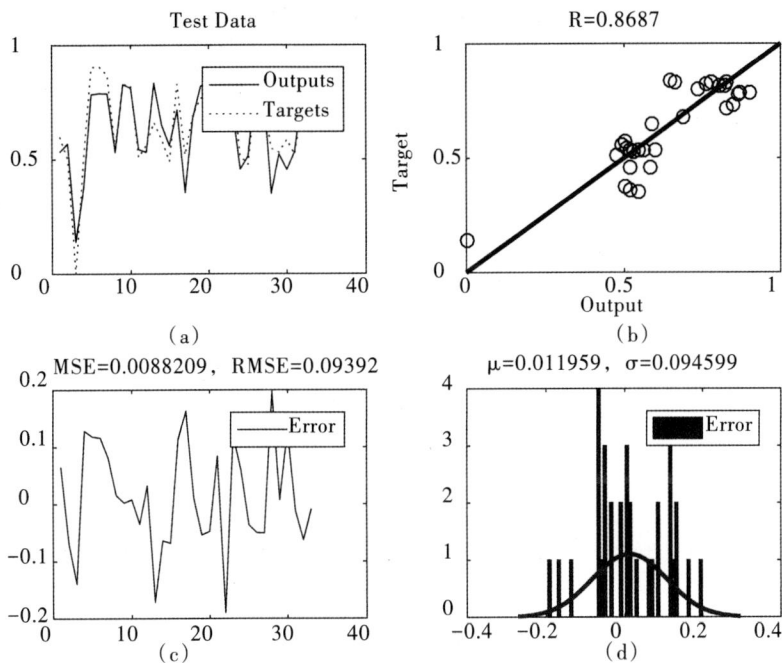

（3）测试数据学习过程评估

图 7-3　以中国工商银行为例 GA 算法在训练、验证

和测试三个独立数据组上的性能

　　图 7-4 和图 7-5 通过显示学习错误的下降趋势对 GA 算法和 LM 算法性能比较进行进一步的补充。图 7-4 是用 GA 算法训练网络时学习错误的下降趋势。图 7-5 是通过 LM 算法训练网络时训练数据、验证数据和测试数据相关的学习错误的趋势。

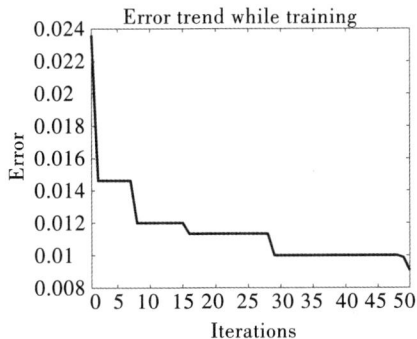

Error trend while training

Error

Iterations

图 7-4　GA 算法训练网络时学习错误的趋势

Best Validation Performance is 2.336e-08 at epoch 193

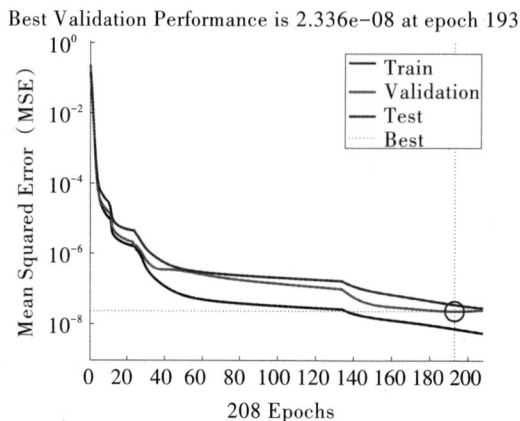

图 7-5　LM 算法训练网络时学习错误的趋势

7.4　杠杆率调整进程中商业银行流动性监测指标评价

本部分将先基于 MLP-ANN-BN 分析框架下的 ANN 筛选高学习效力指标，再基于 BN 形成优化后的指标体系，给出指标间的关联。

前述结果已经说明 LM 算法在监测我国商业银行流动性方面较 GA 算法更能准确地识别数据特征，无论处于何种杠杆率调整阶段。因此，在确定银行流动性监测指标效力时，我们统一采用了 LM 算法，同时考虑最优指标是否会在子样本区间内发生改变。

为了探究国有控股商业银行和股份制商业银行中能够较好学习银行流动性状态的指标组是否具有相似性，笔者基于 ANN 分别对 5 家国有控股商业银行和 7 家股份制商业银行进行了全样本区间和子样本区间（第 2 阶段）的测度，并依次给出学习效力排名前五的指标组合（见表 7-5 至表 7-8）。可以看出，在全样本进行测度阶段，学习效力最高的指标组不尽相同，国有控股商业银行中，中国工商银行和交通银行学习效力最高的指标组为 X4（存贷比）和 X5（不良贷款率），中国农业银行学习效力最高的指标组为 X2（核心资本充足率）和 X4（存贷比），中国银行学习效力最高的指标组为 X5（不良贷款率）和 X6（存款结构比率），中国建设银行学习效力最高的指标组为 X1（速动比率）和 X4（存贷比）；从学习效力排名前五的指标组合综合来看，除了中国农业银行外，X4 和 X5 均对国有控股商业银行的流动性有较高的学习效力；在股份制商业银行中，兴业银行学习效力最高的指标组为 X5 和 X6，招商银行为 X2 和 X5，浦发银行和中国光大银行为 X4 和 X5，中国民生银行为 X2 和 X6，中信银行为 X1 和 X2，华夏银行为 X4 和 X6，从学习效力排名前 5 的指标组合综合来看，除浦发银行外，X4 和 X6 均对股份制商业银行的流动性有较高的学习效力。

在子样本（第 2 阶段）测度阶段，与全样本区间相较，国有控股商业银行和股份制商业银行学习效力最高的指标组均表现出差异性：中国工商银行和交通银行为 X4（存贷比）和 X8（Z 在 Q 的信贷/Q 在 Z 的信贷），中国农业银行为 X2（核心资本充足率）和 X8（Z 在 Q 的信贷/Q 在 Z 的信贷），中国银行为 X1（速动比率）和 X6（存款结构比率），中国建设银行为 X2（核心资本充足率）和 X4（存贷比）；从学习效力排名前五的指标组合综合来看，由全样本区间下的 X4 和 X5 组合变化为 X4 和 X8。股份制商业银行中，兴业银行学习效力最高的指标组为 X2 和 X5，招商银行为 X1 和 X9，浦发银行为 X3 和 X4，中国民生银行为 X1 和 X8，中信银行为 X4 和 X6，中国光大银行为 X7 和 X8，华夏银行为 X6 和 X8，从学习效力排名前五的指标组合综合来看，由全样本区间下的 X4 和 X6 改变为 X6 和 X8。

上述结果说明，在全样本区间和子样本区间（第 2 阶段）内国有商业银行学习效力最高的指标变量虽然有所差异，但综合来看，全样本区间测试阶段 X4 和 X5 对国有控股商业银行流动性的学习效力表现出一定的稳定性；同样，子样本区间（第 2 阶段）测试阶段 X4 和 X8 对国有控股商业银行流动性的学习效力表现出较强的稳定性。在股份制商业银行中学习效力最高的指标变量同样表现出了差异性，全样本区间测试阶段 X4 和 X6 对股份制商业银行流动性的学习效力表现出一定的稳定性；子样本区间（第 2 阶段）测试阶段 X6 和 X8 对国有控股商业银行流动性的学习效力表现出较强的稳定性。这说明两种性质银行的指标筛选结果存在差异，且随着杠杆率调整进程的深入，银行间信贷业务交互作用对流动性的影响力日趋提升。

表 7-5　全样本区间下国有控股商业银行学习效力排名前 5 指标组

银行	输入指标	R	RMSE	μ	σ	训练性能	验证性能	测试性能	次数
中国工商银行	X4，X5	0.992540	0.023515	0.000122	0.023868	0.00053	0.00023	0.00055	140
	X1，X6	0.992490	0.022079	0.003264	0.022165	0.00033	0.00044	0.00049	74
	X5，X8	0.992090	0.022285	0.008201	0.021032	0.00030	0.00042	0.00050	103
	X4，X6	0.991920	0.021909	-0.004925	0.021670	0.00038	0.00076	0.00048	141
	X2，X6	0.988720	0.083138	-0.005996	0.025983	0.00130	0.00059	0.00069	60
中国农业银行	X2，X4	0.999260	0.010245	-0.001122	0.010337	0.00006	0.00009	0.00010	95
	X2，X6	0.998110	0.020158	0.004538	0.019936	0.00029	0.00046	0.00041	123
	X6，X8	0.996880	0.167060	-0.009344	0.026693	0.00260	0.00130	0.00078	71
	X1，X2	0.995540	0.025968	-0.003370	0.026135	0.00100	0.00260	0.00067	59
	X1，X6	0.995160	0.030817	-0.000774	0.031271	0.00078	0.00097	0.00095	53
中国银行	X5，X6	0.998070	0.016920	0.000509	0.017167	0.00017	0.00020	0.00029	70
	X4，X5	0.995980	0.024950	0.004417	0.024925	0.00072	0.00110	0.00062	91
	X1，X5	0.995800	0.025839	0.006412	0.025407	0.00054	0.00068	0.00067	83
	X4，X6	0.995330	0.024487	0.002552	0.024720	0.00023	0.00024	0.00060	95
	X6，X7	0.995080	0.023324	0.003267	0.023442	0.00014	0.00034	0.00054	112
中国建设银行	X1，X4	0.997080	0.019171	-0.004902	0.018812	0.00043	0.00120	0.00037	111
	X2，X4	0.991150	0.032671	-0.003147	0.033008	0.00056	0.00140	0.00110	76
	X4，X5	0.988580	0.041652	0.011862	0.040528	0.00400	0.00200	0.00170	89
	X4，X9	0.983970	0.045279	0.009769	0.044878	0.00160	0.00200	0.00210	147
	X4，X6	0.983140	0.045950	0.012204	0.044966	0.00058	0.00200	0.00210	66
交通银行	X4，X5	0.991520	0.030422	-0.003719	0.030648	0.00099	0.00310	0.00093	90
	X1，X5	0.988060	0.032072	-0.000431	0.032552	0.00110	0.00067	0.00100	69
	X2，X5	0.979210	0.045074	0.020056	0.040973	0.00130	0.00084	0.00200	84
	X4，X7	0.964520	0.063123	-0.000542	0.064070	0.00310	0.01500	0.00400	71
	X4，X8	0.963510	0.069774	0.008683	0.070272	0.00500	0.00790	0.00490	29

表 7-6   全样本区间下股份制商业银行学习效力排名前 5 指标组

银行	输入指标	R	RMSE	μ	σ	训练性能	验证性能	测试性能	次数
兴业银行	X5，X6	0.998840	0.017301	0.001435	0.017500	0.00015	0.00025	0.00030	67
	X4，X6	0.994660	0.023154	-0.001261	0.040907	0.00330	0.00640	0.00160	68
	X6，X8	0.993360	0.001315	-0.002180	0.036735	0.00028	0.00035	0.00130	66
	X1，X4	0.993220	0.041780	0.007607	0.041700	0.00100	0.00074	0.00170	23
	X4，X8	0.993170	0.001631	0.003577	0.040827	0.00037	0.00052	0.00160	25
招商银行	X2，X5	0.993900	0.026709	-0.006955	0.026176	0.00190	0.00190	0.00071	103
	X2，X7	0.993810	0.030649	-0.013450	0.027955	0.00140	0.00270	0.00094	87
	X4，X6	0.992260	0.028238	-0.005338	0.028146	0.00100	0.00140	0.00080	71
	X5，X6	0.991850	0.030449	-0.001535	0.030868	0.00073	0.00079	0.00093	65
	X2，X4	0.989530	0.038172	0.008234	0.037834	0.00260	0.00440	0.00150	103
浦发银行	X4，X5	0.999520	0.011233	0.003687	0.010770	0.00007	0.00009	0.00013	120
	X5，X6	0.999330	0.012744	-0.001354	0.012862	0.00023	0.00011	0.00016	96
	X6，X8	0.999330	0.013306	-0.002778	0.013209	0.00059	0.00025	0.00018	73
	X5，X8	0.999320	0.011972	-0.002671	0.011846	0.00014	0.00020	0.00014	80
	X2，X5	0.998990	0.014800	-0.000448	0.015016	0.00015	0.00022	0.00022	135
中国民生银行	X2，X6	0.999460	0.011524	-0.002800	0.011347	0.00010	0.00012	0.00013	97
	X5，X6	0.999260	0.010580	-0.000266	0.010736	0.00006	0.00009	0.00011	109
	X1，X7	0.997680	0.023341	-0.003388	0.023441	0.00031	0.00047	0.00054	43
	X4，X6	0.996390	0.026633	0.005049	0.026544	0.00067	0.00100	0.00071	37
	X4，X5	0.995850	0.025427	0.000967	0.025791	0.00044	0.00075	0.00065	96
中信银行	X1，X2	0.998110	0.013125	-0.001176	0.013269	0.00014	0.00028	0.00017	76
	X1，X9	0.997110	0.023099	-0.003673	0.023148	0.00066	0.00050	0.00053	35
	X1，X4	0.996470	0.028152	-0.012592	0.025558	0.00057	0.00067	0.00079	38
	X4，X6	0.996170	0.029729	0.009167	0.028705	0.00031	0.00042	0.00088	88
	X1，X5	0.995110	0.026659	0.002726	0.026918	0.00061	0.00099	0.00071	20
中国光大银行	X4，X5	0.997190	0.020881	0.006996	0.019969	0.00014	0.00046	0.00044	118
	X5，X8	0.994440	0.027546	0.002473	0.027847	0.00034	0.00026	0.00076	74
	X4，X7	0.989960	0.032761	-0.009251	0.031903	0.00098	0.00130	0.00110	92
	X4，X6	0.989790	0.035991	-0.012244	0.034353	0.00260	0.00120	0.00130	56
	X5，X7	0.988670	0.038974	-0.002119	0.039501	0.00110	0.00220	0.00150	26
华夏银行	X4，X6	0.998340	0.013377	-0.000100	0.013577	0.00015	0.00038	0.00018	208
	X5，X6	0.997950	0.017873	0.002694	0.017934	0.00040	0.00029	0.00032	135
	X4，X7	0.997650	0.020054	-0.005906	0.019453	0.00050	0.00037	0.00040	32
	X4，X5	0.996150	0.024829	0.003634	0.024931	0.00034	0.00046	0.00062	173
	X1，X4	0.996060	0.022048	0.002035	0.022284	0.00031	0.00021	0.00049	38

表 7-7 子样本区间（第 2 阶段）下国有控股商业银行学习效力排名前 5 指标组

银行	输入指标	R	RMSE	μ	σ	训练性能	验证性能	测试性能	次数
中国工商银行	X4, X8	0.999330	0.012789	-0.003390	0.013080	0.00001	0.00170	0.00016	183
	X1, X2	0.997700	0.024684	-0.004981	0.025643	0.00057	0.00056	0.00061	24
	X5, X8	0.997500	0.021785	0.010503	0.020244	0.00019	0.00011	0.00047	20
	X1, X5	0.996760	0.024070	-0.015169	0.019822	0.00005	0.00017	0.00058	34
	X4, X6	0.996140	0.030399	0.004099	0.031949	0.00023	0.00028	0.00092	190
中国农业银行	X2, X8	0.999770	0.009354	0.002190	0.009645	0.00001	0.00001	0.00009	65
	X2, X6	0.999590	0.011752	-0.008207	0.008922	0.00004	0.00002	0.00014	22
	X2, X7	0.999580	0.010291	-0.001096	0.010853	0.00003	0.00022	0.00011	31
	X4, X8	0.999540	0.011330	0.001772	0.011869	0.00098	0.00014	0.00013	20
	X6, X7	0.999280	0.012126	0.003855	0.012194	0.00001	0.00081	0.00015	31
中国银行	X1, X6	0.999850	0.005416	-0.000142	0.005742	0.00002	0.00003	0.00003	27
	X4, X6	0.999600	0.006334	0.000994	0.006635	0.00006	0.00005	0.00004	25
	X6, X8	0.999580	0.009361	0.003813	0.009068	0.00003	0.00007	0.00009	33
	X6, X7	0.998920	0.011345	-0.006780	0.009648	0.00008	0.00004	0.00013	19
	X4, X8	0.998330	0.030006	-0.018772	0.024829	0.00090	0.00077	0.00090	33
中国建设银行	X2, X4	0.999490	0.014307	0.001112	0.015129	0.00044	0.00015	0.00020	25
	X4, X8	0.999430	0.012638	0.006252	0.011649	0.00013	0.00100	0.00016	36
	X1, X6	0.999400	0.009214	0.002645	0.009362	0.00003	0.00011	0.00008	48
	X6, X7	0.999390	0.017318	-0.002570	0.018165	0.00000	0.00003	0.00030	57
	X1, X4	0.998940	0.008990	0.000369	0.009528	0.00005	0.00008	0.00008	67
交通银行	X4, X8	0.999860	0.002982	-0.000639	0.003090	0.00000	0.00003	0.00001	590
	X5, X8	0.999490	0.005812	0.001457	0.005968	0.00000	0.00000	0.00003	108
	X2, X4	0.998980	0.004893	-0.000153	0.005187	0.00005	0.00019	0.00002	57
	X1, X4	0.998810	0.005022	-0.003120	0.004174	0.00012	0.00001	0.00003	62
	X3, X5	0.998050	0.018560	0.012890	0.014163	0.00019	0.00140	0.00034	15

表 7-8 子样本区间（第 2 阶段）下股份制商业银行学习效力排名前 5 指标组

银行	输入指标	R	RMSE	μ	σ	训练性能	验证性能	测试性能	次数
兴业银行	X2，X5	0.998910	0.017717	-0.002572	0.018593	0.00008	0.00011	0.00031	61
	X4，X6	0.998690	0.015443	0.003249	0.016013	0.00003	0.00026	0.00024	23
	X2，X7	0.997730	0.019979	0.002821	0.020979	0.00000	0.00015	0.00040	76
	X6，X8	0.996570	0.059414	0.000362	0.003733	0.00000	0.00049	0.00001	77
	X2，X6	0.996080	0.019571	-0.003458	0.020432	0.00035	0.00036	0.00038	24
招商银行	X1，X9	0.999890	0.006053	-0.001405	0.006245	0.00000	0.00000	0.00004	222
	X5，X8	0.998970	0.011650	0.001765	0.012214	0.00002	0.00005	0.00014	75
	X6，X8	0.998730	0.017081	0.000863	0.018094	0.00023	0.00020	0.00029	82
	X3，X4	0.997610	0.032917	-0.011174	0.032840	0.00150	0.00046	0.00110	34
	X1，X8	0.997580	0.029573	0.014613	0.027269	0.00008	0.00054	0.00087	46
浦发银行	X3，X4	0.999990	0.001621	0.000163	0.001710	0.00000	0.00000	0.00000	125
	X5，X8	0.999990	0.006009	0.002793	0.005643	0.00000	0.00000	0.00004	151
	X4，X8	0.999980	0.002347	0.001738	0.001672	0.00000	0.00000	0.00001	42
	X6，X8	0.999980	0.004852	0.003104	0.003955	0.00000	0.00004	0.00002	87
	X6，X7	0.999910	0.004174	-0.000744	0.004357	0.00000	0.00002	0.00002	106
中国民生银行	X1，X8	0.999990	0.001181	0.000246	0.001225	0.00000	0.00000	0.00000	55
	X4，X8	0.999990	0.002121	-0.001394	0.001695	0.00000	0.00000	0.00000	68
	X6，X9	0.999970	0.004101	0.002255	0.003633	0.00001	0.00003	0.00002	45
	X5，X8	0.999860	0.005975	0.002047	0.005954	0.00000	0.00000	0.00004	102
	X6，X8	0.999840	0.006071	0.000371	0.006427	0.00001	0.00003	0.00004	109
中信银行	X4，X6	0.999830	0.003419	-0.001264	0.003369	0.00000	0.00000	0.00001	54
	X6，X8	0.999540	0.008351	0.003277	0.008147	0.00002	0.00008	0.00007	33
	X2，X4	0.999290	0.009046	-0.001289	0.009497	0.00001	0.00044	0.00008	37
	X5，X6	0.999270	0.007497	-0.000791	0.007907	0.00014	0.00060	0.00006	26
	X4，X7	0.998860	0.008050	-0.003903	0.007468	0.00001	0.00023	0.00006	60
中国光大银行	X7，X8	0.999520	0.007817	-0.004154	0.007023	0.00004	0.00005	0.00006	26
	X3，X7	0.999510	0.013996	-0.007510	0.012526	0.00001	0.00083	0.00020	30
	X3，X8	0.999450	0.010182	-0.004194	0.009841	0.00006	0.00024	0.00010	34
	X6，X8	0.999420	0.010674	-0.003299	0.010767	0.00024	0.00029	0.00011	21
	X4，X6	0.999350	0.015324	0.001389	0.016187	0.00006	0.00008	0.00023	19
华夏银行	X6，X8	0.999990	0.000001	-0.000033	0.000819	0.00000	0.00000	0.00000	108
	X6，X7	0.999990	0.000598	0.000076	0.000629	0.00000	0.00000	0.00000	133
	X3，X7	0.999980	0.002371	-0.001627	0.001829	0.00000	0.00001	0.00001	133
	X5，X6	0.999980	0.002314	-0.000457	0.002407	0.00000	0.00001	0.00001	171
	X5，X8	0.999980	0.002864	-0.001452	0.002618	0.00000	0.00001	0.00001	91

从工、农、中、建、交 5 家国有控股商业银行全样本区间的样本数据来看：（1）存贷比上升较为明显，依次从 2010 年第四季度的 60.92%、55.77%、75.08%、62.47% 和 78.00%，上升至 2017 年第四季度的 74.03%、66.20%、79.78%、78.85% 和 90.40%。（2）不良贷款率呈现先降后升的特点，波动较为明显，中国工商银行从 2010 年第四季度的 1.079% 降到 2012 年第四季度的 0.847%，到 2017 年第四季度上升至 1.553%；中国农业银行从 2010 年第四季度的 2.026% 降到 2013 年第四季度的 1.215%，到 2017 年第四季度上升为 1.809%；中国银行从 2010 年第四季度的 1.104% 降到 2013 年第二季度的 0.934%，到 2017 年第四季度升至 1.380%；中国建设银行从 2010 年第四季度的 1.141% 降至 2013 年第二季度的 0.992%，到 2017 年第四季度升至 1.490%；交通银行从 2010 年第四季度的 1.117% 降到 2012 年第二季度的 0.815%，到 2017 年第四季度升至 1.501%。（3）资本充足率整体呈现上升趋势，依次从 2010 年第四季度的 9.97%、9.75%、10.09%、10.40% 和 9.37%，上升至 2017 年第四季度的 13.27%、11.26%、12.02%、13.71% 和 11.86%。特别的，中国农业银行的核心资本充足率在 2014 年第二季度下降为 8.65%，相对于其他银行变化较大，而其他银行的不良贷款率变化大于核心资本充足率的变化。从子样本区间第 2 阶段的数据来看：（1）存贷比呈现先降后升的特点，中国工商银行从 2015 年第四季度的 73.29% 降到 2016 年第二季度的 72.99%，到 2017 年第四季度升至 74.03%；中国农业银行从 2015 年第四季度的 65.81% 降到 2016 年第四季度的 64.63%，到 2017 年第四季度升至 66.20%；中国银行从 2015 年第四季度的 77.89% 降到 2016 年第四季度的 77.07%，到 2017 年第四季度上升为 79.78%；中国建设银行从 2015 年第四季度的 76.71% 降到 2016 年第二季度的 75.89%，到 2017 年第四季度升至 78.85%；交通银行从 2015 年第四季度的 82.99% 升至 2017 年第四季度的 90.40%。（2）Z 在 Q 的信贷/Q 在 Z 的信贷除中国工商银行外均表现出一定的下降趋势，中国工商银行从 2015 年第四季度的 1.65 上升到 2017 年第四季度的 2.61；中国农业银行从 2015 年第四季度的 2.37 上升到 2016 年第三季度的 2.79，到 2017 年第四季度下降为 2.05；中国银行从 2015

年第四季度的 1.31 上升到 2016 年第三季度的 1.57，到 2017 年第四季度下降为 1.21；中国建设银行从 2015 年第四季度的 1.70 下降到 2016 年第四季度的 1.52，到 2017 年第三季度升至 1.64，再下降到 2017 年第四季度的 1.54；交通银行从 2015 年第四季度的 0.91 下降到 2017 年第四季度的 0.72。

从 7 家股份制商业银行的指标实际数据来看，存款结构比率波动较大，平均波动率为 0.0272，2015 年第四季度至 2017 年第四季度我国杠杆率调整进入重点关注时期后波动率为 0.0154。存贷比平均波动率为 0.0055，杠杆率调整进入重点关注时期后的波动率为 0.0040。对股份制商业银行而言，虽然存贷比也呈现了较大增幅，但存款结构比率指标相对于存贷比而言波动性更高。与此同时，Z 在 Q 的信贷/Q 在 Z 的信贷在 2015 年第四季度至 2017 年第四季度我国杠杆率调整进入重点关注时期后也表现出较大的波动率，平均波动率为 0.0134。

考虑到如果使用 ANN 评判基于学习质量的指标体系，将进行 36 次学习运算，计算量过大，而 BN 恰能克服这一缺陷，所以延续 Madjid 等（2018）的研究，将通过 ANN 学习选出的评价指标转化为 BN 分析中能够使用的布尔量，借助爬山算法①，在分析其对测算我国商业银行流动性指标数据关系有效性的基础上，可以得出商业银行流动性监测指标体系内 5 组指标的联结关系。针对全样本区间和子样本区间（第 2 阶段）的国有控股商业银行和股份制商业银行的计算结果如图 7-6 和图 7-7 所示（分别以中国工商银行和招商银行为例）。

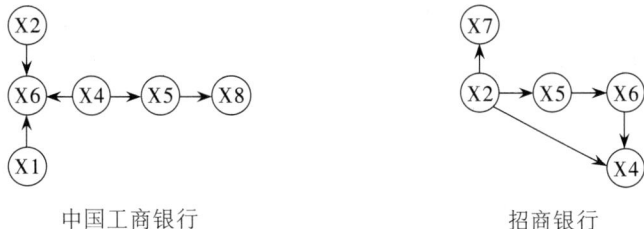

中国工商银行　　　　　　　　　招商银行

图 7-6　全样本区间下国有控股商业银行和股份制商业银行流动性监测指标联结关系——以中国工商银行和招商银行为例

---

① 鉴于篇幅有限，爬山算法有效性的比较暂不给出结果展示。

图 7-7　子样本区间内国有控股商业银行和股份制商业银行流动性
监测指标联结关系——以中国工商银行和招商银行为例

7.5　稳健性检验

为了评估 MLP-ANN-BN 框架下商业银行流动性监测指标体系的测算精度和预测能力，将近似的流动性风险函数 L（X10）与同一时间段的实际数据进行比较，误差率小于 1%。以中国工商银行和招商银行分别作为国有控股和股份制商业银行的代表，图 7-8 显示了经过学习训练后真实值与测算值的拟合结果，针对中国工商银行的误差率约为 0.0000603，招商银行的误差率约为 0.0000517。

商业银行流动性管理在流动性监测指标体系构建，流动性风险随时间积累引致测度方法有效性的改变，以及与宏观经济金融环境变化的结合三方面存在探讨空间。本部分分别以我国 5 家国有控股商业银行和 7 家股份制商业银行作为研究对象，在借鉴 MLP-ANN-BN 两阶段分析方法和既有指标选取研究成果的基础上，围绕我国杠杆率调整进程与商业银行流动性变化关系的时段特征，分析我国商业银行流动性监测评价算法的有效性是否具有阶段性；流动性监测指标体系的构成是否应随杠杆率调整阶段的变化而改变；不同性质银行的流动性监测指标体系是否存在差异。

主要结论如下：（1）随着我国经济杠杆率调整要求的实施，商业银行流动性随银行杠杆率的变化也呈现出阶段性特征，其在 2015 年第四季度存在结构性断点，即从 2015 年第四季度开始形成研究我国商业银行流动性监测的子样本区间。（2）深度前馈网络下 ANN-BN 两阶段分析方法的研究结果表明，LM 算法在监测我国商业银行流动性方面比 GA

真实值与预测值

+ 流动性风险真实值
◯ 流动性风险预测值

中国工商银行

真实值与预测值

+ 流动性风险真实值
◯ 流动性风险预测值

招商银行

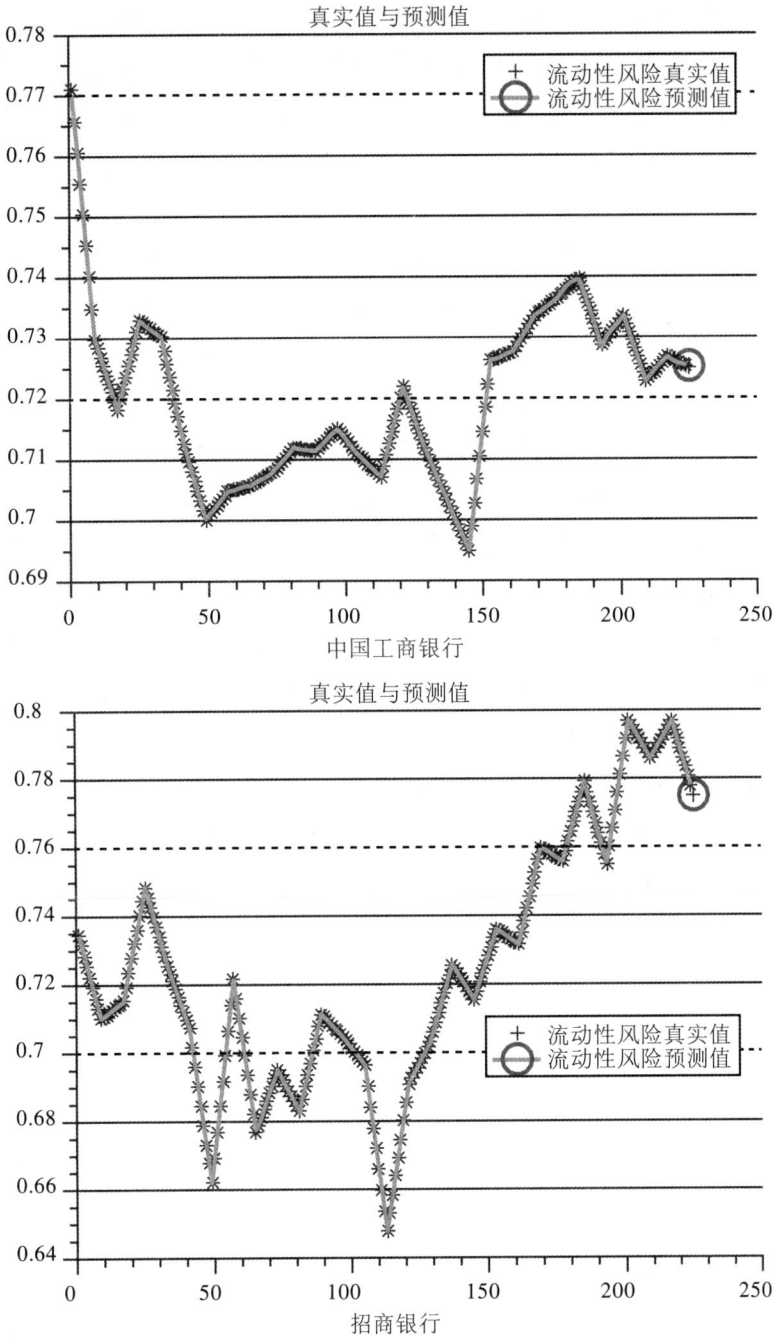

图 7-8　流动性监测指标体系的测算精度和预测能力

算法更具优势，即使进入杠杆率调整的重点关注阶段，LM 算法的优势也依然未变。（3）LM 算法在国有控股商业银行和股份制商业银行对算法有效性的评价上表现出一致性。（4）不同性质银行的流动性监测指标体系构成和结构关系存在差异。从学习效力排名前五的指标组合可以看出，在国有控股商业银行中除中国农业银行外，X4（存贷比）和 X5（不良贷款率）指标组具有稳定性；在股份制商业银行中 X4（存贷比）和 X6（存款结构比率）指标组具有稳定性。（5）随着我国杠杆率调整进程的深入，不同性质商业银行流动性监测指标构成中学习效力最高的指标组的有效性具有一定的稳定性，但也发生了改变。从学习效力排名前五的指标组合综合来看，国有控股商业银行由全样本区间下的 X4 和 X5 组合变化为 X4 和 X8；股份制商业银行由全样本区间下的 X4 和 X6 改变为 X6 和 X8；银行间信贷业务交互作用对流动性的影响力在杠杆率调整进程中日趋提升。

与 Madjid 等（2018）不同，本章的研究不再以单一银行为目标进行考量，而是分析不同类型银行背景下的规律性与差异性；不仅探讨算法的静态适用性，而且引入外部环境影响探讨杠杆率调整进程中有效性的变化。本部分的流动性监测指标测算能够仅基于银行账面价值或资产负债表中提供的原始数据而无需任何预定义功能计算出来，有利于化解外部研究人员的计算困境并进行风险监测。

8 不确定性视角下公众信息获取对货币政策效果影响的实证研究^①

近年来,公众预期与货币政策效果之间的关系受到了广泛关注,从学术界和政策界对货币政策透明度、预期管理等方面的热衷便可见一斑。货币政策调控效果一方面来自于政策工具的直接作用,另一方面依赖于公众预期的影响。根据适应性学习(Bray,1982;Evans,1985)的观点,公众一开始并不能够掌握经济系统的均衡点,但会根据新的信息资料不断学习和调整他们的预期规则,因此信息在公众预期的形成过程中扮演重要角色。从世界范围来看,各国货币当局在实际操作中普遍重视政策信息的沟通和政策透明度的提高,通过发表政策报告、公布经济数据等形式来阐明政策意图引导公众预期,信息传播渠道的便利也使得相关政策与经济信息更易为公众所获得从而在预期形成过程中发挥更大作用。但信息从产生到发挥效用要经历信息发出、媒介传播、接收者加以利用这三个阶段,作为政策制定者,货币当局可以通过增加信息发

① 本章内容由笔者的论文《公众预期对货币政策效果的影响——基于大数据下公众信息获取的实证分析》支撑,发表在《广东财经大学学报》2016 年第 5 期。

布数量、提高政策透明度等方式加强与公众的信息沟通，新闻媒体、网络的普及可以使公众能够更容易地获取所需信息，但经济和政策信息最终能否对公众预期产生有效引导还取决于信息的接收者。信息既可能引导公众行为决策与政策指向相合从而利于目标的实现，也可能使公众产生与政策目标相对冲的行为而降低政策效用。因此，明确公众对于信息的利用情况对预期管理具有重要意义。考虑到伴随互联网的发展，网络已成为人们获取信息的重要渠道，利用互联网搜索量数据描述公众对信息的获取和利用情况可能更具有优越性。基于以上思考，本章以公众对信息的获取行为作为研究的切入点，利用包含不确定性的新凯恩斯宏观经济框架分析货币政策传导过程中的不确定性对于货币政策效果的影响；基于互联网搜索量的海量数据合成公众信息指数实现对公众信息获取行为的量化描述；将公众信息指数与代表货币政策工具和政策目标的变量一同构建 SVAR 模型实证分析我国公众信息利用情况对于宏观调控政策效果的影响，最后根据研究结果给出相应的政策建议。

本章后续安排如下：第二部分进行相关文献梳理；第三部分对公众信息获取行为进行理论分析，借鉴杨小军（2008）的理论框架考查货币政策传导过程中存在的不确定性对货币政策效果的影响；第四部分为实证检验，利用搜索量实现对公众信息获取行为的量化，通过构建 SVAR 模型检验我国公众信息利用情况对货币政策调控效果的影响；第五部分为总结与政策建议。

8.1　相关文献回顾

始于 20 世纪 70 年代的"理性预期革命"，使理性预期假说成为宏观经济研究中的重要考量，大量关于宏观政策特别是货币政策的研究都将预期因素纳入分析框架。Lucas（1972）建立在理性预期假设之上的分析表明，公众与货币当局之间存在着互动关系，公众会根据获取的信息来形成预期并对政策效果产生反馈。此后，在货币政策有效性的研究中纳入预期因素成为研究的基本范式。理性预期学说蕴含公众自我学习机制，但并未明确阐释公众如何进行学习。对于大部分的经济主体而言，他们不仅是根据某种计量方法或自身经验自我学习，有时更多的是通过人们之间的信息传播相互学习（徐亚平，2009），因此，信息在公众预期形成过程中起着重要作用。从降低货币当局和公众间的信息不对称角度出发，多数学者认可了加强沟通和提高货币政策透明度能够增进货币政策有效性（Goodfriend，1986；Blinder等，2008；贾德奎，2010；李云峰和李仲飞，2011）。而对于信息传播的渠道来说，媒体的信息报道是公众获取信息的重要渠道，对公众预期的形成存在显著影响（Carroll，2003；Blinder和Krueger，2004；卞志村和宗旭姣，2014）。信息的作用过程包括发出阶段、传播阶段和接收阶段，分别涉及信息的发出者、传播途径和信息的接收利用者。其中，考查公众信息获取和利用情况的困难在于，信息的接收和利用以及最终对居民产生影响的过程从本质上讲是经济主体的心理活动，与之相关的量化与测度一直都是研究的难点。而伴随互联网的不断发展，人们在网络中的活动涉及生活的方方面面，由此产生的数据信息所具有的全面性和客观性是传统抽样数据所无法比拟的。Kholodilin等（2009）分别用传统的消费者信心指数和谷歌搜索量数据合成的指数对美国个人消费增长率进行预测，发现后者的预测准确度更高，同时由于搜索量数据的可用频率更高，使其在宏观经济变量预测上具有优良特性，这表明我们利用搜索量数据来考查公众信息获取和利用情况的思路是可行的。但现有利用搜索量进行的宏观经济领域研究主要涉及通胀率（张崇等，2012；孙毅等，2014）、失业率（Askitas和Zimmermann，2009；Francesco和Juri，2009）等指标的预测，鲜见将其运用于货币政策效果的考查。较之现有研究成果，本部分站在信息接收者的角度，通过信息获取行为考查我国公众信息利用情况进而研究其对于货币政策效果的影响，其中搜索量数据的运用为大数据在货币政策有效性的研究上进行了有益的尝试；利用互联网数据对公众行为进行考查的方式具有较强的时效性，因此对于宏观调控政策的制定和优化都具有一定参考价值。

8.2 理论分析

8.2.1 公众信息获取行为对政策效果的影响分析

预期对经济主体的行为决策有着深刻影响，但预期的研究中一个重要的问题即预期的形成过程。不同于理性预期理论（Muth，1961；Lucas，1972）将获取信息到形成完美预期视为一蹴而就的过程，适应性学习理论放宽了理性预期的假设，将预期的形成描述为一种动态的学习过程，认为公众会基于自身对实际经济的不完全认知，在每期不断获取并更新决策所需的信息，通过运用某种计量手段不断更新自身预期，因而在预期形成的描述上更为接近于现实中经济参与者的状态。经济主体在进行经济决策时，一方面会依据已有的经验进行判断，另一方面会根据需要来获取相关信息并对其进行加工处理。从最初获知信息到最后做出决策，信息的加工处理是一个不断进行和深入的过程，在具体决策和行动实施之前，公众会努力获得与行动相关联的更多信息，因此，从获知信息到采取行动，是一个不断利用信息进行决策的过程，这一过程中需要信息的输入。公众对信息的获取行为既反映了对相关信息的关注程度，同时也在一定程度上预示了下一步的决策和行为。

就宏观政策而言，央行的政策措施会经由人际传播、媒体广播、官方公告等形式传递给公众。部分信息敏感度高的市场参与主体，会积极评估央行政策对于自身利益的影响并据此调整自身经济决策和行为，而大部分市场参与主体，可能并不会自发地对货币政策作出响应。但不容忽视的是，央行透过货币政策的实施体现出的政策走向可能会对市场整体预期产生影响，公众在此基础上对自己的投资、消费、储蓄等经济活动进行的调整，将可能影响到宏观调控的政策效果。然而，由于公众处理信息并产生预期的过程是一个"黑箱"，无法明确探知其过程，基于此产生的决策和行动结果也存在不确定性和差异性。就我国情况而言，市场化历程较短且公众知识水平差异较大，使得货币政策沟通中的信息可能存在误读，抑或公众出于自身利益考虑所采取的行为在一定程度上降低了货币政策效用。考虑到市场中羊群效应等因素，则个体的选择和行为可能存在传染而被放大，进而在宏观层面产生实质性影响。因此公众对信息的关注程度既可能消除市场中的信息不对称，也可能加剧市场的不稳定性，并相应对货币政策的效果产生影响。下面我们借助新凯恩斯模型框架对此展开分析。

8.2.2　基于理论模型的分析

考虑如下有前瞻性的新凯恩斯模型（Clarida 和 Gertler，1999；Woodford，2003；杨小军，2008）：

$$\pi_t = \beta E_t \pi_{t+1} + \alpha y_t + \mu_t \tag{8-1}$$

$$y_t = E_t y_{t+1} - \gamma(i_t - E_t \pi_{t+1}) + \xi_t \tag{8-2}$$

以附加预期的菲利普斯曲线作为总供给曲线（如式（8-1）），即当期通胀水平取决于公众对下期通胀水平的预期和产出水平。式中，$E_t \pi_{t+1}$ 代表 t 期时对 t+1 期通胀水平的预期，y_t 为 t 期产出缺口，系数 α 大于 0，$\mu_t \sim N(0, \sigma_\mu^2)$ 表示供给冲击。以跨期的总需求函数表示总需求方程（如式（8-2）），式中 $E_t y_{t+1}$ 表示 t 期时对 t+1 期产出水平的预期，i_t 为 t 期名义利率，有 $\gamma > 0$，ξ_t 为需求冲击，且 $\xi_t \sim N(0, \sigma_\xi^2)$。

央行进行货币政策调控意在稳定物价和促进经济增长，因此假定央行目标函数为：

$$L = \frac{1}{2} E_t \sum_{\tau=0}^{\infty} \beta^\tau \left\{ (\pi_{t+\tau} - \pi^T)^2 + y_{t+\tau}^2 \right\} \tag{8-3}$$

式中，π^T 代表央行通胀管理的目标，假定模型满足时间一致性，且 $\beta^\tau = 1$，则目标函数 L 可简化为 $L = \frac{1}{2} E \left\{ (\pi_t - \pi^T)^2 + y_t^2 \right\}$，则所需求解的问题为：

$$\min_y L = \frac{1}{2} E \left\{ (\pi_t - \pi^T)^2 + y_t^2 \right\} \tag{8-4}$$

在满足式（8-1）条件下得到货币政策关于产出和通胀的反应函数为：

$$y_t = \frac{\alpha}{1+\alpha^2} \pi^T - \frac{\alpha}{1+\alpha^2} E_t \pi_{t+1} - \frac{\alpha}{1+\alpha^2} \mu_t \tag{8-5}$$

$$\pi_t = \frac{\alpha^2}{1+\alpha^2}\pi^T + \frac{1}{1+\alpha^2}E_t\pi_{t+1} + \frac{1}{1+\alpha^2}\mu_t \qquad (8\text{-}6)$$

式（8-5）和式（8-6）表明央行货币政策效果会受到公众预期水平的影响，其影响大小取决于由 α 构成的系数。但现实中，公众对于货币政策传导机制的相关信息往往是不充分的，导致系数 α 随机，即货币政策效果存在不确定性（Brainard，1967）。假定其均值和方差分别为 $\bar{\alpha}$ 和 σ_α^2，则 $\sigma_\alpha^2 \dfrac{n!}{r!(n-r)!}$ 的数值决定了这种不确定性的程度。将不确定性纳入考虑后，估计曲线可表示为 $\bar{\pi}_t = E_t\pi_{t+1} + \bar{\alpha}y_t + \mu_t$，相应的央行目标函数则为：

$$L = \frac{1}{2}E\left\{\left(\bar{\pi} - \pi^T\right)^2 + y_t^2\left(1+\sigma_\alpha^2\right)\right\} \qquad (8\text{-}7)$$

式中，$y_t^2\sigma_\alpha^2$ 即因参数不确定性使央行面临的额外调控成本。求解式（8-7）最小化问题可得到不确定条件下产出和通胀的反应函数：

$$y'_t = \frac{\alpha}{1+\alpha^2+\sigma_\alpha^2}\pi^T - \frac{\alpha}{1+\alpha^2+\sigma_\alpha^2}E_t\pi_{t+1} - \frac{\alpha}{1+\alpha^2+\sigma_\alpha^2}\mu_t \qquad (8\text{-}8)$$

$$\pi'_t = \frac{\alpha^2}{1+\alpha^2+\sigma_\alpha^2}\pi^T + \frac{1+\sigma_\alpha^2}{1+\alpha^2+\sigma_\alpha^2}E_t\pi_{t+1} + \frac{1+\sigma_\alpha^2}{1+\alpha^2+\sigma_\alpha^2}\mu_\varepsilon \qquad (8\text{-}9)$$

将式（8-8）和式（8-9）与未考虑不确定性时的反应函数比较可发现，在将不确定性纳入考量后，π^T 系数变小，而 $E_t\pi_{t+1}$ 的系数增大，即不确定性条件下公众预期对于货币政策效果的对冲增强，表现为相同调控力度下偏离政策目标更高的通胀和更低的产出，且这种影响与 σ_α^2 的数值正相关。货币当局作为政策制定者，可以通过增加信息发布数量、提高政策透明度等方式加强与公众的信息沟通，但经济和政策信息最终能否对公众预期产生有效引导则要取决于信息的接收者。本研究认为，公众预期形成过程中对信息的获取和利用情况在很大程度上会影响到这种不确定性，但单纯信息量的增加既可能降低这种不确定性也可能使其增大，并不能保证可以对公众预期实现有效引导，因而对货币政策效果产生的影响同样未知。下文将利用搜索量数据实证检验我国公众信息获取行为对于货币政策传导中不确定性及政策效果的影响。

8.3 实证分析

8.3.1 公众信息获取行为的测度

公众预期在经济运行中的重要性已得到普遍认同和广泛关注，但与之相关的量化和测度仍是相关研究的难点。传统的问卷调查等形式所涉及的样本范围较小，且受限于问卷内容可能无法得出全面而真实的结论。互联网的高渗透和高普及性，使得网民在很大程度上可以作为社会公众的代表。同时，网络活动产生的海量数据也基本真实客观地记录了网民的行为。因此，网络已成为人们获取信息最为重要的渠道之一，而搜索引擎作为检索信息的主要手段，反映了公众的信息获取行为，搜索量的变化能较好地反映公众对相关事件的关注程度，在一定程度上体现了公众预期变化和行为的倾向性。基于上述思考，本部分选择百度指数的关键词搜索量数据实现对公众信息获取行为的测度。

（1）关键词选取

公众预期的形成会受到外部信息的影响，从获知信息到采取行动，是一个不断利用信息进行决策的过程，这一过程中往往伴随着对信息的获取行为，但信息量的增加能否有助于货币政策对公众预期和行为进行更为有效的引导则是值得探讨的问题。与货币政策直接相关联的信息内容（如央行调控措施的新闻等）最能体现政策信息对公众的影响，但考虑到公众在基于政策信息决策过程中很可能对相关联的经济信息存在需求，而这些信息能够对公众整体预期和行为造成影响，因此这类信息应当是涉及范围较广且与公众自身经济利益和行为决策密切相关的，为此本部分尝试选取三大类别的关键词体现政策信息影响下公众的信息需求，并以其搜索量数据进行分析。第一类关键词主要通过查阅财经新闻并比照官方发布的公告和数据，选取出现频次较高且与宏观经济基本面关系密切的关键词以体现公众对于宏观经济基本面的关注；通过查阅中国人民银行发布的《货币政策大事记》并结合我国货币政策调控的实际，选取第二类关键词作为货币政策方面信息的表征，体现货币政策对公众的影响；第三类关键词与公众日常生活相关度较高，在一定程度上其关注度变化可能反映了公众的决策倾向，来源主要为财经新闻及评论性文章。本部分最终选取表 8-1 中的 40 个关键词进行分析。由于百度指数提供了从 2011 年起的搜索量数据，因此本部分选定的数据区间为 2011 年 1 月至 2015 年 12 月。出于平稳性考虑，笔者对搜索量数据进行了三项移动平均平滑。

表 8-1 关键词分类列表

类别	包含的关键词
第一类	GDP，CPI，PPI，PMI，M2，通货膨胀，投资，宏观调控，农产品，房地产，中国经济，国际油价，大宗商品，美元，煤炭，进出口
第二类	公开市场业务，存款准备金率，降准，基准利率，加息，降息，周小川，中国人民银行，货币政策，汇率，信贷
第三类	理财，基金，保险，房贷，车贷，股市，贷款利率，公积金，国债，债券，信托，期货，外汇

（2）公众信息指数的构建

利用上述关键词的搜索量数据对公众信息获取行为进行测度所需处理的变量较多，不同类别的关键词可能存在交叉影响，会产生多重共线性问题。对此，本部分参考 Kholodilin（2009）和孙毅（2014）的做法，利用主成分分析法对搜索量数据进行降维处理，以每个主成分所对应的特征值与所提取的全部主成分的特征值总和之比作为权重，按照累计方差贡献率达到 80% 的标准确定因子个数。本部分利用 SPSS 23.0 进行主成分分析，根据主成分分析结果确定最终主成分模型（见式（8-10）），其中，本部分将合成后的综合主成分值作为公众信息指数度量公众的信息获取行为。

$$F = 0.58F_1 + 0.27F_2 + 0.08F_3 + 0.07F_4 \tag{8-10}$$

图 8-1 表示了利用主成分分析法合成的公众信息指数。从图 8-1 中可以发现，公众信息获取行为存在较强波动性，且随着时间推移有上升趋势，说明公众利用互联网搜索来获取宏观经济和政策信息的行为在不断增加。

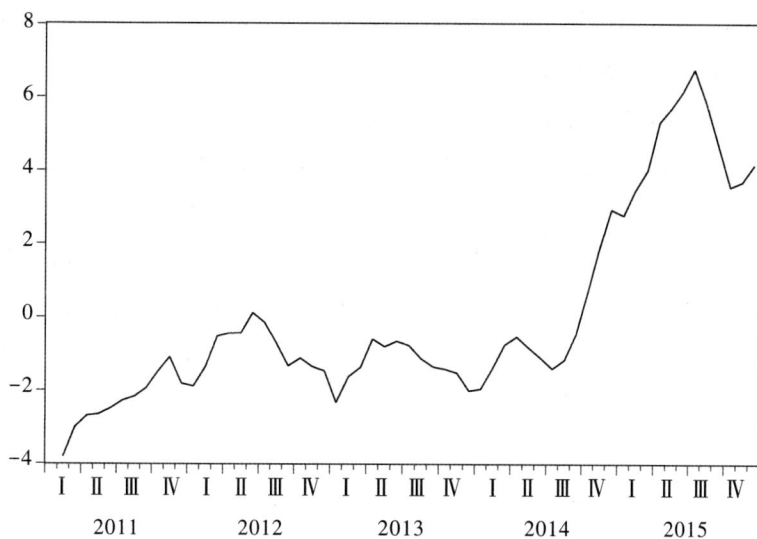

图 8-1 2011—2015 年公众信息指数趋势

8.3.2 公众信息获取对货币政策效果的影响

（1）实证模型

结构向量自回归模型（SVAR）作为对传统向量自回归模型（VAR）的改进，可以对变量施加基于经济理论的约束，并能够考查变量间的当期关系，因此被广泛应用于经济变量间相互关系的研究。为了实证检验上述经济变量间存在的相互关系，本部分建立 SVAR 模型进行分析。k 个变量的 p 阶 SVAR 模型可表示如下：

$$C_0 Y_t = \Gamma_1 Y_{t-1} + \Gamma_2 Y_{t-2} + \cdots + \Gamma_p Y_{t-p} + \mu_t, t = 1, 2, 3, \cdots, T \tag{8-11}$$

式中，$C_0 = \begin{bmatrix} 1 & -c_{12} & \cdots & -c_{1k} \\ -c_{21} & 1 & \cdots & -c_{2k} \\ \vdots & \vdots & \ddots & \vdots \\ -c_{k1} & -c_{k2} & \cdots & 1 \end{bmatrix}$ 反映了内生变量当期内的相互

作用，$\Gamma_i = \begin{bmatrix} \gamma_{11}^{(i)} & \gamma_{12}^{(i)} & \cdots & \gamma_{1k}^{(i)} \\ \gamma_{21}^{(i)} & \gamma_{22}^{(i)} & \cdots & \gamma_{2k}^{(i)} \\ \vdots & \vdots & \ddots & \vdots \\ \gamma_{k1}^{(i)} & \gamma_{k2}^{(i)} & \cdots & \gamma_{kk}^{(i)} \end{bmatrix}, i = 1, 2, \cdots, p$，为系数矩阵。$u_t = \begin{bmatrix} u_{1t} \\ u_{2t} \\ \vdots \\ u_{kt} \end{bmatrix}$

是协方差为白噪声的单位矩阵。为了能够估计出结构式模型的参数，需要对结构式施加 k(k−1)/2 个限制条件。

（2）变量选择及平稳性检验

选取公众信息指数、货币政策干预变量、宏观经济变量三组 5 个变量作为 SVAR 的变量，检验公众信息获取行为对货币政策响应程度及其对宏观调控效果的影响。具体包括，以主成分分析合成的搜索量指数作为公众信息指数（SI）；选取一年期贷款利率（LR）和 M2 同比增长率（M2）代表货币政策干预变量；工业增加值同比增长率（IAV）和消费者价格指数同比增长率（CPI）分别代表宏观经济的变量。缺失数据以相邻两个数据的平滑均值数据予以补齐。搜索量数据来源于百度指数网站，一年期贷款利率来源于中国人民银行网站，其他经济数据来源于国家统计局网站。进行变量平稳性检验、模型滞后阶数的确定、SVAR模型的估计及脉冲响应函数分析均利用 Eviews 8.0 软件完成。

根据表 8-2 的平稳性检验结果可知 M2 同比增长率在 5% 显著性水平下平稳，其他变量在 1 阶差分后平稳。基于 AIC 准则确定模型滞后阶数为 1 阶。

表 8-2　　　　　　　　　　平稳性检验结果

变量	检验形式	ADF值	P值	平稳性
SI	(C, 0, 10)	−0.899933	0.7813	不平稳
LR	(C, 0, 10)	1.686985	0.9995	不平稳
M2	(C, 0, 10)	−3.191556	0.0255**	平稳
IAV	(C, 0, 10)	−2.060767	0.2610	不平稳
CPI	(C, 0, 10)	−1.301704	0.6231	不平稳
ΔSI	(C, 0, 10)	−4.720476	0.0003***	平稳
ΔLR	(C, 0, 10)	−6.959561	0.0000***	平稳
ΔIAV	(C, 0, 10)	−8.146007	0.0000***	平稳
ΔCPI	(C, 0, 10)	−9.792969	0.0000***	平稳

注：检验形式（C, 0, 10）表示带有常数项，不包含趋势项，滞后阶数为 10 阶；Δ 表示差分；***代表在 1% 显著性水平下显著；**代表在 5% 显著性水平下显著。

（3）模型的识别

所构建的 SVAR 模型包含 5 个变量，因此为估计模型参数，参考张强和胡荣尚（2013）在类似研究中的设定，为模型施加如下几个约束条件：

①干预变量之间的相互影响较小：C23=C32=0；

②公众获取信息后形成预期进而对决策产生影响，因此对当期的干预变量和宏观变量不产生影响：C21= C31= C41= C51=0；

③货币政策的调控效果存在时滞：C52= C53= C42= C43=0。

（4）广义脉冲响应函数分析

脉冲响应是在 VAR 模型的基础上，描绘初期给某一变量一个冲击，对系统中所有内生变量的当前值和未来值所产生的影响，是对 VAR 类模型进行动态分析的重要工具，而为避免 Cholesky 分解对变量排序关系的依赖，运用广义脉冲响应函数进行分析。

①宏观经济变量和货币政策变量对信息指数的影响

图 8-2 反映了公众信息指数在受到来自宏观经济变量波动和货币政策变量冲击后的响应情况，从中可以看到公众信息获取行为对于不同的冲击存在差异化的表现。在受到来自消费者价格指数和贷款利率两个变量的正向冲击后，公众信息指数在当期便会出现正向波动并达到最高点，但随后的走向存在差异：来自利率政策变动的冲击会使公众信息指数逐渐恢复平稳，但价格信息冲击的影响则使公众信息指数表现出较强的不稳定性，在正负波动中趋于平稳。由此表明公众对于价格上涨的信息更为敏感，且信息获取行为表现出"爆发性"，即在相关事件引发关注后信息获取行为大量增加之后回落甚至低于平均水平。不同于利率信息和价格信息冲击下公众信息获取行为的迅速反应，公众信息指数在受到工业增加值冲击后会出现短暂负向波动，之后逐渐上升并在第二期达到最高点，造成这种差异的原因在于我国对于价格信息和利率调整的公布较为频繁，而经济信息的披露周期相对较长从而使得公众信息指数响应速度存在差异。值得注意的是货币供给的冲击与公众信息指数的波动存在反向关系，可能的原因在于中央银行对于货币供给量的调整是一个持续的过程，并不像存贷款利率或准备金率的调整是一次性完成的，通常是在专家媒体或政府官方对相关数据分析评论时会出现搜索量的峰值，由此在搜索量数据上出现"错峰"，即货币供应量增长并不对应相

应搜索量的增长，从而在脉冲上表现出负相关。

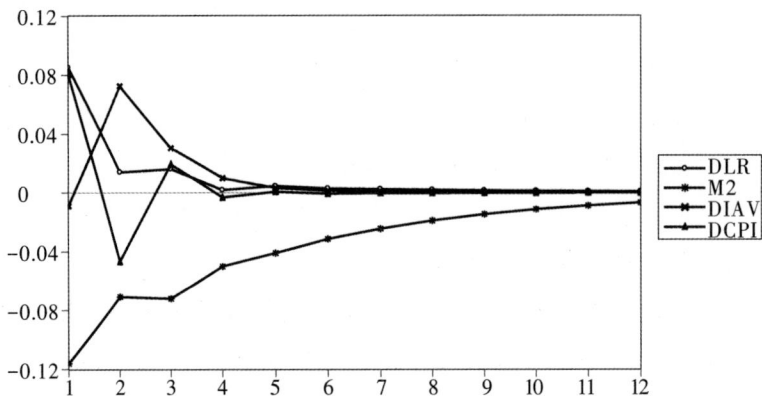

图 8-2　公众信息指数对各变量冲击的响应（D 表示一阶差分后的变量）

②货币政策变量对宏观经济变量的影响

我们选取了代表价格型货币政策工具的一年期贷款基准利率和代表数量型货币政策工具的广义货币供应量。在脉冲函数中，来自利率的正向冲击意味着紧缩的货币政策操作，而来自货币供应量的正向冲击则意味着宽松的货币政策操作。图 8-3 反映了我国两种不同货币政策工具调控对产出和价格的影响。图 8-3 中（1）和（3）为利率调控的政策效果，图 8-3 中（1）表明央行提高利率会对经济增长造成不利影响，而这样的影响大约在四期内逐渐消失；图 8-3 中（3）表明提高利率的紧缩性货币政策在短暂推高价格后逐渐显现出平抑价格上涨的效果，并在第二期作用达到最大，此后作用有所反弹并最终趋于平稳。脉冲最大值出现时期的差异意味着利率调控对经济增长的作用快于对物价的作用。图 8-3 中的（2）和（4）为货币供应量调整的政策效果。图 8-3 中的（2）表明我国货币供给增长在拉升经济方面表现乏力，甚至货币供给增长的冲击对于经济增长在初期会产生一定的负面影响，这与本部分样本考查期内我国实际经济表现颇为吻合。尽管出于保证增长的考虑，央行始终保持较为宽松的货币政策，但受累于国际大环境的影响，经济仍面临较大的下行压力。其原因在于，现阶段我国货币政策的传导机制仍不够健全，央行所投放资金的流动性往往很难大量进入实体经济，特别是在社会经济大环境较为复杂的情况下，银行惜贷行为更为明显，导致资金集中于大企业或流入资本市场，无法惠及国民经济的发展。图8-3中的（4）表明货币供给增长在初期短暂出现平抑物价的作用，之后对推高物价有明显作用，且这种影响是持续发挥作用的，这种作用会随着时间推移逐渐降低。我国现阶段并未面临物价上涨的压力，很大部分原因在于国际大宗商品价格疲弱的影响，这为我国实行宽松货币政策以刺激经济留下了更多空间，鉴于市场中充斥的大量流动资金，应警惕在经济企稳之后可能出现的物价上行压力。

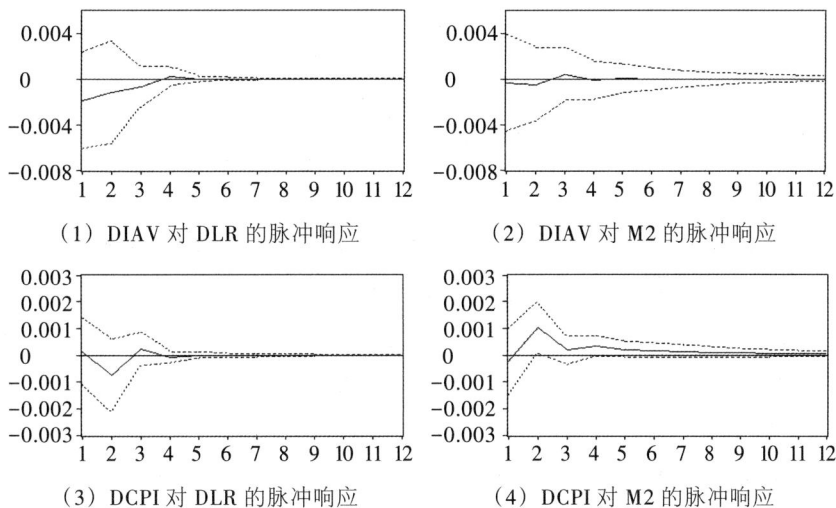

（1）DIAV 对 DLR 的脉冲响应   （2）DIAV 对 M2 的脉冲响应

（3）DCPI 对 DLR 的脉冲响应   （4）DCPI 对 M2 的脉冲响应

图 8-3　产出和价格对来自货币政策变量冲击的响应

③信息指数对宏观经济变量的影响

从图8-4的脉冲响应图可以看到公众信息指数的冲击会使工业增加值产生负向波动，而消费者价格指数对公众信息指数的冲击所表现出的波动则较为复杂，公众信息获取行为的冲击在初期会推高物价，但随后会表现出相反的作用，这表明公众的信息获取行为会对公众价格预期产生影响，而预期对于价格水平的作用方向会成为物价波动的原因。结合前面理论模型部分的分析，我们认为从信息指数对宏观经济变量的影响来看，我国公众信息获取行为的增加并不能降低公众预期对于货币政策传导中的不确定性，反而加剧了这种不确定性并对货币政策目标的实现产生不利影响，即在一定时期内推高价格水平并抑制经济增长。造成这一结果的原因可能在于，尽管信息传播渠道的发展使得公众能够更为容易地获取信息，但信息在预期形成过程中所起的作用并不尽如人意。一方面，官方所发布的政策决议和调控信息往往具有一定的专业性，在社会公众对专业知识掌握有限的情况下，其对于经济信息的理解需要依赖于他人的解读；另一方面，信息的传播有可能加剧公众间羊群效应而导致非理性行为。因此，宏观调控过程中除了应增加与公众信息沟通的量外，更要注重所传递信息的质。

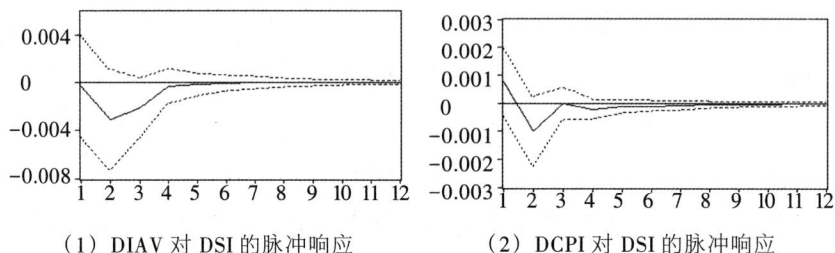

（1）DIAV 对 DSI 的脉冲响应　　　　　（2）DCPI 对 DSI 的脉冲响应

图 8-4　产出（1）和价格（2）对来自公众信息指数冲击的响应

我国经济市场化改革不断深化的过程的一个重要特征便是宏观调控方式的转变。从政府的直接干预转变为间接调节和引导，意味着公众预期及其行为对于调控政策的影响将愈发重要。特别是随着资本市场的发展及公众参与程度的提高，公众基于自身利益考虑对于经济信息的关注度不断上升。当前我国经济步入发展的"新常态"，既面临着经济结构的调整和发展方式的转变，又面临来自保持经济增长的压力及复杂的国际经济环境，这些都给我国宏观调控增加了难度。在此情况下，政策制定过程中对公众预期的考量和引导就显得更为重要。本章利用搜索量数据构建了衡量我国公众信息获取行为的公众信息指数，并利用 SVAR 模型分析了公众信息获取行为对货币政策效果的影响，从而间接证实了信息影响下不确定性对政策有效性的作用。得出的主要结论包括：第一，近年来我国公众信息指数整体走高，表明公众对于经济信息的关注度不断提高。第二，就现阶段我国货币政策工具效果而言，以利率水平调控为代表的价格型工具的政策效果更为明显，而单纯增加货币供应的数量型工具在提振经济方面的作用有限。第三，我国现阶段公众信息获取行为的增加加剧了货币政策传导的不确定性并对货币政策目标的实现产生了一定的负面效应。

　　我国公众对于宏观经济信息和政策变动的关注度不断提高、信息获取行为不断增加，这为宏观调控过程中的信息沟通与预期引导创造了良好条件。因此，在政策的制定和实施过程中应注意增强政策透明度，特别是政策方向的转变、操作量较大的调控措施，因其更容易引起公众的关注，要特别注意加强与公众的信息沟通。外在经济事件的发生或经济环境的变化会促成公众的信息获取行为，但公众对于信息的解读存在着差异，由此相关经济信息对于公众预期形成的影响具有复杂性，也就造成了不确定性。从本部分的实证结果来看，我国公众的信息获取行为会使不确定性增加，表现为对货币政策目标的抑制作用。而这样的抑制作用我们认为一方面来自于公众基于自身利益最大化选择产生的对冲作用，另一方面在于信息对公众影响的多样性上，即公众并未形成与货币政策目标相一致的预期及行为。因此，除了加强信息沟通之外，更应注重引导公众形成与货币政策目标相一致的预期，加强金融知识教育以避免对政策的误读。而对于货币政策工具的选择，在不断推进利率市场化的进程中，应当更为注重以利率操作为代表的价格型调控工具。

9　货币政策调控与银行体系性能优化①

9.1　银行风险承担、高管薪酬与货币政策传导的信贷效率

货币政策信贷传导效率研究一直是学术界和政策制定部门共同关注的热点议题。从传统的凯恩斯主义突出利率对投资、消费行为的影响作用，到随后银行信贷传导渠道理论的提出，均肯定了货币政策对银行信贷供给的影响。同时，银行在信贷供给中的主动行为效应也越来越受到重视。价格与数量型货币政策调控工具均会对银行风险承担态度产生影响，进而改变银行的行为方式；而银行风险承担态度亦受银行利润空间的变化和高管薪酬水平约束，并再次叠加作用于银行行为，从而对货币政策的信贷结果产生复杂影响。

针对上述问题，货币政策风险承担渠道理论提出：货币政策会通过

① 本章 9.1 节内容由笔者的论文《银行风险承担、高管薪酬与货币政策的信贷传导效率——基于动态非线性效应面板的实证》支撑，发表在《中央财经大学学报》2016 年第 5 期；9.3 节内容由笔者的论文《企业家信心与货币政策区域非对称效应——来自动态非线性面板模型的证据》支撑，发表在《现代财经》2019 年第 3 期。

影响金融机构的风险感知、容忍度和偏好等因素，作用于信贷投放和总产出（Rajan，2005；Borio 和 Zhu，2008；Gambacorta，2009），即风险承担能够影响货币政策信贷效率。Chen（2006）、Stiglitz（2009）和Cheng（2010）则提出，薪酬的风险激励作用亦会导致银行作出冒险行为，并随金融机构薪酬激励强度的逐年上升表现得更加明显。此时，如不考虑高管薪酬影响而只研究货币政策工具对风险承担的作用将直接导致分析结果产生偏误。因此，有关货币政策信贷效率的研究须综合考虑货币政策调控工具与高管薪酬水平对风险承担的联合作用机制。遗憾的是，国内对此方面的研究尚聚焦于二者对风险承担的单独影响（孔爱国和卢嘉园，2010；宋清华和曲良波，2011；江曙霞，2012；刘生福和李成，2014），而从风险承担角度探讨货币政策工具和高管薪酬水平联合对货币政策信贷传导效率作用的成果并不多见。基于此，本部分试图研究并确定，货币政策工具和银行高管薪酬能否通过风险承担态度的改变对货币政策信贷效率产生综合影响，并着重按工具的类别和政策的松紧倾向，实证分析这一传导过程的非线性性质。考虑到我国金融体系主要以银行为主导，银行高管的风险激励行为对货币政策信贷传导具有重要意义，本部分分析以期有助于深入挖掘货币政策工具与银行高管薪酬对信贷传导效率的综合作用机理，从而为监管部门对薪酬异质性银行制定差别化的动态管理措施提供研究借鉴。

9.1.1 相关文献回顾

货币政策的信贷效率的高低依赖于传导渠道通畅与否。传统货币经济理论根据贷款和其他资金的来源替代性假设不同，将传导渠道分为货币传导渠道和银行信贷传导渠道两种。但对于银行风险承担因素的考虑均存在严重不足，即直接简化商业银行，认为其对货币政策的传导不发挥主动性作用，仅仅是中央银行和贷款者之间被动持有资产的中介（Mundell，1968；Brunner 和 Meltzer，1988；Mishkin，2003）或假定商业银行风险中性并采取稳定经营的方式（Bernanke 和 Blinder，1988；Bernanke 和 Gertler，1995）。货币政策风险承担渠道认为，一方面，商业银行作为金融业的主要机构，其对待风险的态度、偏好乃至因其自身行为引致的变化，都可能使货币政策的预期实施效果产生很大偏差（Borio 和 Zhu，2008；Adian 和 Shin，2009）；另一方面，商业银行的风险演变也是货币政策当局不得不加以考虑的问题之一（Danielsson，2004；Diamond 和 Rajan，2009）。将银行风险承担因素加入货币政策信贷传导效率分析已得到学术界的广泛认可，但现有国内外文献就风险承担对信贷效率的考量主要表现为货币政策与银行风险承担和高管薪酬与银行风险承担两个单独层面，缺乏对二者作用机制的综合分析。

（1）货币政策与银行风险承担

归纳现有的文献研究我们发现，货币政策可通过估值收入效应、搜寻动机、竞争效应以及保险和道德风险效应来影响银行的风险承担（Rajan，2005；Borio 和 Zhu，2008；Gambacorta，2009）。国外学者认为，在宽松货币环境下，较低的融资成本和国债等无风险产品的低回报会激励银行去追求更多的风险以获得更高的收益（Adrian 和 Shin，2009）。Delis 和 Kouretas（2010）以风险加权资产占总资产的比率作为银行风险的衡量变量，通过对 2001—2008 年欧盟区银行数据的面板分析，发现央行利率每下降 1% 将引起银行风险承担增加 1.1%。Bush 等（2011）则发现中小型银行最容易受宽松货币政策影响而风险承担上升，大型银行所受影响并不显著。Jiménez 等（2009）提出，虽然低利率在短期内可能降低银行的信用风险，但从长期来看，由于对更高的抵押品价值和收益的追求，银行在宽松货币政策环境下更易降低其贷款标准，向有违约记录或者有较高不确定性的贷款人贷款。Maddaloni（2008）实证发现宽松的货币政策降低了银行的风险敏感度，从而提高了新增贷款违约概率。

国内学者在梳理和归纳了货币政策与银行风险承担关系，以期加深对其交互作用路径和内在机理理解的同时，主要基于我国数据进行了实证研究（陈龙腾和何建勇，2011；张雪兰和何德旭，2012；江曙霞和陈玉婵，2012；徐明东和陈学彬，2012 等）。其在表征风险承担变量的衡量方面，应用了预期违约概率、不良贷款率、Z 值指标、银行利润的方差和市场波动率，以及风险加权资产比率等方法。但由于国内信用评级体系相对落后，不良贷款率和预期违约概率可得性较差（茆训诚、王周伟和吕思聪，2014），Z 值更多反映银行破产风险的事后性状，并非事前冒险动机（刘生福和李成，2014）；尽管市场指标可以反映未来预期，但总体性指标包含较多影响因素的缺陷也使得风险行为与货币政策间的关系难以分辨（洪正等，2014）；风险加权资产相对包含了更多形式的资产和风险类型，但缺失 2013 年前的报表数据。上述内容成为实证结论中导致货币政策与银行风险承担非线性关系结论存在差别的原因。此外，高管作为银行行为的决定性主体，其薪酬无论从收入、竞争还是道德风险角度都存在成为影响货币政策信贷效率与风险承担关系关键变量的可能。但现有研究主要针对规模、产权属性和资本充足率等银行异质性变量进行研究，尚缺乏对高管薪酬问题的综合性研究。

（2）银行高管薪酬与风险承担

在对银行高管薪酬与风险承担作用关系进行研究的过程中，学术界提出其可能存在正向、负向、正 U 形和倒 U 形的观点，但尚未能达成一致。归纳来看，当假定风险是高管支付业绩敏感性的唯一决定因素时，标准委托代理模型中高管薪酬激励与风险承担间的负相关关系得到强力证实（Aggarwal 和 Samwick，1999；Core 和 Guay，2001）。而放宽这一假设后的实证结果为，高管财富对资产变动的敏感度使其倾向于实施高风险政策（Coles 等，2006），并且高薪酬敏感性更易于促进对具有风险承担倾向银行的兼并（Hagendorff 和 Vallascas，2011）。John 等（2000）在考虑资本与薪酬监管的基础上，认为通过对银行资本的控制或限制资金的使用方向所产生的风险承担要显著小于对高管薪酬的监管。Chen 等（2006）以美国 1992—2000 年 68 家商业银行为面板数据的实证分析得出结论，相比其他行业，银行业的薪酬激励会诱发更多的冒险行为。当然，也存在系列实证结果继续支持银行高管薪酬与风险承担间负向关系的结论，如曹廷求和于建霞（2008）通过对山东 126 家银行机构样本进行实证研究，发现在公司治理机制条件下，银行高管薪酬对风险控制具有负面影响。位华（2012）运用非平衡面板模型得出货币薪酬会起到抵消风险的作用。

从非线性的角度来看，银行风险承担和高管薪酬激励也会呈现 U 形关系。Haq 和 Pathan 等（2010）借助 1991—2004 年 212 家美国银行控股公司的面板数据，对高管薪酬与银行风险承担之间关系进行了实证分析后，发现银行高管薪酬和风险承担之间呈正 U 形关系，即在低薪酬情况下，薪酬的增加会显著降低银行的风险承担，在达到一定限度之后，高管为追求更高的薪酬会选择过度冒险行为。宋清华和曲良波（2011）在参照上述研究的基础上，通过研究 2000—2012 年我国 13 家银行的非平衡面板数据，发现我国商业银行高管薪酬与风险承担之间呈现倒 U 形关系，且当使用其他银行风险承担代理变量进行检验时结果稳健。洪正等（2014）以我国房地产信贷市场为研究对象，也得出了相近的结论。高管薪酬效用函数与模型假设条件的不同造就了以上结论中薪酬与风险承担间复杂的数理和实证关系。

上述成果的贡献在于分别从货币政策信贷传导的风险承担渠道和高管薪酬与风险承担关系的角度丰富了对应研究内容。但在研究货币政策信贷传导效率的过程中，还缺乏对上述两方面联合作用机制的综合考虑，即货币政策工具与高管薪酬水平对风险承担综合影响下的信贷效率。冀志斌和宋清华（2013）虽然尝试在货币政策信贷传导效率模型中纳入银行高管薪酬，但是忽视了传导的非线性关系。本节将货币政策工具与高管薪酬的影响作用结合，综合考虑其对风险承担和信贷效率的影响；按货币政策工具的类别和松紧倾向对比分析传导结果的差异。由于仅以线性模型进行设计和估计，往往会导致结果与现实不符甚至检验失败，因此，在实证过程中拟采用动态非线性效应面板模型以期进行较好的拟合。

9.1.2　理论机制分析

货币政策工具与银行高管薪酬水平共同通过银行风险承担影响信贷效率是本部分研究的核心问题。根据对现有文献的梳理，货币政策可以借助数量与价格两种类型的工具，综合高管薪酬的影响，共同通过货币政策风险承担渠道中的估值收入变化、行业竞争以及道德风险路径作用于最终的信贷传导效率（Cheng，2010）。不同环境下的分析可归纳为以下三方面：

由于法定存款准备金率是数量型货币政策调控的重要工具手段，

笔者以之作为代表。存款准备金率的变动主要作用于金融体系流动性。当中央银行试图采取上调法定存款准备金率的手段压缩信贷数量时，市场流动性的下降会刺激资产价格下降，产生估值效应，导致贷款企业违约概率上升，从而使银行提高自身的风险测度，缩减贷款规模。此时若高管薪酬与净资产收益率等名义绩效指标相挂钩（陈学彬，2005；杨大光等，2008），则存在促使银行高管短视的行为可能，即为实现预期或维持薪酬水平进行冒险经营。当然，也存在高薪酬银行的薪酬风险激励效应不明显，而低薪酬银行存在薪酬追逐的激进行为。伴随市场流动性下降，银行业竞争加剧，一方面存在低薪酬银行对竞标行为的放弃，另一方面也存在高薪酬银行更多涉入高风险项目的可能。前者会扩大货币政策对信贷的收缩效应，而后者会冲减货币政策对信贷的收缩效应。同理，当中央银行试图采取下调法定存款准备金率的手段扩大信贷数量时，市场流动性增加促使资产价格上涨，银行风险容忍度上升，贷款规模扩大。若薪酬激励效应存在，则会表现为银行放贷热情上升，货币政策信贷效率提高。出于竞争考虑，低薪酬银行也可能采取选择相对高薪酬银行风险和收益更高的贷款项目以向高薪酬迈进。其结果表现为低薪酬银行较高薪酬银行更加促进了货币政策信贷扩张意愿的实现。高管的道德风险效应会增加货币政策对信贷的扩张。

利率是价格型货币政策调控的主要手段。当中央银行提高市场基准利率，试图压缩信贷投放数量时，利率的上升导致抵押物价值下降，贷款企业利息支出成本增加导致贷款的违约风险增加，银行会通过降低自身的风险容忍度缩减信贷的规模。若薪酬的激励效应会对高管行为产生影响，则银行会放松信贷的审核标准，继续为高风险企业提供贷款。此时，相较低薪酬银行，高薪酬银行可能会更多地选择低风险项目实施稳健投资。同时，非对称性利率调控或非对称性市场利率浮动的范围还会使银行存款利率和贷款利率之间的净利差被压缩，致使银行间竞争加剧。为实现目标收益率，银行会增加贷款的数量和其他风险资产来增加利润，货币政策信贷效率降低，低薪酬银行对货币政策信贷冲减效应更为明显。同理，当中央银行试图采取降低市场基准利率的手段扩大银行信贷的投放时，利率的下降会导致抵押物价值上升，企业贷款违约概率下降，银行降低自身的风险识别，贷款发放规模增加。同样，如果薪酬的激励效应存在，银行会更加热情地放贷，提高货币政策信贷效率。若非对称性使利差缩小，则受制约于目标收益率，银行会通过增加风险承担来获取更高的收益，实现预期的高薪酬或维持已有的薪酬水平，对货币政策信贷扩张产生更大的促进作用。从道德风险方面考虑，这会增加货币政策的信贷扩张效应；利差收窄会刺激道德风险效应的生成。

货币政策与高管薪酬共同通过银行风险承担对信贷传导效率产生综合影响的流程路径如图 9-1 所示。综合上述分析结果（见表 9-1）可以看出，不同的货币政策工具与高管薪酬通过银行风险承担对货币政策信贷效率的影响在不同薪酬性质银行间产生的效果是不同且复杂的。多种机制作用下的最终影响结果依赖于非线性实证检验。基于表 9-1 的结论总结，笔者初步提出如下待检验假设：

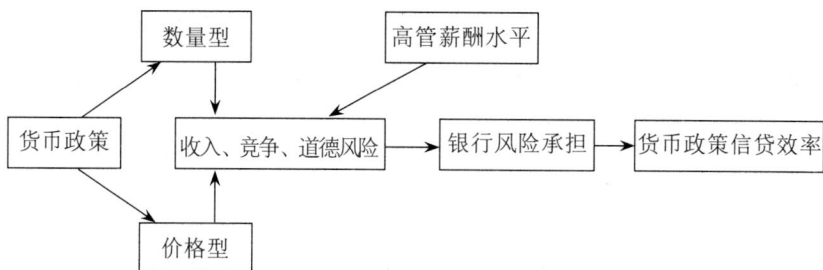

图 9-1　货币政策工具与银行高管薪酬对信贷传导效率影响的理论机制

假设 1：高管薪酬与银行风险承担之间存在非线性关系。

假设 2：不同种类货币政策工具（价格型与数量型）在不同高管薪酬水平下对信贷影响的效力存在差异性。

假设 3：我国 2010 年出台的商业银行限薪政策会对信贷效率结果产生进一步影响。

表 9-1　货币政策工具与银行高管薪酬水平影响货币政策信贷传导效应

银行组别		高薪酬银行			低薪酬银行		
影响工具类型	松紧倾向（效应）	收入变化	行业竞争	道德风险	收入变化	行业竞争	道德风险
数量型货币政策工具	适度收紧	减弱/不显著	弱化	弱化	弱化	不确定	弱化
	适度宽松	强化	不显著	强化	强化	强化	强化
价格型货币政策工具	适度收紧	弱化/不显著	弱化	弱化	弱化	不确定	弱化
	适度宽松	强化	强化	强化	强化	强化	强化

9.1.3　数据选取与实证方法

（1）数据来源与样本选取

针对目前国内研究普遍遇到的商业银行数据可得性较低、质量不完善等问题，本节通过多渠道搜集数据并进行交叉验证。所选用的银行数据主要来源于 Wind 数据库、中国人民银行网站、中经网数据库、各商业银行公开披露的财务报告、我国金融统计年鉴、国泰安 CSMAR 数据库以及调研所得。

由于货币政策具有易变性和传导时滞，经验研究表明至少滞后 1 个季度的货币政策变化方会影响到银行信贷供给，所以为了更为准确地反映传导效应，本部分以季度数据作为样本频率。在时间区间的选择方面，考虑到我国商业银行从 2003 年开始逐步剥离不良资产和进行股份制改造及上市，银行高管薪酬开始更多地向与经营绩效挂钩的制度转变，本节选取 2007 年第一季度至 2014 年第四季度作为研究区间。样本包括中国工商银行、中国建设银行、中国银行、招商银行、兴业银行等在内的 13 家国内 A 股上市银行，共 416 个有效观测值。由于中国农业银行、中国光大银行于 2010 年上市，此前的财务信息披露不完整，高管薪酬数据存在大量缺失；平安银行经历重大重组改制，数据连续性不强，因此不在本节的样本范围之内。

（2）变量说明与描述性统计

为了分析不同薪酬水平银行在货币政策信贷传导效率中的异质性影响，笔者按照薪酬水平将样本银行划分为高薪酬银行与低薪酬银行两组。尽管银监会于 2010 年颁布的《商业银行稳健薪酬监管指引》中将薪酬划分为基本薪酬、绩效薪酬、福利性收入等项下的货币和非货币收入，但实施中极少使用股票和期权等长期激励形式，且绝大多数银行只披露薪酬总额不披露薪酬结构，本部分以银行高管货币收入前三名之和与董事、监事和高管货币总收入的平均数作为银行高管薪酬的代理变量，除以总资产得到高管薪酬占总资产比率，记为 Salary。薪酬高低的分类依据是：计算各银行所有样本时间点上 Salary 的均值，排序后，将高于中位数的银行归为高薪酬银行组，低于中位数的银行归为低薪酬银行组①。

综合本节文献梳理的分析，选择风险加权资产比率（Risk）表征银行风险承担的程度。风险加权资产相对包含了更多形式的银行资产和风险类型。对 2013 年前所缺失的报表数据，笔者根据银保监会对风险加权资产比率的计算依据和调研所得进行手动计算补充。选择银行贷款总额环比增长率作为货币信贷供给的代理变量，为了减少异方差效应对其进行对数处理并运用 X12 进行季节调整，调整后的数据记为 Loan。由于从我国货币政策的实践来看，微观经济主体已成为经济利益最大化的

---

① 计算结果显示，中国民生银行、兴业银行、中国银行、招商银行、中信银行和浦发银行为样本内高管薪酬占总资产比率相对较高的高薪酬银行组；华夏银行、中国工商银行、交通银行、宁波银行、南京银行、中国建设银行、北京银行为样本内相对的低薪酬银行组。

行为主体，货币供应量内生性增强可控性降低，笔者选择1年期贷款基准利率（R）和法定存款准备金率（RR）作为价格型和数量型货币政策工具的表征变量。参考徐东明和陈学彬（2011），使用银行间同业拆借利率i和广义货币M2增长率M2P进行稳健性检验。同时，为了进一步反映货币政策适度宽松与收紧倾向的影响，引入两组二值虚变量down和up。若RR或R环比下降则down = 1，其他，则down = 0；若RR或R环比上升则up = 1，其他，则up = 0。

由于我国现行银行高管薪酬激励的绩效考核指标大多使用短期盈利和收益率，并参考上年和同业标准，从而导致前期盈利能力较强的银行更有动机追逐短期收益。本部分选择以净资产收益率（ROE）作为银行盈利能力的表征变量。独立性强的董事会结构直接有助于抑制银行的过度冒险（Byrd等，2001；Caprio等，2007；Laeven和Levine，2009）。笔者选择独立董事占比（Ratio）作为银行内部风险约束的代理变量。较大的银行资产规模会激励银行产生大而不倒的逆向选择效应，从而增加风险承担，本部分以银行总资产的自然对数（Asset）作为银行规模的代理变量。存贷比率直接约束了银行可发放信贷的总量，从而对货币政策传导的信贷效应产生影响。本部分以Lr表征存贷比率。虽然近日银保监会开始着手取消存贷比，但前期存贷比变量所产生的影响意义仍不可完全忽视。

笔者所使用的变量具体定义和说明汇总于表9-2[①]。表9-3显示了变量描述性统计结果。银行高管薪酬占总资产的比率平均为2.53×10^{-6}。从年度情况来看，尽管经历了2008年的国际金融危机，但2008年银行高管薪酬相对2007年仍保持增长，2011年因限薪政策的出台高管薪酬总额相对于2010年降低了约1 814万元，实施降薪的银行占样本总量的70%，且降薪幅度与前期薪酬水平存在正向关系，其中宁波银行以429万元的降薪幅度居于第一位。不同所有者性质的银行风险承担变动趋势存在显著差异，国有商业银行呈现逐年递增的趋势，股份制以及城

---

① 除表9-2所显示的控制变量外，笔者还考虑了市场竞争程度、第一大股东持股比率、前三大股东持股比率平方和和监事会人数作为控制变量，但样本数据的估计结果未能通过。鉴于篇幅有限，笔者在此只展示通过检验的控制变量。

市商业银行风险承担水平变动幅度较小且趋于稳定，上述风险承担变动趋势也可以说是系统重要性银行大而不倒的某种心理体现。2008 年贷款增速最低，明显反映了当年紧缩性货币政策的影响，同时也与薪酬和风险承担的变动存在对应关系。平均 ROE 保持在 4.99% 左右，独立董事占比平均为 35.6%。资产规模从大到小的差异依次在国有控股商业银行、股份制商业银行和城市商业银行间拉大。

表 9-2　　　　　　　　　　　　　　**变量定义与说明**

变量标识	变量名称	变量定义说明
Salary	高管薪酬	银行高管货币收入前三名之和与董事、监事和高管货币总收入的平均数除以总资产（%）
Risk	银行风险承担	风险加权资产占总资产比率（%）
Loan	银行信贷	银行信贷总额环比增长率（%）
R	利率	1 年期贷款基准利率（%）
RR	存款准备金率	法定存款准备金率（%）
down	虚拟变量	货币政策松紧倾向表征变量，RR 或 R 环比下降取值为 1，否则为 0
up	虚拟变量	货币政策松紧倾向表征变量，RR 或 R 环比上升取值为 1，否则为 0
ROE	银行业绩	净资产收益率（%）
Ratio	独立董事占比	独立董事所占比重（%）
Asset	银行规模	银行总资产的自然对数
Lr	存贷比	银行存贷款比率

表 9-3　　　　　　　　　　　**变量的描述性统计结果**

变量	Salary	Risk	Loan	R	RR	ROE	Ratio	Asset	Lr
均值（%）	2.53（10^{-6}）	10.73	5.75	6.15	17.69	4.99	35.6	12.14	68.27
标准差（%）	3.77	2.45	5.45	0.66	3.05	1.33	5.7	1.36	6.67
观测值	416	416	416	416	416	416	416	416	416
中值	1.18（10^{-6}）	10.04	5.28	5.99	15.48	4.01	29.7	11.07	59.32

（3）实证方法与模型设定

由于银行高管薪酬与银行风险承担之间可能存在非线性关系，即风险承担随高管薪酬的增加而增加达到一定门限值后有出现下降的可能；信贷与银行风险承担、高管薪酬及其他控制变量之间同样可能存在非线性关系，笔者考虑通过引入二次项的形式建立 3 组面板模型进行非线性效应分析：反映银行高管薪酬与银行风险承担关系的面板模型、反映高薪酬银行组中货币政策调控工具变化通过银行风险承担对信贷影响的面板模型和反映低薪酬银行组中货币政策调控工具变化通过银行风险承担对信贷影响的面板模型。需要指出的是，由于因变量和当期自变量之间可能存在相互影响从而产生因反向因果关系而形成的内生性问题，本部分在实证方程设计方面均采用选取滞后一期自变量和控制变量与当期因变量进行回归。这种处理方式也恰与滞后 1 个季度的货币政策变化会对信贷发放产生直接影响的多数经验研究结论相符合。为了规避因遗漏变量类型而产生的内生性问题，本部分采用固定效应模型进行分析，从而通过一阶差分滤除不随时间变化的个体效应。固定效应的可行性通过 Hausman 检验确定①。估计采用完全修正最小二乘法（FMOLS），并在高斯环境下运行。

针对假设 9-1 至假设 9-3 的内容，本部分主要以如下方式进行具体检验：

第一，检验高管薪酬与银行风险承担之间是否存在非线性关系。非线性面板回归模型设定为：

$$\text{Risk}_{it} = \alpha1 + \alpha2\text{Salary}_{i,t-1} + \alpha3\text{Salary}^2_{i,t-1} + \alpha4\text{Ratio}_{it} + \alpha5\text{ROE}_{i,t-1} + \xi_{i,t} \quad (9-1)$$

式中，i 代表第 i 家银行，t 代表时间。如果二次项系数 $\alpha3$ 显著且为负，则表明高管薪酬与银行风险承担之间存在显著的倒 U 形关系，反之为正 U 形关系。系数 $\alpha2$ 的正负表示图形处于上升或下降阶段。$\alpha4$ 和 $\alpha5$ 表示控制变量的显著性。$\xi_{i,t}$ 为误差项。

第二，检验不同种类货币政策工具在不同高管薪酬水平下对信贷影响效力的差异。如果第一步确认高管薪酬与银行风险承担之间存在非线

---

① 虽然对于动态面板模型，系统 GMM 方法比差分 GMM 方法估计结果更有效。但出于本模型样本数量的实际情况，笔者放弃了 GMM 方法，采用固定效应分析。在实证的过程中笔者也尝试使用系统 GMM 方法，但检验不能通过。

性关系，为表现不同薪酬水平的差异，分高薪酬银行和低薪酬银行两组进行方程检验。在考虑货币政策适度宽松与收紧倾向阶段的效应差异时，分别引入前文所设定的虚拟变量 up 和 down 与货币政策工具的交叉项。方程形式为：

针对价格型货币政策工具：

$$Loan_{i,t} = \beta1 + \beta2Loan_{i,t-1} + \beta3R_{t-1} \times up_{t-1} + \beta4R_{t-1} \times up_{t-1} \times Risk_{i,t} + \beta5R_{t-1} \times up_{t-1} \times Risk^2_{i,t} + \beta6 \times Asset_{i,t} + \beta7ROE_{t-1} + \beta8Lr_{t-1} + \omega_{i,t}$$

$$(9-2)$$

$$Loan_{i,t} = \chi1 + \chi2Loan_{i,t-1} + \chi3R_{t-1} \times down_{t-1} + \chi4R_{t-1} \times down_{t-1} \times Risk_{i,t} + \chi5R_{t-1} \times down_{t-1} \times Risk^2_{i,t} + \chi6Asset_{i,t} + \chi7ROE_{t-1} + \chi8Lr_{t-1} + \upsilon_{i,t}$$

$$(9-3)$$

针对数量型货币政策工具：

$$Loan_{i,t} = \gamma1 + \gamma2Loan_{i,t-1} + \gamma3RR_{t-1} \times up_{t-1} + \gamma4RR_{t-1} \times up_{t-1} \times Risk_{i,t} + \gamma5RR_{t-1} \times up_{t-1} \times Risk^2_{i,t} + \gamma6Asset_{i,t} + \gamma7ROE_{t-1} + \gamma8Lr_{t-1} + \varepsilon_{i,t}$$

$$(9-4)$$

$$Loan_{i,t} = \varphi1 + \varphi2Loan_{i,t-1} + \varphi3RR_{t-1} \times down_{t-1} + \varphi4RR_{t-1} \times down_{t-1} \times Risk_{i,t} + \varphi5RR_{t-1} \times down_{t-1} \times Risk^2_{i,t} + \varphi6Asset_{i,t} + \varphi7ROE_{t-1} + \varphi8Lr_{t-1} + \mu_{i,t}$$

$$(9-5)$$

式中，以利率 R 表征价格型货币政策调控工具，以存款准备金率 RR 表征数量型货币政策调控工具。加入风险承担 $Risk_{i,t}$ 的二次项是为了考查非线性效应。根据（9-2）式、（9-3）式和（9-4）式估计结果计算并比较对应的货币政策工具边际系数的差异，对应价格与数量型货币政策工具影响效果的差异。在交叉项系数显著的前提下，如果（9-1）式中边际系数小于（9-4）式，则表明在货币政策适度收紧时期，数量型货币政策调控工具与高管薪酬水平对风险承担综合影响下的收紧信贷的效应强于价格型货币政策调控工具。同理，如果（9-3）式中边际系数大于（9-5）式，则表明在货币政策适度宽松时期，价格型货币政策调控工具与高管薪酬水平对风险承担综合影响下的信贷宽松效果更为明显。高薪酬银行组估计结果在边际系数上与低薪酬银行组的差异反映不同高管薪酬水平对信贷效应的差异化影响。

第三，检验我国 2010 年出台商业银行限薪政策对结果的影响。银监会于 2010 年 3 月发布《商业银行稳健薪酬监管指引》，开始对商业银行薪酬进行限制。为了衡量这一事件对问题结果的进一步影响，对（9-2）式至（9-5）式进行扩展，在其中加入二值虚拟变量 Time 的交叉项。考虑到政策的实施存在一定的时滞，大部分银行薪酬削减实际发生在 2011 年，笔者以 2011 年第一季度为分界点，若时间在此之前则 Time = 0，之后则 Time = 1。由估计结果计算出的边际系数较检验 2 中结果的差异可以反映限薪政策的影响。

9.1.4　实证结果分析和稳健性检验

（1）高管薪酬与银行风险承担间的非线性关系存在性检验

根据模型回归结果（见表 9-4）。模型调整的 R^2（Adj R^2）为 0.5767。$Salary_{t-1}$ 和 $(Salary_{t-1})^2$ 的系数均显著，且分别为负和正，表明银行高管薪酬水平与银行风险承担之间具有明显的正 U 形关系。在低薪酬情况下，薪酬的增加会显著降低银行的风险承担能力；当薪酬增加时，银行高管或出于对已有薪酬所得、职业稳定性考虑，或因监管层对银行风险行为偏离监管点的惩罚，倾向于保持较低的风险承担能力；但当薪酬达到一定水平后，由于相对冒险成本的降低，薪酬激励效应显著增强，此时高管会通过放松对次优级项目的贷款获取更高的薪酬，表现为银行风险承担的增加。从而估计结果支持了本部分的假设 9-1，即高管薪酬与银行风险承担间存在非线性关系。从控制变量系数的估计结果看，ROE 与 Risk 正相关，表明银行前期盈利性促使银行高管通过增加风险承担追逐更高收益。独立董事占比 Ratio 与 Risk 负相关[①]，说明银行董事会的独立性越强，银行过度风险承担的行为越能得到抑制。

表 9-4　　　　　银行高管薪酬与风险承担的非线性关系

变量\\估计	RISK						
	C	$Salary_{t-1}$	$(Salary_{t-1})^2$	Ratio	ROE_{t-1}	Hausman	Adj R^2
系数	0.5658	−0.0174	0.0006	−0.0022	0.0037	9.8437	0.5767
p	(0.0000)	(0.0000)	(0.0000)	(0.0000)	(0.0440)	0.0431	

[①]　其他有关股权结构类的控制变量，如股权分散度等指标，估计结果并不显著。为了节省篇幅，笔者在此不赘述其他变量的检验过程。

（2）对不同种类货币政策工具在不同高管薪酬水平下通过银行风险承担对信贷影响效力的差异性检验

通过对高薪酬银行组和低薪酬银行组的分样本估计，笔者分别考虑了货币政策处于适度收紧和适度宽松期间内数量型和价格型货币政策调控工具的影响结果。表 9-4 和表 9-5 中所有调整的 R^2 值在 0.5918 和 0.9989 之间，且各估计系数在统计上显著。银行信贷的滞后一期系数显著为正，一方面表明银行信贷发放在向其目标调整的过程中可能存在短期调整成本，另一方面也表明下一期的银行信贷与当期高度相关，其动态变化具有连续性，这也从侧面一定程度上验证了本部分采用动态面板模型进行估计的合理性。

具体来看，根据表 9-5 和表 9-6 中第（5）、（6）、（7）行系数所计算的法定存款准备金率 RR 所产生的边际影响，即 $A1 = \gamma3 + \gamma4 \times Risk_{i,t} + \gamma5 \times Risk^2_{i,t}$，$A2 = \varphi3 + \varphi4 \times Risk_{i,t} + \varphi5 \times Risk^2_{i,t}$，结果均为负，表明中央银行通过提高（或降低）法定存款准备金率从而执行适度收紧（或适度宽松）的货币政策后，银行信贷供给量在总体上会对应减少（或增加），符合传统货币政策效应结果。

表 9-5 和表 9-6 中第（7）行的估计系数表明了法定存款准备金率在变动过程中带来了非线性关系，其在适度收紧货币政策环境下均呈现正 U 形关系，而在适度宽松货币政策环境下的低薪酬银行组中呈倒 U 形的关系。存款准备金率的增加会通过银行风险承担行为的变化显著降低银行信贷供给，在达到一定限度之后，高薪酬银行组高管为维持较高的薪酬会选择过度危险性行为，减弱存款准备金率对信贷的收紧作用；而在低薪酬银行组下，薪酬激励效应递减，从而加速了提高存款准备金率对信贷的收紧作用。这里，本部分更感兴趣的是，适度收紧货币政策环境下和适度宽松货币政策环境下法定存款准备金率所产生影响的差异，以及高薪酬银行组与低薪酬银行组之间的差异。从数据结果看，显然，无论是高薪酬银行还是低薪酬银行，A1 的绝对值均小于 A2 的绝对值，即适度宽松货币政策环境下法定存款准备金率所产生的影响均大于适度收紧货币政策环境下法定存款准备金率所产生的影响；法定存款

准备金率对高薪酬银行贷款发放的影响的边际系数绝对值均小于对低薪酬银行影响的绝对值，这说明在适度收紧货币政策环境下具有较低薪酬的银行通常表现出对风险规避较高的敏感性，从而放大提高存款准备金率的收缩效应；在货币政策处于适度宽松时期具有较低薪酬的银行通常表现出对风险承担的较高热情，从而放大下调存款准备金率的宽松效应。这在一定程度上也表明，我国低薪酬银行的高管会相对高薪酬银行的高管在货币环境宽松时期选择更高的风险，薪酬激励并没有促使高薪酬银行大幅承担风险。

表 9-5 **适度收紧货币政策环境下数量型货币政策工具对信贷的影响**

项目	较高高管薪酬银行组		较低高管薪酬银行组	
	不考虑风险承担	风险承担	不考虑风险承担	风险承担
C（3）	−0.554462 (0.0057)	−0.773160 (0.0000)	−0.605457 (0.0000)	−0.266587 (0.0000)
$Loan_{t-1}$（4）	0.516811 (0.0000)	0.500413 (0.0000)	—	0.517076 (0.0000)
$RR_{t-1} \times up_{t-1}$（5）	−0.008586 (0.0541)**	0.236041 (0.0149)*	−0.001833 (0.0292)*	0.106172 (0.0000)
$RR_{t-1} \times up_{t-1} \times Risk$（6）	—	−0.784263 (0.0123)*	—	−0.392612 (0.0000)
$RR_{t-1} \times up_{t-1} \times Risk^2$（7）	—	0.643113 (0.0108)*	—	0.360739 (0.0000)
二次项形态（8）	—	正 U 形		正 U 形
Asset（9）	0.269349 (0.0000)	0.266073 (0.0000)	0.562070 (0.0000)	0.277081 (0.0000)
Lr_{t-1}（10）	0.931409 (0.0003)	1.096182 (0.0000)	0.699773 (0.0002)	0.307413 (0.0000)
ROE_{t-1}（11）	−0.011460 (0.1523)	−0.013801 (0.0804)**	−0.009548 (0.0624)**	−0.009490 (0.0590)**
Effects	FE	FE	FE	FE
Adj R^2	0.797188	0.697232	0.591821	0.798974

注：括号中为 p 值，*表示所估计系数在 5% 的概率下显著，**表示在 10% 的概率下显著。以下表中含义相同。

从控制变量的影响来看，银行规模和存贷比对货币政策信贷效率具有正向影响。值得注意的是，盈利能力 ROE 估计系数为负，表明前期盈利能力较强的银行并没有过分将利润投向高风险贷款组合，相反，盈利能力弱的银行为改善落后的现状更倾向于投资风险项目。

表 9-6 适度宽松货币政策环境下数量型货币政策工具对信贷的影响

项目	较高高管薪酬银行组			较低高管薪酬银行组		
	不考虑风险承担	风险承担(不含表外业务)	考虑表外业务风险承担	不考虑风险承担	风险承担(不含表外业务)	考虑表外业务风险承担
C (3)	−0.547139 (0.0031)	−0.745598 (0.0002)	−0.636271 (0.0009)	−0.379294 (0.0352) *	−0.044694 (0.0076)	−0.044881 (0.0086)
$Loan_{t-1}$ (4)	0.517923 (0.0000)	0.529800 (0.0000)	0.508934 (0.0000)	0.640350 (0.0000)	0.611463 (0.0000)	0.603565 (0.0000)
$RR_{t-1}\times down_{t-1}$ (5)	−0.009025 (0.0490) **	0.013343 (0.8677)	0.015048 (0.8460)	−0.013811 (0.0350) *	−0.280675 (0.0203) *	−0.039763 (0.0281) *
$RR_{t-1}\times down_{t-1}\times Risk_{i,t}$ (6)	—	−0.054588 (0.8303)	−0.063549 (0.7971)	—	0.166141 (0.0288) *	0.111944 (0.0383) *
$RR_{t-1}\times down_{t-1}\times Risk_{i,t}^2$ (7)	—	0.053539 (0.7905)	0.063661 (0.7453)	—	−0.148379 (0.0442) *	−0.069387 (0.0531) **
二次项形态 (8)	—	正 U 形	正 U 形	—	倒 U 形	倒 U 形
Asset (9)	0.207158 (0.0000)	0.249448 (0.0000)	0.251244 (0.0000)	0.576214 (0.0000)	0.210774 (0.0000)	0.214054 (0.0000)
Lr_{t-1} (10)	0.829142 (0.0002)	1.053253 (0.0001)	0.950918 (0.0002)	0.585423 (0.0006)	0.052364 (0.0372) *	0.055423 (0.0327) *
ROE_{t-1} (11)	−0.01234 (0.1182)	−0.012068 (0.1291)	−0.012093 (0.1143)	−0.01030 (0.0448)	−0.014488 (0.0261)	−0.010105 (0.0520)
Effects	FE	FE	FE	FE	FE	FE
Adj R^2	0.669025	0.597097	0.697370	0.79858	0.899271	0.898629

　　价格型货币政策工具产生的影响结果反映于表 9-5 和表 9-6 中。同理，根据表 9-2 和表 9-3 中第（5）、（6）和（7）行系数计算的利率 R 所产生的边际影响，即 $A3 = \beta3 + \beta4 \times Risk_{i,t} + \beta5 \times Risk^2_{i,t}$，$A4 = \chi3 + \chi4 \times Risk_{i,t} + \chi5 \times Risk^2_{i,t}$ 结果均为负，表明中央银行通过提高（或降低）利率从而执行适度收紧（或适度宽松）的货币政策后，银行信贷供给量会总体对应减少（或增加），符合传统货币政策效应结果。表 9-5 和表 9-6 第（7）行的估计系数表明了利率在变动过程中带来了非线性关系，其在适度收紧货币政策和适度宽松货币政策环境下均呈现正 U 形的关系。利率的增加会通过银行风险承担行为的变化显著降低银行信贷供给，在达到一定限度之后，高管会为维持较高的薪酬选择过度危险行为，风险激励效应更为明显。适度收紧货币政策环境下和适度宽松货币政策环境下利率影响的差异，以及高薪酬银行与低薪酬银行之间的差异表现为：首先，无论是高薪酬银行还是低薪酬银行，A3 的绝对值均小于 A4 的绝对值，即适度宽松货币政策环境下利率所产生的影响均大于适度收紧货币政策环境下利率所产生的影响，表示收紧环境下利率对高薪酬银行贷款发放影响的边际系数绝对值小于对低薪酬银行影响的绝对值；表示宽松环境下利率对高薪酬银行贷款发放影响的边际系数绝对值大于对低薪酬银行影响的绝对值。这说明在适度收紧货币政策环境下具有较低薪酬的银行因薪酬所限表现出对风险规避较高的敏感性，从而放大提高利率的收缩效应；在货币政策处于适度宽松时期，虽然高管薪酬较低的银行可能表现出对风险承担的较高热情，持续增加贷款发放，但值得注意的是，由于我国存贷利差的逐步收紧，即使利率下降，仍挤占了银行原有的利润空间，迫使部分原薪酬较高的银行出于对原有利润的维持而增加风险承担，从而可能表现出对利率变动的更大幅度反应。

　　综合表 9-5 和表 9-6 的分析结果，其表明，货币政策工具在不同银行高管薪酬水平下通过银行风险承担的变化对银行信贷效率具有重要影响；无论价格型还是数量型货币政策工具，在适度宽松货币政策环境下货币政策工具所产生的影响均大于适度收紧货币政策环境下所产生的影响。对比表 9-1、表 9-2 和表 9-3，价格型货币政策工具较数量型货币政策工具的信贷效率更高，但在利润空间不受影响的前提下，高管薪酬较低银行的信贷效率较高，而高管薪酬较高银行的信贷效率较低。相反，当考虑利润空间所受的影响时，在利率下调但利差空间缩小的情形下，高薪酬银行的信贷效率相对较高。这些与薪酬水平受限时的风险约束和为维持原有较高薪酬而呈现的风险激励直接相关，见表 9-7 和表 9-8。

表 9-7　　适度收紧货币政策环境下价格型货币政策工具对信贷的影响

项目	较高高管薪酬银行组		较低高管薪酬银行组	
	不考虑风险承担	风险承担	不考虑风险承担	风险承担
C（3）	−0.692306 (0.0003)	−0.764652 (0.0000)	−0.011250 (0.0463) [*]	−0.250798 (0.0000)
$Loan_{t-1}$（4）	0.532576 (0.0000)	0.496288 (0.0000)	0.642672 (0.0000)	0.537534 (0.0000)
$R_{t-1} \times up_{t-1}$（5）	−0.002931 (0.0309) [*]	0.596470 (0.0044)	−0.003352 (0.0536) [*]	0.228981 (0.0002)
$R_{t-1} \times up_{t-1} \times Risk_{i,t}$（6）	—	−1.987296 (0.0040)	—	−0.849624 (0.0002)
$R_{t-1} \times up_{t-1} \times Risk_{i,t}^2$（7）	—	1.631390 (0.0039)	—	0.783757 (0.0002)
二次项形态（8）	—	正 U 形	—	正 U 形
Asset（9）	0.247990 (0.0000)	0.266702 (0.0000)	0.195386 (0.0000)	0.265604 (0.0000)
Lr_{t-1}（10）	0.997642 (0.0001)	1.095380 (0.0000)	0.030786 (0.0069)	0.289006 (0.0000)
ROE_{t-1}（11）	−0.011010 (0.1688)	−0.013309 (0.0900) [**]	−0.010124 (0.0488) [*]	−0.010079 (0.0454) [*]
Effects	FE	FE	FE	FE
Adj R^2	0.79713	0.597260	0.898583	0.998941

表 9-8　适度宽松货币政策环境下价格型货币政策工具对信贷的影响

项目	较高高管薪酬银行组		较低高管薪酬银行组	
	不考虑风险承担	风险承担	不考虑风险承担	风险承担
C （3）	−0.7107 （0.0002）	−0.741230 （0.0002）	−0.032956 （0.0464）	−0.898426 （0.0000）
$Loan_{t-1}$ （4）	0.53339 （0.0000）	0.529278 （0.0000）	0.643123 （0.0000）	−0.195384 （0.0000）
$R_{t-1} \times down_{t-1}$（5）	−0.00231 （0.0481）*	0.111280 （0.0620）**	−0.003590 （0.0689）**	0.698441 （0.0734）**
$R_{t-1} \times down_{t-1} \times Risk_{i,t}$（6）	—	−0.383144 （0.0594）**	—	−0.609286 （0.0588）**
$R_{t-1} \times down_{t-1} \times Risk_{i,t}^2$（7）	—	0.330475 （0.0565）**	—	0.562974 （0.0525）**
二次项形态 （8）	—	正U形	—	正U形
Asset（9）	0.24810 （0.0000）	0.249750 （0.0000）	0.195180 （0.0000）	0.178987 （0.0000）
Lr_{t-1} （10）	0.99792 （0.0001）	1.042300 （0.0001）	0.030864 （0.0205）*	−0.898426 （0.0000）
ROE_{t-1}（11）	−0.011789 （0.1399）	−0.011671 （0.1465）	−0.010015 （0.0514）	−0.011176 （0.0306）
Effects	FE	FE	FE	FE
Adj R^2	0.697125	0.697102	0.685102	0.789271

（3）进一步讨论：限薪政策对信贷效率的影响与稳健性检验

上述经验分析支持了在第二部分理论机制分析中所提出的有关货币政策工具与银行高管薪酬水平综合通过银行风险承担渠道影响银行信贷过程的假说。基于对实证结果稳健性的考虑，一方面需对回归方法的有效性进行检验，另一方面需对模型内容设定的有效性进行检验。前者依赖于残差独立性和 Hansen 检验，后者则可通过对比考量风险承担因素是否存在情况下货币政策对银行信贷效率影响结果的差异性，以及限薪政策是否带来结果上的变异来实现，从而也实现了限薪政策对信贷效率影响的进一步探讨。

对于第一种情况，由于面板数据分析需假设模型的残差项为独立且正态分布的，而残差项之间实际可能并非完全独立，或与模型变量相关，从而导致所估计的系数标准差变小，t 统计量变大，不能真实反映变量间的相关关系。据此，本部分采用对银行和时间两维度进行相关性及异方差调整的方法。鉴于篇幅有限，笔者在此不展示经自相关和异方差调整的全部回归结果，而是直接给出结论。检验表明，方程中涉及的自变量与因变量均呈现了显著的相关关系，加入控制变量后亦并不影响回归结果。考虑到若样本观测值较少则可能产生估计偏误，笔者在面板估计过程中还采用了 Bootstrap 法进行校正，得到了与前文相同的结果。在调整残差的异方差和序列相关性后，也仍然得到相同的结论。Hansen 检验结果显示方程中不同薪酬水平和不同货币政策工具代理变量下的估计均无法拒绝检验的原假设，即模型设定不存在过度识别的问题。上述检验表明本部分的结果在估计方法上是稳健的。

对于后一种情况，笔者采用将不包含风险承担因素的估计结果与包含风险承担因素的估计结果相对比的方法进行分析。剔除后的估计结果对应于表 9-4 至表 9-6 中第（2）和第（5）列，其绝对值均小于包含风险承担因素估计结果中各类货币政策工具代理变量的边际系数，证实了银行风险承担在传导过程中所起到的作用不容忽视。笔者还以从事后反映风险蕴含情况的 Z 值指标作为风险承担的另一表征变量，以银行同业拆借利率和广义货币 M2 增长率分别表征价格型和数量型货币政策调控工具，对面板模型进行重新估计，发现无论是不同银行薪酬水平还是不同种类以及环境下货币政策工具变量的符号与显著性均基本与之前保持一致，即本部分的基本结论是稳健的①。

此外，鉴于 2010 年以后，我国银行监管部门对银行规定了薪酬水平指导意见，而大部分银行薪酬削减实际产生在 2011 年，可能对待估计方程结果产生影响，故引入虚拟变量 Time 来反映这种差异，将 2011 年第一季度以后银行样本对应的 Time 取值为 1，其余情况取值为 0。估计结果显示，2011 年第一季度开始计算出的货币政策工具影响的边际系数的绝对值较检验 2 中边际系数的绝对值存在差异，即限薪政策能够有效提高商业银行对紧缩性货币政策的收缩效果，提升信贷效率，但是无法有效刺激扩张性货币政策对商业银行信贷投放的热情②。这也并未影响前文的基本结论。

笔者选取了 2007 年第一季度到 2014 年第四季度经筛选后的我国 13 家 A 股上市商业银行作为研究样本，采用非线性动态面板数据模型，针对货币政策工具和银行高管薪酬能否通过风险承担态度的改变对货币政策信贷效率产生综合影响，划分不同货币政策环境、货币政策工具以及银行薪酬水平进行了分析研究。研究证实了货币政策工具与高管薪酬水平同时通过风险承担行为对信贷效率产生重要影响，并且这一影响存在非线性关系。主要结论可归纳为如下几点：第一，我国商业银行风险承担与高管薪酬间存在显著的正 U 形非线性关系。在低薪酬情况下，薪酬的增加会显著降低银行的风险承担；薪酬增加伊始，银行高管或出于职业稳定性等因素的考虑，倾向于保持较低的风险承担；当薪酬达到一定水平后，薪酬的增加会因相对冒险成本的降低而提高银行风险承担水平。第二，以风险加权资产比率作为银行风险承担表征变量，货币政策工具在不同银行高管薪酬水平下通过银行风险承担的变化对银行信贷效率具有重要影响。无论价格型或数量型货币政策工具，在适度宽松货币政策环境下货币政策工具所产生的影响均大于适度收紧货币政策环境下所产生的影响。价格型货币政策工具较数量型货币政策工具的信贷效率更高，但在利润空间不受影响的前提下，高管薪酬较低银行的信贷效

---

① 鉴于篇幅有限，这里笔者暂不列表显示重新估计的结果，仅在文字中给出结论。
② 鉴于篇幅有限，这里笔者暂不列表显示全部估计结果，仅在文字中给出结论。

率较高，而高管薪酬较高银行的信贷效率较低。相反，当考虑利润空间所受的影响时，在利率下调但利差空间缩小的情形下，高薪酬银行出于对原有利润的维持而增加风险承担后的信贷效率相对更高。第三，我国2010年出台的限薪指导意见能够有效提高商业银行对紧缩性货币政策的收缩效果，提高信贷效率，但是无法有效刺激扩张性货币政策对商业银行信贷投放的热情。

根据上述实证研究结论，笔者提出以下几方面相关政策建议：第一，我国2010年颁布的《商业银行稳健薪酬监管指引》在一定程度上限制了银行业薪酬的持续膨胀。将高管薪酬控制在相对较低的水平下，可通过薪酬与风险承担的正 U 形变动关系有效降低银行风险资产规模，在一定程度上维护金融系统的稳定性。第二，适度宽松与收紧的货币政策对银行信贷影响的差异反映出适度的货币扩张一般能有效调动银行信贷投放热情并提高信贷效率，而相同条件下适度收紧的货币政策往往会引发银行逆向选择从而对冲实施效果。对于后者笔者认为一方面需要强化与银行资本监管或宏观审慎管理政策有效配合的机制，另一方面要改革银行高管薪酬激励资源体系，将配合的协调性纳入考核标准。第三，货币政策对不同薪酬水平银行信贷效果影响的差异性为政策制定部门制定差别化的动态管理措施提供了理论借鉴。货币政策的实施不仅需要继续维持与重要性银行政策效果的沟通与配合机制，而且需要加强对银行薪酬分级监管，特别是在适度宽松的货币政策环境下对高薪酬银行实施差异化的风险资本监管。在薪酬制定上可发挥独立董事的作用，限制银行的过度风险承担行为。

9.2 灵活动态金融状况指数与货币政策反应函数的实证检验

货币政策对于宏观经济稳定具有不可忽视的作用，因而对货币政策的研究一直是宏观经济学的重点。传统的货币政策以低通胀为目标，但随着资本市场的不断深化，宏观经济出现了物价稳定而资产价格大幅波动的现象，这一变化给货币政策带来了巨大的挑战。随着我国步入"新常态"，货币政策被赋予了更重要的意义。尤其是在当前宏观审慎框架尚未完善的情况下，一些学者提出构造包含资产价格因素的通胀指标代替CPI作为货币政策的指示器，其中以金融状况指数 FCI 为典型代表。

金融危机以来，国内通胀除了呈现出资产价格频繁波动的新特征之外，对外部因素对价格的影响也值得关注。我国在全球产业结构中处于加工中心地位，原材料加工出口在本国整体贸易结构中所占的比重较大，再加上有限的国内供给使我国成为大宗商品主要进口国。本部分尝试把国际大宗商品价格纳入金融状况指数，一方面将增加指数自身包含的未来通胀的有效信息，提高该指数作为货币政策参考目标的能力；另一方面为衡量宏观经济运行状况提供了新的指标，进一步完善了物价指数统计体系。另外，考虑到国内大宗商品价格指数自2006 年 6 月才开始统计，我们采用国际大宗商品价格指数 CRB 作为大宗商品价格代理变量，已有研究表明，CRB 指数与国内大宗商品指数并无显著差异。

本节主要内容包括：（1）将国际大宗商品价格指数 CRB 纳入 FCI合成指标中，比较加入 CRB 的 FCI 与传统 FCI 对通胀的预测能力。（2）采用先进的灵活动态模型——混合创新的随机波动时变向量自回归模型（MI-TVP-SV-VAR）估计 FCI 权重，避免了传统 VAR 模型过度参数化的缺陷。（3）尝试将 FDFCI 同时纳入数量型、利率型、混合型货币政策规则中，比较包含 FDFCI 的三种货币政策规则在我国的适用性问题。

9.2.1 相关文献回顾

对金融状况指数 FCI 的研究起源于货币状况指数 MCI，随着资产价格在金融形势评估中占有越来越重要的地位，Goodhart 和 Hofmann（2000）将资产价格因素加入 MCI 中，构建了金融状况指数 FCI。由于FCI 所涵盖的信息更加完善，因此得到了广泛的认可与推广。早期对FCI 的研究大多在静态模型选取与指标拓展两方面进行创新。如 Swiston（2008）基于 VAR 研究了加入了信贷条件、公司债券收益率的美国FCI；巴曙松、韩明睿 （2011）比较了加入真实货币供应量与真实贷款余额的 FCI，基于 SVAR 模型检验表明，后者的预测效果更好；刁节文和魏星辉（2013）采用 VAR 与主成分分析两种方法得到 FCI 权重；许涤龙等（2014）则引入了因子增强性模型（FAVAR）构建 FCI。现代的研究热点集中于使用动态模型计算时变系数 FCI（N Gumata 等，2012；Koop 和 Korobilis，2014）。在我国，陆军等（2011）利用递归广义脉冲响应函数方法构造了我国动态 FCI；卞志村等（2012）、许涤龙和欧阳胜银（2014）则基于可变参数特征的状态空间模型得到了动态 FCI，实证结果表明该动态指数基本符合经济现实。考虑到以上动态模型在系数的演进方法、变量间关系等方面有诸多人为限制，周德才等（2015）引入了灵活动态模型 MI-TVP-SV-VAR，该模型中参数的演进特征符合我国"新常态"下金融结构非连续变化的实际情况，实证结果显示其对通胀的解释力度明显高于其他静态模型与简单动态模型。

在指标选择方面，除了传统的利率、汇率、股价、房价四个金融变量之外，国内外学者还探索了将股票市场流通市值（高盛）、信贷增速、期货市场因素、第二产业增加值比重、货币供应量等变量纳入考查指标。考虑到国际大宗商品价格波动对国内金融市场的多重影响，同时也为了增加 FCI 中包含的价格信息，本部分将在前人研究的基础上加入国际大宗商品价格指数考查 FCI 对宏观经济的预测能力。

通过以上文献我们可以发现，国内外学者已达成共识，即金融状况指数 FCI 包含通货膨胀的有效信息。在此前提下，一些学者尝试将 FCI 纳入到货币政策反应函数中，对我国货币政策规则进行实证检验。这方面的国内文献目前仅有少数几篇，如王彬（2009）。本部分在前人研究的基础上，针对我国经济步入"新常态"的特殊背景，选择了具有灵活动态演进机制的 MI-TVP-SV-VAR 模型，将国际大宗商品价格纳入 FCI 指标中，构建了我国灵活动态金融状况指数 FDFCI，并将其纳入货币政策反应函数中，研究我国货币政策规则实践更倾向于哪种规则。

9.2.2　我国灵活动态金融状况指数的构建

（1）构造我国灵活动态金融状况指数

$$FDFCI1_t = w_{1t}HPGAP_{1t} + w_{2t}ERGAP_{2t} + w_{3t}IGAP_{3t} + w_{4t}SPGAP_{4t} \tag{9-6}$$

$$FDFCI2_t = m_{1t}CRBGAP_{1t} + m_{2t}HPGAP_{2t} + m_{3t}ERGAP_{3t} + \\ m_{4t}IGAP_{4t} + m_{5t}SPGAP_{5t} \tag{9-7}$$

式中：FDFCI1 表示传统金融状况指数；FDFCI2 表示本部分构造的加入 CRB 的金融状况指数。

$$w_{i,t} = \sum\nolimits_{j=1}^{s}S_{ijt} / \sum\nolimits_{it}|\sum\nolimits_{j=1}^{s}S_{ijt}| \tag{9-8}$$

本节选取的金融变量缺口值包括大宗商品价格指数缺口 CRBGAP；真实房地产价格缺口 HPGAP；真实有效汇率缺口 ERGAP；真实利率缺口 IGAP；股票价格缺口 SPGAP。除真实利率缺口以外的缺口值计算方法为：

$$XGAP_{it} = \frac{\Gamma_{it} - \Gamma_{it}^*}{\Gamma_{it}^*} \tag{9-9}$$

（9-6）式至（9-9）式中：Γ^* 表示各变量均衡值，均衡值通过 HP 滤波法得到；短期利率缺口采用月环比增量得出；s 表示脉冲响应期数；S_{ijt} 表示通货膨胀率在 t 期对第 i 个指标变量的 1 单位冲击的第 j 期脉冲响应值；权重系数 w_{it} 与 m_{it} 利用 MI-TVP-SV-VAR 模型估计。

① 权重系数的估计——基于 MI-TVP-SV-VAR 模型

测量方程：

$$y_t = Z_t\alpha_t + \varepsilon_t, t = 1,2,...,T \tag{9-10}$$

状态方程：

$$\alpha_{t+1} = \alpha_t + K_{1t}\eta_t, \eta_t \sim N(0,Q) \tag{9-11}$$

$$h_{t+1} = h_t + K_{2t}u_t, u_t \sim N(0,W) \tag{9-12}$$

$$a_{t+1} = a_t + K_{3t}s_t, s_t \sim N(0,C) \tag{9-13}$$

假设 K_t 各元素服从伯努利分布，$P(K_{jt}=1)=p_j$。模型中各参数需要运用贝叶斯统计框架下的 MCMC 算法进行估计，具体做法参考 Koop 等（2009）的研究，我们在此不再详述。

本节选择 2001 年 1 月—2015 年 9 月的月度数据，将前 22 组数据作为训练样本，因此真实的样本区间为 2002 年 11 月—2015 年 9 月，共 155 个数据点。之所以选择 2002 年 11 月作为样本起点，是因为 2002 年 11 月正值我国加入世贸组织满一年，我国经济参与全球化的程度明显提高，国际大宗商品价格 CRB 对我国 CPI 的传导机制开始发挥作用。CRB 数据来自于 Wind 数据库。通胀率为 $\dfrac{CPI_t - CPI_{t-1}}{CPI_{t-1}} \times 100$，CPI 数据采用 2001 年 1 月为基期。真实利率为七天同业拆借利率减去同期通货膨胀率，数据来源于国家统计局网站。真实房地产价格为国房景气指数，数据来源于国泰安数据库。真实股价为上证综指月末收盘价除以同期定基比 CPI，数据来源于国泰安数据库。真实有效汇率指数来源于 IMF 发布的 International Financial Statistics。除利率之外的名义值均经过季节调整。ADF 检验表明各变量均平稳；CRBGAP、HPGAP、ERGAP、IGAP 和 SPGAP 这 5 个金融变量均为通胀率的 Granger 原因；分别基于 FDFCI1 与 FDFCI2 构造 VAR1 和 VAR2，根据 AIC 准则我们选择两模型的滞后阶数均为 k = 2。

② 参数演进特征分析

利用 MI-TVP-SV-VAR 模型可以发现参数的演进特征。针对 FDFCI2 的实证结果显示：在 155 个有效样本点中，VAR 系数发生结构变化的次数为 61 次，h_t 发生结构变化的次数为 146 次，a_t 发生结构变化的次数为 147 次，由此可见，参数发生结构变化的次数还是很多的。同时，我们可以得到在每一个时点上，α_t，h_t，a_t 发生结构变化的后验概率为 $E(p_1|data) = 0.3775$，$E(p_2|data) = 0.93$，$E(p_3|data) = 0.9625$。从结果来看，参数发生结构变化的概率并不低，这说明参数的演进机制是渐进的。考虑到篇幅问题，我们省略对 FDFCI1 的分析。

③ 时变权重的计算

本节选择了 1—5 期的脉冲响应值来测算权重，利用 MI-TVP-SV-VAR 模型计算出的权重是灵活动态变化的，权重时而静止，时而波动。

（2）两种 FDFCI 对通胀预测效果的比较研究

将未加入 CRB 的 FDFCI1，与 FDFCI2 进行比较，考查加入大宗商品价格因素是否能优化金融状况指数对通胀的预测效果。

① 走势图与跨期相关系数

为比较各 FDFCI 与通胀率 π 的相关性，我们在对数据进行标准化后放入同一图中比较，如图 9-2 和图 9-3 所示。

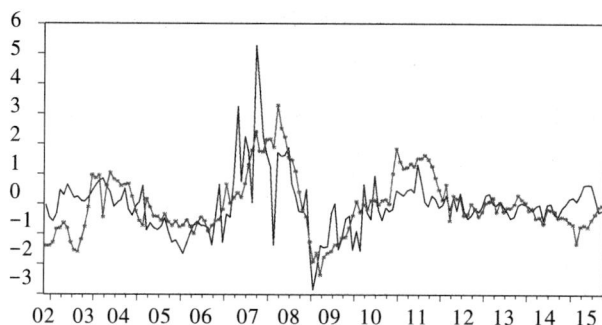

图 9-2　FDFCI1 与通货膨胀率

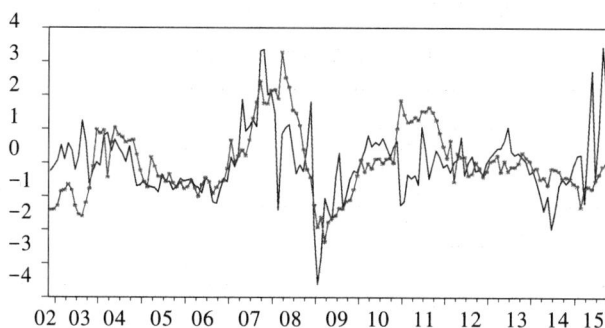

图 9-3　FDFCI2 与通货膨胀率

从图 9-2 和图 9-3 中可以看到，两种 FDFCI 都领先通货膨胀率 1~8 个月，且在 2001—2009 年领先幅度增加。但单从折线图中无法区别两者的预测能力，因此我们需要进一步探讨二者的跨期相关系数，结果见表 9-9。

表 9-9　　　　　　　FDFCI 与通胀的跨期相关系数

n	1	2	3	4	5	6	7	8
p1	0.549	0.594	0.589	0.549	0.547	0.530	0.423	0.367
p2	0.427	0.482	0.503	0.489	0.506	0.480	0.427	0.395

n 表示跨期期数；FDFCI1 与 FDFCI2 的跨期相关系数分别用 p1 和 p2 表示。表 9-9 显示出，FDFCI1 在滞后 2 期，FDFCI2 在滞后 5 期时与通胀的相关系数最大，考虑到货币政策存在时滞，我们倾向于采用一

个对通胀变化预测提前性较好的指标，因此认为 FDFCI2 优于 FDFCI1。

② 格兰杰因果检验比较

原假设分别为"FDFCI1、FDFCI2 不是通货膨胀率的格兰杰原因"，滞后期选择 8 期。结果显示 FDFCI1 在滞后 2~8 期均拒绝原假设；FDFCI2 在滞后 2 期、3 期和 5 期拒绝原假设。尽管未加入国际大宗商品价格因素的 FDFCI1 在格兰杰因果检验中表现更好，但格兰杰因果检验的本质是考查 FDFCI 的变动是否能够在统计意义上解释通货膨胀率的变动，在现实中并不能告诉我们可以在多大程度上相信 FDFCI 的变化对通胀变化的预测作用。

③ FDFCI 对未来通胀的预测效果比较

基于方程 $\pi_t = c + \alpha FDFCI_{t-j} + \varepsilon_t$，本部分通过比较系数 α 的性质讨论 FDFCI 对未来通胀的预测能力，见表 9-10 和表 9-11。

表 9-10　　　　　　　　FDFCI1 对通胀的预测效果

滞后期	系数值	T 值	$\bar{R}^2$ 值
1	0.546	8.107	0.297
2	0.587	9.082	0.349
3	0.578	8.930	0.343
4	0.539	8.025	0.297
5	0.536	7.958	0.295
6	0.520	7.586	0.277
7	0.413	5.639	0.173
8	0.356	4.747	0.129

表 9-11　　　　　　　　FDFCI2 对通胀的预测效果

滞后期	系数值	T 值	$\bar{R}^2$ 值
1	0.431	5.830	0.177
2	0.504	6.754	0.227
3	0.525	7.120	0.248
4	0.508	6.820	0.233
5	0.542	7.144	0.251
6	0.514	6.630	0.225
7	0.459	5.712	0.177
8	0.422	5.178	0.150

可以看到，FDFCI1 在滞后期为 2 时的系数值，T 值与 R̄² 均达到最大；FDFCI2 在滞后期为 5 时的系数值，T 值与 R̄² 均达到最大。因此 FDFCI2 对通胀预测效果更优。

综上，FDFCI1 仅能有效预测未来 2 期的通胀率，而 FDFCI2 可以有效预测未来 5 期的通胀率，针对货币政策存在操作时滞的问题，我们认为 FDFCI2 对央行更具实用性。

9.2.3　货币政策规则与灵活动态金融状况指数 FDFCI

在前面的实证部分我们已经知道，纳入 CRB 的 FDFCI 能更及时地预测通货膨胀，可以作为央行制定货币政策的一个参考指标，在这部分，我们将对纳入 FDFCI2（以下简写为 FDFCI）的货币政策反应函数进行估计。

（1）货币供应量规则拓展形式

$$\Delta mbr_t^* = \beta(\pi_{t-1} - \bar{\pi}_{t-1}) + \gamma(y_{t-1} - \bar{y}_{t-1}) + \kappa(FDFCI_{t-1} - \overline{FDFCI_{t-1}}) + w_t \quad (9\text{-}14)$$

式中，$\Delta mbr_t^* = \Delta mbr_t - \Delta v_t$，前一项表示本期名义货币增长率与上期之差；$\Delta v_t = \Delta(GDP_t/M2)$ 表示货币流通速度变化；$(y_t - \bar{y}_t)$ 表示实际 GDP 增长率缺口；$(\pi_t - \bar{\pi}_t)$ 表示通货膨胀率缺口；$\bar{\pi}_t$ 为目标通货膨胀率；w_t 表示货币政策冲击，服从一阶平稳 AR（1）过程。

（2）考虑到利率调整平滑行为的利率规则

$$i_t = (1-\rho)i_t^* + \rho i_{t-1} + v_t \quad (9\text{-}15)$$

$$i_t = c + \rho i_{t-1} + (1-\rho)[\beta(\pi_{t-1} - \bar{\pi}_{t-1}) + \gamma(y_{t-1} - \bar{y}_{t-1}) + \kappa(FDFCI_{t-1} - \overline{FDFCI_{t-1}})] + v_t \quad (9\text{-}16)$$

式中，i_t 是短期名义利率；ρ 表示利率平滑系数；v_t 表示货币政策冲击，服从一阶平稳 AR（1）过程。

（3）混合规则

除了上述两种单一货币规则，一些国内学者认为我国货币政策偏向货币供应量与利率的"双重调控"。参考刘斌（2008）的研究，将混合规则拓展如下：

$$i_t = c + \rho i_{t-1} + (1-\rho)[\beta(\pi_{t-1} - \bar{\pi}_{t-1}) + \gamma(y_{t-1} - \bar{y}_{t-1}) + \kappa(FDFCI_{t-1} - \overline{FDFCI_{t-1}})] + \theta \Delta mbr_t^* \quad (9\text{-}17)$$

三种货币政策规则 GMM 估计结果比较见表 9-12。

表 9-12 **三种货币政策规则 GMM 估计结果比较**

货币政策规则	β	γ	κ	θ	$\bar{R}^2$
货币供应量规则	0.046** (1.891)	−0.001 (−0.06)	1.500 (0.786)	NA	0.250
利率规则	0.811* (4.352)	−0.049** (−2.020)	1.085*** (1.406)	NA	0.654
混合规则	1.016* (3.082)	0.037*** (1.016)	0.852*** (1.110)	0.003* (6.863)	0.652

注：括号中为 t 统计值，*、**、***分别表示 1%、5%、15% 显著性水平。

（4）实证结果比较

估计结果显示，货币政策规则对通胀缺口的反应要大于对产出缺口的反应。就拟合程度而言，利率规则与混合规则明显优于货币供应量规则，且利率规则拟合度最好。但结合货币政策内在稳定性进行分析之后，结论会有一些变化。首先是货币供应量规则，该规则的内在稳定性条件为 $\beta < 0$，$\gamma < 0$，$\kappa < 0$。我国货币政策对通货膨胀和资产价格都表现出了顺周期的调控行为（$\beta > 0, \kappa > 0$），不符合稳定性要求。产生这种结果的原因一方面可能是外汇占款导致的货币供给内生化严重削弱了货币政策的独立性；另一方面从货币供给的一般表达式可以看出，货币供给与货币流通速度、银行贷款意愿、货币乘数和基础货币密切相关，而货币化程度的加深和金融创新步伐的加快使得货币供应量的测度变得日益困难。

其次是利率规则，其内在稳定性条件为 $\beta < 0$, $\gamma < 0$, $\kappa < 0$，结果显示，我国货币政策对通货膨胀率和资产价格表现出逆周期的调控行为，但对通货膨胀率反应不足（$0 < \beta < 1$）。产出缺口系数 $\gamma < 0$，不符合要求。这可能是由货币政策的动态非一致性造成的，我国利率市场化程度不足，利率传导机制阻塞，货币政策传导至通胀和产出的时间较长，"逆风向"操作的货币政策由于时滞和预期的存在，表现出"顺周期"的特征。

最后是混合规则，该规则的内在稳定性条件为 $\beta > 1$，$\gamma > 0$，

κ > 0，θ > 0。表 9-12 的估计显示，混合规则在我国货币政策规则实践中具有一定稳定性。首先，利率对通货膨胀缺口的反应系数为 1.016，略高于 1，符合逆周期的调控原则。其次，利率对产出缺口与货币供应量的反应系数较小，意味着央行对二者反应不足。最后，利率对 FDFCI 的反应系数为 0.852，符合混合规则稳定性要求。综合拟合程度与稳定性要求，我们认为数量规则对我国货币政策解释力有限，利率规则虽然拟合效果良好，但存在内在不稳定性。我国货币政策实践基本遵循混合规则。

本节尝试将国际大宗商品价格指数 CRB 纳入 FCI 中，利用 MI-TVP-SV-VAR 构造了我国灵活动态金融状况指数 FDFCI。实证检验显示，包含 CRB 的 FDFCI2，比传统的 FDFCI1 更能及时预测通胀变化，在货币政策存在时滞时更具实用性。将 FDFCI2 纳入货币政策反应函数中的实证结果表明：第一，我国货币政策对通货膨胀的反应要大于对产出的反应。第二，相较于货币供应量规则与利率规则，混合规则兼具拟合程度高与稳定性好的优点，可以更好地解释我国货币政策实践。事实上，在"新常态"背景下，利率调控仍是关键，但数量型工具也是重点。在利率调控方面，央行应针对基准利率与收益率曲线进行积极引导。就短期利率而言，中国人民银行可以借鉴欧洲央行利率走廊模式，充分运用短期回购利率和常备借贷便利（SLF）利率；对于中长期利率，中国人民银行可以借助再贷款、中期借贷便利（MLF）、抵押补充贷款（PSL）等工具引导和稳定中长期市场利率。在数量调控方面，在当前国际收支趋于均衡、汇率存在贬值预期的背景下，央行可以继续下调存款准备金率，释放前期储备的流动性。

9.3 货币政策实施与企业家信心传递对经济增长影响的区域非对称效应

货币政策一直被公认为调控产出和物价水平稳定的重要因素。在中国经济处于增长动力切换和发展方式转变的"新常态"，以及增长速度换挡期、结构调整阵痛期和前期刺激政策消化期"三期叠加"的复杂形势下，不同区域在经济发展和金融环境等方面的差异日渐显现，仅探讨货币政策对经济总体的影响已不能满足宏观调控的要求，更应关注区域差异。由此，货币政策区域非对称研究再次成为学术界和政策制定部门共同关注的热点议题（Barigozzi 等，2014；Beraja 等，2017；黄佳琳和秦凤鸣，2017；刘东坡，2018 等）。事实上，货币政策对经济增长影响的时空维度不一致主要包括三种形式：方向非对称性（asymmetric）、时间非一致性（time inconsistency）和空间非一致性（regional effects）①。现有关于货币政策区域非对称研究的文献大多锚定于空间非一致性，或少数融合了方向非对称性，缺乏对由市场参与者信心变动引起的时间非一致性的综合关注。随着货币政策调控工具对实际产出与物价的影响，预期理论的发展以及不确定性对经济增长和经济波动的影响，越来越多的研究发现信心是货币政策传导过程中的重要因素，货币政策的信心传导渠道备受关注。企业家信心在传递过程中受约束于外部需求、流动性以及投资成本和收益间的权衡，企业行为方式由此发生改变，从而价格和数量型货币政策调控均会受企业家信心的影响，为货币政策实施效果的区域非对称效应叠加上信心传递的复杂影响。

针对上述问题，学者们提出，在中国经济结构化突出的背景下，为使货币政策实施效果更为理想，央行应考虑各区域和产业生产要素配置差异，更多设计一些富有特色的调节变量（焦瑾璞等，2006；黄宪等，2015）。当前中国经济增长中的不确定和不稳定因素依然存在，随着企业面临外部不确定性增加，企业面临需求减少、资金紧张、成本上升、转型升级困难等问题，导致企业家对经济发展的信心承压，企业家信心波动率增大（张琳等，2015；韩国高等，2016）。此时，如果不考虑企业家信心影响而只研究货币政策工具对不同区域的方向非对称和空间非一致性作用效果，将直接导致分析结果产生偏误。因此，有关货币政策区域非对称的研究需综合考虑货币政策调控工具与企业家信心传递对货

---

① 方向非对称性指经济衰退期采取的扩张型货币政策对经济的刺激作用不同于经济繁荣期紧缩型货币政策对经济的抑制作用；时间非一致性是指公众对政策信息的获取及响应会改变政策环境，从而导致最初制定的政策在执行阶段可能失去最优性，进而监管部门相机抉择重新选择最优政策；空间非一致性是指统一的货币政策作用于不同经济区域往往产生不同的政策效果，空间非一致性也称区域异质性。

币政策执行效果的联合作用机制。遗憾的是，国内对此方面的研究尚聚焦于二者对经济的单独影响。基于此，本部分试图研究并回答，货币政策工具和企业家信心能否通过对区域经济增长的影响，表现出时空维度的综合性差异；在引入产业结构和融资结构控制变量影响的同时，着重按照货币政策工具类别和政策松紧倾向，实证分析这一传导过程的非线性性质，以期从空间分布和时间演变的双重视角进行研究。

9.3.1 相关文献回顾

从现有文献看，与本节研究问题相关联，主要涉及企业家信心波动与经济增长、企业家信心在货币政策信心传导渠道中的作用，以及货币政策区域非对称效应三方面的成果。

（1）企业家信心波动与经济增长

市场信心因对众多经济现象解释力的不断增强，以及动物精神（Akerlof 和 Shiller，2008）概念的再次提出而重新回归经济学家的研究视野。虽然对部分结论仍存在争论（如，Mehra 和 Martin，2003；Choy 等，2006 等），但随着对信心等公众情绪相关研究的逐渐深入，大多数国外学者已证实公众信心传递与宏观经济波动存在相关性（Guo，1994；Matsusaka 和 Sbordone，1995；Beaudiy 和 Portier，2006；Harrison，2006；Taylor，2007；Akerlof 和 Shiller，2008；Barsky 和 Sims，2012）。我国学者对企业家信心与经济增长关系研究多基于企业家信心对投资行为的改变来检验其对经济增长的影响。陈彦斌和唐诗磊（2009）通过实证研究得出结论：我国企业家信心能够影响经济增长和通货膨胀，但消费者信心并不能够影响经济增长和通货膨胀。潘建成和唐诗磊（2010）借助企业成本加成定价表示信心函数，从而构造出包含信心的新凯恩斯主义菲利普斯曲线理论，为信心影响研究提供了理论借鉴。雷光勇等（2011）认为，投资者信心的保持和提升对投资规模具有正向影响，是国家经济得以持续发展的前提。赵根宏和林木西（2016）在预期变量中引入情绪因素，运用 DSGE 模型研究情绪、预期和经济周期变动之间的动态关系，结果表明情绪的变化与预期对经济波动的冲击呈正相关关系，预期冲击能够解释 50% 以上的经济周期波动。韩国高和胡文明（2016）基于我国部分省、自治区、直辖市的数据，使用动态面板模型研究了企业家信心、宏观经济不确定性、固定资产投资三者的关系，研究结果再次验证了企业家信心提升能够减弱不确定性增加对固定资产投资的抑制作用。由于经济主体非完全理性，投资决策往往受到投资者的主观心理状态影响，经济主体信心的改变会通过个体行为对未来经济产生实质性影响。上述成果表明，企业家信心在经济增长研究中的重要性再次得到强调。但目前有关企业家信心对经济增长影响的研究尚没有考虑其在货币政策调控中的响应过程，且研究方法多局限于线性分析，未考虑非线性环境下的信心影响界限等问题；区域差异性分析也并不多见。

（2）企业家信心在货币政策信心传导渠道中的作用

货币政策对实体经济的提振作用存在除利率传导和信贷传导外的非货币渠道，若不能及时恢复经济主体信心，将延迟经济系统恢复的时间（Pindyck，1994；Bernanke，2004；Bloom，2013）。信心和预期管理过程是政府和公众的博弈过程，公众从政策实施中形成预期，政策制定者根据公众心理调整政策实施（Woodford，2005），货币政策的效果在很大程度上取决于经济主体与央行调控政策的相合程度。货币政策信心传导的这一内容与货币政策时间非一致性方面的表述近似相符。

归纳现有文献我们发现，货币政策实施与信心传递的研究成果主要从货币政策对经济主体信心的影响和经济主体信心对货币政策实施效果的影响两个角度展开。由于影响经济主体信心的因素复杂多变，针对本部分的研究问题，笔者将受多种因素影响后形成的企业家信心视为自变量，主要关注企业家信心对货币政策调控效果影响的经验结论和传导机制。目前，学者们直接从企业家信心角度研究货币政策对经济增长影响有效性的文献相对较少（Gabe Jacob 等，2012；Bloom，2012；Ilut 和Saijo，2016 等），我国学者大多从经济主体的预期、情绪和公众信息获取行为等扩大化的信心表现形式来研究货币政策的信心传导。徐亚平（2006，2009）基于理性预期理论验证了公众学习与预期形成机制对货币政策有效性的影响。卞志村和高洁超（2014）在新凯恩斯框架内引入适应性学习刻画宏观经济预期形成过程，进而分析并甄选我国最优货币政策框架。陈红等（2016）通过定义经济上行和下行幅度之差，假设投资者根据自己对未来宏观经济形势的信心程度来做出投资与否的决策，得到包含信心的投资公式；该公式表明，政策制定者在制定政策过程中应综合考虑经济主体信心的影响，关注如何恢复、增强和调节经济主体信心，以增强政策传导效果。张成思等（2017）使用反事实 SVAR 模型研究货币政策在不考虑企业家信心时对产出的影响，结果表明货币政策对产出的反应程度降低，货币政策对经济增长的促进作用减弱。传导机制研究普遍基于黑箱模型，即认为经济主体产生预期和信心的成因和结果之间只考虑输入和输出关系，不必过多考虑模型具体结构。

上述成果的贡献在于，基于我国数据从广义角度对企业家信心对货币政策调控效果影响的存在性进一步加以判定，但直接锚定于企业家信心影响的分析并不多见，影响的效果也未在不同区域加以区分。

（3）货币政策区域非对称效应

现有货币政策区域非对称研究主要针对的是货币政策的方向非对称性和空间不一致性，其研究视角分为最优货币区域和一国内的省际差异两种。本部分的研究问题针对后者。继 Scott（1955）之后，国外学者对于货币政策区域非对称特征的存在性进行了广泛证实（Dornbusch，1998；Arnold 和 Vrugt，2002；Carlino 和 Defina，1999；Owyang 和 Wall，2004；Georgopoulos，2001；Weber，2006；Fielding 和 Shields，2006；Barigozzi 等，2014；Beraja 等，2017）。国内学者在梳理和归纳货币政策效应传导和区域结构关系，以期加深对其交互作用路径和内在机理理解的同时，主要基于我国数据进行了省际实证检验；所研究的对象又分为信贷效果和产出效果两种。其中，宋旺和钟正生（2006）研究发现，我国货币政策带给区域的影响自东向西呈递减态势，恰与经济调整速度自西向东依次递增相匹配。曹永琴（2007，2010）研究了我国货币政策区域效应在不同区域上的长短期差异，提出货币政策效应在敛散速度、方向、幅度等方面存在差异，且经济不发达地区对货币政策反应强度大于经济发达地区。卢盛荣和李文涛（2011）的研究表明，东部地区对于扩张性货币政策的反应弹性大于紧缩性货币政策，中西部地区则相反。我国货币政策对经济增长的影响存在地区间和时期阶段上的双重非对称性（卢盛荣，2013）。黄佳琳和秦凤鸣（2017）得出的结论是，我国货币政策的产出效应在东北和黄河中游地区最为明显，在长江中游和东部沿海等地区程度相近，而在西北和南部沿海地区则相对较弱。

上述研究结论肯定了我国货币政策对经济增长影响的方向非对称性和空间不一致性的存在，但实证结果存在差异。反思差异的来源，主要包括所依据的经济区域划分标准、影响区域效应形成的控制变量和采用的计量方法："三分法"、"八分法"以及省际划分方法是常见的区域划分标准。依据的方式不同，所划分区域的含义也不尽相同。区域效应的形成原因可以从产业结构差异和融资结构差异两个角度进行解释（张晶，2006；胡振华和胡绪红，2007；蒋益民和陈璋，2009），但研究者也指出，除产业结构差异外，市场化程度、资本市场发展程度、对外开放程度等可能亦是成因。各个区域内货币配给机制、外汇管理机制、市场分割、资源空间配置效率、金融发展水平、企业结构、金融结构等差异都会导致货币政策对经济增长影响的空间不一致（申俊喜，曹源芳，封思贤，2011；黄宪，沈悠，2015；徐光远，李鹏飞，2016；侯继磊，周国庆，2017）。目前，研究所使用的计量模型主要集中于 VAR 和 GVAR 等 VAR 模型，以及状态空间模型和面板模型（于则，2006；彭方和王少平，2007；蒋益民和陈璋，2009；董志勇，2010；黄佳琳和秦凤鸣，2017；刘东坡，2018 等），未见非线性分析的广泛使用。

现有文献研究表明，企业家信心波动对经济增长的影响、企业家信心在货币政策传导中的作用，以及货币政策区域非对称效应三方面的研究仍相对独立，很少有学者将三者联系起来，缺乏对方向非对称性、时间不一致性和空间不一致性联合影响下的货币政策产出效应差异的综合考虑。为此，本部分将企业家信心传递与区域特征结合，综合考虑其对货币政策及经济增长影响而形成的省际差异，并按货币政策工具的类别和松紧倾向对比分析传导结果。由于仅以线性模型进行设计和估计往往直接导致研究结论与现实不符甚至检验失败，而现实中，无论企业家信心、经济增速还是货币政策数据都易呈现阶段性特征并存在非线性转换的可能，因此，在实证过程中拟采用动态非线性效应面板模型以期进行较好的拟合。

9.3.2　理论机制与研究假设

货币政策实施与企业家信心传递共同影响下经济增长的省际差异效应是本部分研究的核心问题。根据对现有文献的梳理，货币政策可以借助数量与价格两种类型的工具，综合企业家信心的影响，共同通过货币政策效应中的方向非对称性、时间不一致性和空间不一致性产生影响，进而形成经济增长的区域差异。不同工具环境下的分析可归纳为如下方面：

由于法定存款准备金率是数量型货币政策调控的重要手段，笔者以之作为代表讨论逻辑关系。存款准备金率的变动主要作用于金融体系的流动性。流动性的改变会通过对产出规模的促进或约束形成货币政策对经济增长的影响。企业家在进行经济决策时，一方面会根据已有的经验进行判断，另一方面会根据需要获取相关信息并对其进行加工处理，进而做出决策，信息的加工处理是一个不断进行和深入的过程。由于企业家处理信息并产生预期的过程是一个黑箱，无法明确探知其具体过程，考虑企业家信心与货币政策调控相挂钩，以及基于此所产生的决策和行动结果也存在不确定性和差异性。

在时间不一致性上：企业家对政策信息的获取及响应会改变政策环境，从而导致最初制定的政策在执行阶段可能失去最优性，考虑到市场中羊群效应等因素，个体的选择和行为可能会传染而被放大，进而在宏观层面产生实质性影响，因此企业家信心传递既可能消除市场中的信息不对称，也可能加剧市场的不稳定性，从而对货币政策效果产生影响，进而监管部门相机抉择重新选择最优货币政策；受多种因素响应而形成的企业家信心与货币政策交互作用的时间不一致性结果取决于二者滞后关系的综合匹配。

在方向非对称性上：当中央银行试图采取上调法定存款准备金率的方法约束经济过度膨胀时，可能存在因企业家信心高位徘徊而弱化货币政策调控的结果，也可能存在因货币政策信号击破企业家原有信心上限，从而对货币政策调控产生加速效应的结果。同理，当央行试图采用下调法定存款准备金率的手段提振经济时，市场可贷资金和流动性增多，若企业家信心影响的正效应存在，则表现为企业信贷和投资热情上升，货币政策对经济增长影响的产出效率提升；若企业家信心没有突破启动位，则对货币政策调控的响应不显著，甚至弱化。企业家出于自身利益考虑所采取的行为在一定程度上增强了货币政策对经济增长影响的方向非对称的非线性性。

在空间不一致性上：当考虑企业家信心影响时，一方面从区域产业结构和融资结构差异性角度看，存在东部地区的企业家信心高于中西部地区，易于强化扩张型货币政策的产出效应，弱化紧缩型货币政策调控效应的可能；另一方面也存在中西部地区因结构性经济调整倾向而相对于东部地区形成更高的竞争性信心，其结果表现为中西部地区更加强化了扩张型货币政策产出意愿的实现。

利率是价格型货币政策调控的主要手段。在价格型货币政策调控环境下，当央行提高市场基准利率试图压缩信贷投放以调控经济时，利率的上升将直接导致企业融资成本提高。上升的企业融资成本将增加企业交易成本，从而降低企业家对未来的投资信心。企业投资支出减少，投资扩张速度减弱，从而总产出水平受到影响。同理，当中央银行降低市场基准利率，货币政策趋于宽松时，企业融资成本降低，利润空间的扩大将提振企业家对市场投资的信心，进而企业会采取增加信贷规模扩张投资等行为。与数量型货币政策调控工具下信心传递的三种形式相比，由于利率调整所导致的利润空间的变化是直观和直接的，其作用结果的程度可能更为深入。企业家信心传递与价格型货币政策调控工具共同影响下经济增长的省际差异效应存在高于与数量型货币政策调控工具共同影响下的结果的可能。

在货币政策与企业家信心共同作用下，对经济增长的区域差异产生综合影响的流程路径和综合上述影响机制下的效果（见表9-13）可以发现，不同类型货币政策工具与企业家信心对货币政策产出效应的影响结果取决于三种性质具体的交互作用，且作用效果复杂而不确定。

表 9-13　货币政策调控工具与企业家信心在不同影响机制下的效果

货币政策工具／企业家信心／效应角度	数量型货币政策调控工具		价格型货币政策调控工具	
	适度扩张	适度收紧	适度扩张	适度收紧
方向非对称性	通常状态：增强	通常状态：减弱	因直接影响利润空间而存在加速打破信心拐点的可能	
	信心拐点：响应不大	信心拐点：增强		
	存在缩小方向非对称性的可能		存在显著于数量型货币政策调控工具影响效果的可能	
时间不一致	滞后交互	滞后交互		
空间不一致	东部	中西部	东部	中西部
	增强	减弱	减弱	增强
或：	增强	增强	增强	减弱
总体效果	待检验	待检验	待检验	待检验

在我国，货币政策和企业家信心传递通过上述理论机制影响区域经济增长的条件已经具备，多种机制作用下的最终结果依赖于非线性实证检验。基于结论进行总结，笔者初步提出如下待检验假设：

假设 1：企业家信心对区域经济增长的影响为非线性的。

假设 2：不同种类货币政策调控工具（价格与数量型）在不同区域企业家信心、产业结构和融资结构特征下对经济增长影响的效力存在时空差异。

假设 3：因利率调整直接影响企业利润空间，所以存在加速打破信心拐点的可能，价格型货币政策调控将显著于数量型货币政策调控的影响效果。

9.3.3　数据选取与实证方法

（1）实证模型构建和变量选择

根据研究目的和数据情况，本部分主要做上述三个假设层面的检验。如第一部分所述，由于货币政策调控工具、企业家信心与区域经济增长差异效应之间可能存在非线性关系，企业家信心存在达到一定极值后的转换，本部分考虑通过引入二次项的形式建立多组动态面板模型进行非线性效应考量。由于因变量和当期自变量之间可能存在相互影响从而产生因反向因果关系而形成的内生性问题，本部分在动态面板实证方程设计中选取滞后期自变量和控制变量与当期因变量进行回归，估计方法采用系统 GMM 方法。针对三个层面假设检验的具体设计依次如下：

第一，检验企业家信心是否对区域经济增长的影响存在非线性性。面板回归模型设定为：

$$GY_{i,t} = a + a_1 GY_{i,t-k} + a_2 EEI_{i,t-k} + a_3 EEI_{i,t-k}^2 + a_4 Control_{i,t-k} + \zeta_{i,t} \tag{9-18}$$

式中，i 表示不同区域组中的各样本省（自治区、直辖市），t 表示样本期，k 表示滞后期。$\xi_{i,t}$ 由不随时间变化的个体因素和噪声因素组成，并满足计量模型基本假设，为误差项。Control 为控制变量。结合现有文献的选择习惯[①]，并考虑到企业家信心与企业投资行为的相关性，选取各省（自治区、直辖市）产业结构和融资结构作为控制变量。其中，产业结构（STRU）用第三产业产值占样本省（自治区、直辖市）当期生产总值比重的同比增长率表征；融资结构用融资约束（FIN）和融资结构（FSN）表征，FIN 是各省（自治区、直辖市）固定资产投资实际到位额中自筹资金占比同比增长率，FSN 是非金融机构部门融资量占社会融资规模比重同比增长率。被解释变量 $GY_{i,t}$ 是采用各样本省（自治区、直辖市）季度 GDP 同比增长率数据按各省（自治区、直辖市）月度工业增加值同比增长率数据关系拆分计算得到的，并利用样本初始时间点为基期的各省（自治区、直辖市）固定资产投资价格指数同比增长率进行平减得到[②]。解释变量 $EII_{i,t}$ 表示企业家信心。考虑数据的可得性，采用东、中、西部企业家信心指数和各省（自治区、直辖市）月度中小企业景气指数合成得到[③]。如果模型二次项系数 α_3 显著且为负，表明样本区域企业家信心与区域经济增长之间存在显著的倒 U 形关系，反之为正 U 形。系数 α_2 的正负表示图形处于上升或下降阶段，

---

① 如戴金平等（2005），曹永琴（2010），黄宪等（2015）。
② 尽管衡量地区产出水平大多采用的是生产总值年度或季度数据，少数采用工业增加值或固定资产投资月度数据，但出于增加样本容量和更加灵敏地反映货币政策对经济增长的省际差异效应的考虑，笔者结合问题特征，对季度 GDP 进行了上述月度转换，以期能够更加全面地反映产出水平变化。
③ 该指数的取值范围为 0 到 200。当企业家信心指数为 0 时，企业家对未来极度悲观；当企业家信心指数为 100 时，企业家对未来持中立态度；当企业家信心指数为 200 时，企业家对未来极度乐观。鉴于篇幅有限，数据量又相对较大，本部分在此不对原始数据进行列示。

α_4 表示控制变量的显著性。

第二，检验不同种类货币政策工具在不同区域企业家信心、产业结构和融资结构特征下，从方向非对称性、时间不一致性和空间不一致性三个角度对经济增长影响的差异。

如果第一步检验中已确认企业家信心与经济增长之间存在非线性关系，那么可以进一步考虑加入货币政策调控的非线性关系。为表现东、中、西部不同区域的差异，笔者分东部、中部和西部三组面板模型进行检验。为考虑货币政策适度扩张和收紧倾向阶段的差异，分别引入虚拟变量 up 和 down，作为货币政策调控影响的交叉项。面板模型形式为：

针对数量型货币政策工具：

$$GY_{i,t} = \gamma_1 + \gamma_2 GY_{i,t-k} + \gamma_3 EII_{i,t-k} + \gamma_4 RR_{t-k} \times up_{t-k} + \gamma_5 RR_{t-k} \times up_{t-k} \times$$
$$EII_{i,t-k} + \gamma_6 RR_{t-k} \times up_{t-k} \times EII^2_{i,t-k} + \gamma_7 Control_{i,t-k} + \varepsilon_{i,t} \quad (9\text{-}19)$$

$$GY_{i,t} = \varphi_1 + \varphi_2 GY_{i,t-k} + \varphi_3 EII_{i,t-k} + \varphi_4 RR_{t-k} \times down_{t-k} + \varphi_5 RR_{t-k} \times down_{t-k} \times$$
$$EII_{i,t-k} + \varphi_6 RR_{t-k} \times down_{t-k} \times EII^2_{i,t-k} + \varphi_7 Control_{i,t-k} + \mu_{i,t}$$

$$(9\text{-}20)$$

针对价格型货币政策工具：

$$GY_{i,t} = \beta_1 + \beta_2 GY_{i,t-k} + \beta_3 EII_{i,t-k} + \beta_4 R_{t-k} \times up_{t-k} + \beta_5 R_{t-k} \times up_{t-k} \times$$
$$EII_{i,t-k} + \beta_6 R_{t-k} \times up_{t-k} \times EII^2_{i,t-k} + \beta_7 Control_{i,t-k} + \omega_{i,t} \quad (9\text{-}21)$$

$$GY_{i,t} = \chi_1 + \chi_2 GY_{i,t-k} + \chi_3 EII_{i,t-k} + \chi_4 R_{t-k} \times down_{t-k} + \chi_5 R_{t-k} \times down_{t-k} \times$$
$$EII_{i,t-k} + \chi_6 R_{t-k} \times down_{t-k} \times EII^2_{i,t-k} + \chi_7 Control_{i,t-k} + \upsilon_{i,t} \quad (9\text{-}22)$$

式中，存款准备金率 RR 表征数量型货币政策调控工具，人民币贷款基准利率项下中长期贷款利率（1~3 年）R 表征价格型货币政策调控工具[①]。虚拟变量 down 和 up 分别表示货币政策适度扩张或收紧倾向。若 RR 或 R 环比下降则记 down = 1，其他，down = 0；若 RR 或 R 环比上升则记 up = 1，其他，up = 0。模型中滞后期 k 的存在反映货币政策与企业家信心传递存在时间不一致性上的交互影响；down 和 up 主要用于检验货币政策对区域经济增长影响的方向非对称性；东部、中部和西部三组面板模型结果比较主要用于检验货币政策对区域经济增长影响的时间、空间非一致性，结果的差异采用边际系数和非线性形态衡量。

第三，检验在企业家信心影响下，是否因利率调整直接影响企业利

---

① 以 M2 月度同比增长率和银行间同业拆借加权平均利率当月值进行稳健性检验。

润空间，而呈现价格型货币政策调控影响显著于数量型货币政策调控影响的效果。与模型设定一致。在交叉项系数显著的前提下，如果式（9-19）的边际系数都小于式（9-21），则表明在货币政策适度收紧情况下，价格型货币政策调控工具与企业家信心对该样本区域经济增长的抑制作用强于数量型货币政策调控工具。同理，如果式（9-20）的边际系数小于式（9-22），则表明在货币政策适度扩张情况下，价格型货币政策调控工具与企业家信心对该样本区域经济增长的促进作用更为明显。

上述模型分析中涉及的变量定义与说明见表9-14。

表 9-14 变量定义与说明

变量类型	变量名称	标识	变量定义说明
因变量	区域经济增长	GY	各样本区域内省（自治区、直辖市）GDP季度同比增长率数据按月度工业增加值同比增长率数据发生关系拆分计算，并利用样本初始时间点为基期的各省（自治区、直辖市）固定资产投资价格指数同比增长率进行平减（%）
自变量	企业家信心	EII	由东、中、西部企业家信心指数和样本区域内各省（自治区、直辖市）月度中小企业景气指数合成得到
	存款准备金率	RR	法定存款准备金率（%）
	贷款利率	R	人民币贷款基准利率项下中长期贷款利率（1~3年）（%）
	M2月度同比增长率	M2	M2月度同比增长率（%）
	银行间同业拆借利率	RI	我国银行间同业拆借加权平均利率当月值（%）
	虚拟变量	up	货币政策收紧倾向表征变量，RR或R环比上升取值为1，否则为0
	虚拟变量	down	货币政策适度扩张倾向表征变量，RR或R环比下降取值为1，否则为0
控制变量	产业结构	STRU	各省（自治区、直辖市）第三产业产值占样本省（自治区、直辖市）当期生产总值比重同比增长率（%）
	融资约束	FIN	各省（自治区、直辖市）固定资产投资实际到位额中自筹资金占比同比增长率（%）
	融资结构	FSN	各省（自治区、直辖市）非金融机构部门融资量占社会融资规模比重同比增长率（%）

（2）数据来源、预处理与描述性统计分析

本部分通过多渠道搜集数据并进行交叉验证。考虑次贷危机冲击后我国经济的修复过程，选择 2010 年 1 月至 2018 年 3 月作为研究区间。数据主要来源于 Wind 数据库、中国人民银行网站、国泰安 CSMAR 数据库以及部分省（自治区、直辖市）调研所得。区域划分依据国家统计局对东、中、西部经济区域的划分①。

在数据频率方面，考虑到政策工具具有易变性和传导时滞，以月度数据作为样本时间频率，以保证模型估计过程中数据量的充足。样本中所有非月度频率数据均在原始数据基础上经插值补齐，季节调整后进行频率转换。考虑到本部分的研究加入了二次项的影响，为避免人为增加多重共线性，对样本数据不做对数化处理。

表 9-15 提供了样本数据的描述性统计结果。2010 年 1 月至 2018 年 3 月，数据表明，在区域经济增长方面：中西部地区经济发展水平与东部地区经济发展水平间的差距已在逐步缩小；同比增长率数据上呈现西部地区均值略高于东部地区，中部地区次之的结果，说明在我国经济结构调整的过程中，中西部地区已然取得了一定发展；但西部地区经济增长的标准差高于中部地区，东部地区经济增长的标准差最低，表明中西部地区经济发展水平仍相对不均衡，存在区域内各省（自治区、直辖市）经济发展水平之间差异较大的情况，而东部地区各省（直辖市）之间经济发展水平差距相对较小，经济发展均衡性优于中西部地区。在企业家信心方面：东、中、西部地区企业家信心均值水平总体相近，说明企业家对全国经济形势的判断较为一致。但标准差反映出，西部地区企业家信心的标准差明显高于中部地区，东部地区企业家信心的标准差最低，说明东部地区样本组内各省（直辖市）企业家信心较为稳定，对未来经济形势的预期较为一致，而西部地区波动较大。

① 东部地区包括北京、天津、河北、上海、江苏、浙江、福建、山东、广东和海南 10 个省（直辖市）；中部地区包括山西、吉林、安徽、江西、河南、湖北、湖南 7 个省份；西部地区包括内蒙古、广西、重庆、四川、贵州、云南、陕西、甘肃 8 个省（自治区、直辖市）。由于新疆、青海、宁夏、西藏的企业家信心指数数据缺失，因此，本部分在西部地区的区域划分中不考虑上述四个省（自治区）。根据国务院最新划分标准，辽宁、吉林和黑龙江属于东北地区，考虑数据完整性，暂不列入本部分的研究范畴。

表 9-15　　　　　　　　变量的描述性统计

变量名称	均值	中值	最大值	最小值	标准差	观测值
Panel东部						
GY	9.52	8.55	36.65	-23.29	5.8063	990
EII	102.42	101.19	114.03	88	5.3263	990
STRU	2.53	2.79	8.26	0.67	1.3161	990
FIN	0.05	0.05	0.08	0.03	0.0149	990
Panel中部						
GY	12.49	11.41	45.2	-6.94	6.6667	693
EII	100.15	101.04	117.13	73.14	6.0967	693
STRU	3.20	3.25	4.23	1.94	0.4157	693
FIN	0.06	0.06	0.07	0.05	0.0049	693
Panel西部						
GY	12.47	11.43	28.56	-8.63	5.9103	792
EII	101.81	101.70	140.81	72.79	9.3715	792
STRU	3.28	3.25	4.99	1.37	0.6007	792
FIN	0.05	0.05	0.07	0.04	0.0077	792
RR	16.83	17.51	19.53	13.94	1.5993	132
R	2.72	2.705	6.58	1.16	0.8450	132

注：由于控制变量融资结构（FSN）在各样本组的实证检验中均不能通过，鉴于篇幅有限，此处不进行 FSN 的统计特征描述。

9.3.4　计量结果分析和稳健性检验

（1）企业家信心与区域经济增长间的非线性关系检验

本部分拟通过东部、中部和西部三组面板模型估计结果比较区域差异[①]。模型通过 Sargan 检验，满足不存在二阶序列相关，因此模型设定

[①]　考虑实证分析的严谨性，在分组制作面板模型前，笔者采用全样本面板模型加表征区域分组的虚拟变量的形式对区域差异存在性进行先期判断。设定两个虚拟变量，DYM1 =（1东部，0中部，0西部），DYM2 =（0东部，0中部，1西部），分别以其和项与乘项的形式加入全样本面板模型，如果虚拟变量系数显著，则说明所研究问题在东部、中部和西部区域间有存在差异的可能。经检验，上述虚拟变量在总样本模型中均显著。鉴于篇幅有限，这一检验的估计结果不在文中列示，感兴趣的读者可与笔者联系。

和工具变量选择有效。模型中 $EEI_{i,t-k}$ 和 $EEI^2_{i,t-k}$ 的系数均显著，且分别为正和负，表明东、中、西部各区域层面企业家信心与经济增长之间具有明显的倒 U 形关系。也就是说，企业家信心的提升能促进区域经济增长，但基于经济响应能力等存在一定的界限。根据回归结果可以计算企业家信心对经济增长影响的边际值，体现区域差异。东部地区模型曲线斜率大于中西部地区，中部地区曲线斜率大于西部地区。我国三大经济区域企业家信心的变化使得区域间经济增长呈现不同动力机制，从而估计结果支持了本部分的第一个假设，即企业家信心与区域经济增长间存在非线性关系。从控制变量系数的估计结果看，STRU 与 GY 正相关，表明区域产业结构升级对经济增长具有正向促进作用。FIN 与 GY 的相关关系①说明，直接融资比重上升对东部地区经济增长的促进作用有所提升，但在中西部地区仍不明显。

（2）数量与价格型货币政策调控工具在不同区域企业家信心特征下对经济增长影响效力的差异性检验

①数量型货币政策调控工具的影响

针对东部、中部和西部三组分样本面板模型，笔者分别考虑了货币政策处于适度紧缩和适度扩张期内数量型和价格型货币政策调控工具在企业家信心传递影响下的检验结果。表 9-17 和表 9-18 显示式（9-19）和式（9-20）各估计系数在统计上显著。经济增长的滞后一期系数显著为正，各变量滞后一期关系显著，一方面表明经济增长在向其目标调整的过程中可能存在着短期调整成本，另一方面也表明下一期的经济增长与当期法定存款准备金率高度相关，其动态变化具有连续性，这也从侧面一定程度上验证了本部分采用动态面板模型进行估计的合理性②。

具体来看，根据表 9-17 和表 9-18 中第（6）、（7）、（8）行系数计算的法定存款准备金率 RR 的边际影响，即 $A_1 = \gamma_3 + \gamma_4 \times EII_{i,t-k} + \gamma_5 \times EII^2_{i,t-k}$，$A_2 = \varphi_3 + \varphi_4 \times EII_{i,t-k} + \varphi_5 \times EII^2_{i,t-k}$，结果均为负，表明

---

① 其他有关控制变量，如融资结构（FSN）指标，估计结果并不显著。为了节省篇幅，笔者在此不赘述其检验过程。此外，本部分还考虑了其他有关控制变量，如财政收入、进出口额、社会商品零售总额等，但在模型估计中也并不显著，因此，本部分研究不再考虑上述控制变量。

② 本部分对每组面板模型运用 Hausman 检验和 Breusch-Pagan 检验选择了恰当的形式。限于篇幅，笔者没有列示 Hausman 检验和 Breusch-Pagan 检验的结果，直接报告了根据两项检验选择的模型及其回归结果。

央行通过提高（或降低）法定存款准备金率从而执行适度紧缩（或适度扩张）的货币政策后，经济增长在总体上得到了抑制（或促进），符合传统货币政策产出效应结果。此处令人感兴趣的是，适度紧缩货币政策环境下和适度扩张货币政策环境下，法定存款准备金率经企业家信心传递影响后所产生效应的差异，以及在东、中、西部样本组之间的区别。

从数据结果看，所有区域组中边际系数 A1 的绝对值均小于 A2 的绝对值，即在货币政策产出效应的方向非对称性上，考虑企业家信心的影响后，适度收紧货币政策环境下法定存款准备金率对经济增长的影响仍小于适度扩张货币政策环境下所产生的促进效应。

在区域差异上，适度紧缩货币政策环境下法定存款准备金率对东部地区产出效应影响的边际系数绝对值小于对中西部地区产出效应影响的绝对值。这说明在适度紧缩货币政策环境下，中西部地区，尤其是西部地区，通常表现出企业家信心的正反馈效应，从而放大了提高存款准备金率对产出的收缩效应。适度宽松货币政策环境下法定存款准备金率对东部地区产出效应影响的边际系数绝对值大于对中西部地区产出效应影响的绝对值，说明当中央银行试图降低存款准备金率刺激经济时，存在因西部地区企业家信心水平较低而不足以响应并扩大货币政策产出效应的可能。

存款准备金率、企业家信心以及各控制变量之间存在滞后关系，表达了信心与货币政策在调控时间不一致性上的交互作用。表 9-17、表 9-18 中第（9）、（10）行的估计系数表明了法定存款准备金率在变动过程中由企业家信心传递带来的非线性关系。适度紧缩货币政策环境下各组模型均呈现倒 U 形关系，而在适度扩张型货币政策环境下的西部区域出现了正 U 形关系。根据系数估计结果，U 形曲线上的位置分布和产生原因为：东部地区样本组在适度紧缩货币政策环境下，企业家信心对货币政策产出效应影响的非线性关系处于倒 U 形曲线的左侧。东部地区融资渠道较为广泛，企业的经营管理效率较高，企业家信心较为稳定，法定存款准备金率的提高会先在东部地区企业家信心的影响下弱化，然后在接触信心上限后回落。在适度扩张货币政策环境下，企业家信心对货币政策产出效应影响的非线性关系处于倒 U 形曲线的右侧。原因在于，信心会先强化存款准备金率对产出的扩张效应，同样，当达到一定信心上限后可能陷入政策刺激陷阱。中部地区样本组与东部地区的结果近乎相同。西部地区样本组在适度紧缩货币政策环境下，企业家信心对货币政策产出效应影响的非线性关系处于倒 U 形曲线的右侧。由于西部地区企业家信心相对中东部地区略处低位，存款准备金率的增加会通过企业家信心的正反馈影响降低产出效应。在适度扩张货币政策环境下，企业家信心对货币政策产出效应影响的非线性关系处于正 U 形曲线的右侧。如果西部地区企业家信心水平相对较低，扩张的货币政策刺激将不足以激励产出，而当信心被调动到一定程度后，则会对由存款准备金率下调而产生的刺激作用进行加速反应。上述检验结果从非线性的角度阐释了企业家信心与数量型货币政策调控交互作用对经济增长形成的区域差异，结论亦与企业家信心传递的边际系数比较结果相符。

从控制变量的影响来看，结果与模型的检验一致。产业结构升级和融资约束中直接融资比重的上升都会弱化货币政策的紧缩性调控，对经济增长起到正向促进作用。

企业家信心与经济增长的非线性关系见表 9-16。

适度紧缩货币政策环境下数量型货币政策调控通过企业家信心产生的影响效果见表 9-17。

适度扩张货币政策环境下数量型货币政策调控通过企业家信心产生的影响效果见表 9-18。

适度紧缩货币政策环境下价格型货币政策调控通过企业家信心产生的影响效果见表 9-19。

适度扩张货币政策环境下价格型货币政策调控通过企业家信心产生的影响效果见表 9-20。

表 9-16　　企业家信心与经济增长的非线性关系

变量 估计值		C	GY_{t-1}	EII_{t-1}	$(EII_{t-1})^2$	$STRU_{t-1}$	FIN_{t-1}	J统计量	Adj R^2
						GY			
东部	系数	−60.5996	0.8639	1.2224*	−0.0061*	0.5026	0.2399**	0.9733	0.7661
	P值	(0.0032)	(0.0000)	(0.0575)	(0.0507)	(0.0040)	(0.0239)	(0.6239)	—
中部	系数	−41.6427**	0.8552	1.6935*	−0.0343**	0.5158**	0.7217**	2.9043	0.7869
	P值	(0.0454)	(0.0000)	(0.0492)	(0.0450)	(0.0384)	(0.0129)	(0.7883)	—
西部	系数	−55.5216**	0.8951	0.0866*	−0.0042*	0.6776	0.6977**	2.3913	0.8107
	P值	(0.0423)	(0.0000)	(0.0521)	(0.0519)	(0.0085)	(0.0122)	(0.6220)	—

注：**表示所估计系数在 5% 的水平上显著，*表示在 10% 的水平上显著。

表 9-17　适度紧缩货币政策环境下数量型货币政策调控通过企业家信心产生的影响效果

地区	东部地区		中部地区		西部地区	
影响条件	不考虑企业家信心影响	企业家信心影响	不考虑企业家信心影响	企业家信心影响	不考虑企业家信心影响	企业家信心影响
C (3)	-1.6326** (0.0421)	2.0288** (0.0279)	-1.7849** (0.0405)	-2.4385** (0.0448)	-2.2130* (0.0925)	-2.1425* (0.0653)
$GY_{i,t-1}$ (4)	0.7693 (0.0000)	0.7219 (0.0000)	0.7861 (0.0000)	0.6435 (0.0000)	0.8861 (0.0000)	0.7492 (0.000)
$EII_{i,t-1}$ (5)	—	0.2677** (0.0285)	—	0.2458** (0.0406)	—	0.1375** (0.0424)
$RR_{t-1} \times up_{t-1}$ (6)	-2.2498* (0.0529)	-2.5113** (0.0295)	-2.1371** (0.0357)	-2.9135** (0.0383)	-2.4091** (0.0114)	-2.7676** (0.0263)
$RR_{t-1} \times up \times EII_{i,t-1}$ (7)	—	-0.2332** (0.0327)	—	-0.0529* (0.0720)	—	0.0499* (0.0297)
$RR_{t-1} \times up \times EII^2_{i,t-1}$ (8)	—	-0.0011* (0.0367)	—	-0.0012* (0.0873)	—	-0.0019* (0.0424)
二次项形态 (9)	—	倒U形	—	倒U形	—	倒U形
U形曲线位置 (10)	—	左侧	—	左侧	—	右侧
$STRU_{t-1}$	0.4290* (0.0712)	0.3253** (0.0119)	0.3989** (0.0183)	0.5697** (0.0459)	1.1431** (0.0207)	0.8656** (0.0143)
FIN_{t-1}	0.2796** (0.0301)	0.0796** (0.0463)	0.0997 (0.0002)	0.2074** (0.0397)	0.1162** (0.0439)	0.1032⁻ (0.4308)
Adj R²	0.6693	0.7438	0.8722	0.5123	0.5643	0.6302
Sargern 检验 P 值	(0.7208)	(0.7459)	(0.6893)	(0.7173)	(0.6454)	(0.6271)

注：括号中为 p 值，**表示所估计系数在 5% 的概率下显著，*表示在 10% 的概率下显著，⁻表示不显著，以下各表中含义相同。

表9-18　适度扩张货币政策环境下数量型货币政策调控通过企业家信心产生的影响效果

地区	东部地区		中部地区		西部地区	
影响条件	不考虑企业家信心影响	企业家信心影响	不考虑企业家信心影响	企业家信心影响	不考虑企业家信心影响	企业家信心影响
C (3)	-1.3489* (0.0115)	-2.2483** (0.0105)	-1.7827* (0.0989)	-1.8662** (0.0441)	-2.6999** (0.0261)	-1.1428* (0.0772)
GY_{t-1} (4)	0.7659 (0.0000)	0.6985 (0.0000)	0.7719 (0.0000)	0.6945 (0.0000)	0.7009 (0.0000)	0.6827 (0.0000)
$EII_{i,t-1}$ (5)	—	0.2280* (0.0630)	—	0.2403* (0.0681)	—	0.2297* (0.0527)
$RR_{t-1} \times down_{t-1}$ (6)	-1.8314 (0.0070)	-2.0170** (0.0369)	-1.5452* (0.0721)	-2.1901** (0.0355)	-1.0049* (0.0659)	-2.2366** (0.0363)
$RR_{t-1} \times down \times EII_{i,t-1}$ (7)	—	-0.1043** (0.0258)	—	-0.0532** (0.0326)	—	0.0232** (0.0348)
$RR_{t-1} \times down \times EII^2_{i,t-1}$ (8)	—	-0.0005* (0.0857)	—	-0.0003** (0.0130)	—	0.0001 (0.0364)
二次项形态 (9)	—	倒U形	—	倒U形	—	正U形
U形曲线位置 (10)	—	右侧	—	右侧	—	右侧
$STRU_{t-1}$	0.2038 (0.0023)	0.1135 (0.0145)	0.2817 (0.0769)	0.3926** (0.0186)	0.5642 (0.0049)	0.6373** (0.0153)
FIN_{t-1}	0.2023* (0.0642)	0.4898* (0.0817)	0.3664* (0.0971)	0.4467* (0.0150)	0.2922* (0.0902)	0.2054 (0.0221)
Adj R²	0.7202	0.7521	0.8833	0.8830	0.8123	0.8090
Sargern检验P值	(0.7445)	(0.6814)	(0.6409)	(0.5434)	(0.6896)	(0.6194)

表9-19 适度紧缩货币政策环境下价格型货币政策调控通过企业家信心产生的影响效果

地区	东部地区		中部地区		西部地区	
影响条件	不考虑企业家信心影响	企业家信心影响	不考虑企业家信心影响	企业家信心影响	不考虑企业家信心影响	企业家信心影响
C (3)	-1.3278* (0.0719)	-1.7805** (0.0485)	-1.6166* (0.0672)	-3.4128* (0.0521)	-1.7038** (0.0260)	-2.03228** (0.0402)
$GY_{i,t-1}$ (4)	0.6926 (0.0000)	0.6809 (0.0000)	0.6985 (0.0000)	0.6153 (0.0000)	0.6502 (0.0000)	0.6692 (0.0000)
$EII_{i,t-1}$ (5)	—	0.2711** (0.0231)	—	0.3650** (0.0466)	—	0.3889** (0.0406)
$R_{t-1} \times up_{t-1}$ (6)	-3.3682 (0.0099)	-3.1418* (0.0772)	-3.3973* (0.0669)	-2.5956* (0.07486)	-3.0123* (0.0834)	-2.9843* (0.0723)
$R_{t-1} \times down \times EII_{i,t-1}$ (7)	—	-0.4518* (0.0786)	—	0.3985* (0.0663)	—	0.4022* (0.0613)
$R_{t-1} \times down \times EII^2_{i,t-1}$ (8)	—	0.0072** (0.0408)	—	-0.0087* (0.0574)	—	-0.0044* (0.0558)
二次项形态 (9)	—	正U形	—	倒U形	—	倒U形
U形曲线位置 (10)	—	左侧	—	右侧	—	右侧
$STRU_{t-1}$	0.3191* (0.0609)	0.3661** (0.0403)	0.3896* (0.0851)	0.2166* (0.0790)	0.3220 (0.0006)	0.3140* (0.0646)
FIN_{t-1}	0.3688* (0.0777)	0.3318* (0.0513)	0.2892 (0.0109)	0.2039** (0.0129)	0.2080** (0.0393)	0.2009 (0.0306)
Adj R^2	0.5933	0.6251	0.6755	0.5488	0.8112	0.7538
Sargern检验P值	(0.7646)	(0.5379)	(0.9291)	(0.5440)	(0.5924)	(0.6832)

表9-20　适度扩张货币政策环境下价格型货币政策调控通过企业家信心产生的影响效果

影响条件	东部地区		中部地区		西部地区	
	不考虑企业家信心影响	企业家信心影响	不考虑企业家信心影响	企业家信心影响	不考虑企业家信心影响	企业家信心影响
C (3)	-2.6132* (0.0760)	-2.2298** (0.0155)	-2.3141 (0.0072)	-2.7626* (0.0801)	-2.3962* (0.0693)	-2.1437** (0.0426)
$GY_{i,t-1}$ (4)	0.6287 (0.0000)	0.5592 (0.0000)	0.5987 (0.0000)	0.5814 (0.0000)	0.6479 (0.0000)	0.6764 (0.0000)
$EII_{i,t-1}$ (5)	—	0.3907** (0.0172)	—	0.2593* (0.0858)	—	0.2547* (0.0573)
$R_{t-1} \times down_{t-1}$ (6)	-2.2514** (0.0199)	-3.4514** (0.0392)	-3.1056** (0.0113)	-3.4314* (0.0882)	-3.2291** (0.0326)	-3.9559** (0.0174)
$R_{t-1} \times down \times EII_{i,t-1}$ (7)	—	-0.7965* (0.0689)	—	-0.7995** (0.0141)	—	-0.7704** (0.0211)
$R_{t-1} \times down \times EII^2_{i,t-1}$ (8)	—	0.0004 (0.0655)	—	0.0008** (0.0427)	—	0.0006** (0.0277)
二次项形态 (9)	—	正U形	—	正U形	—	正U形
U形曲线位置 (10)	—	左侧	—	左侧	—	左侧
$STRU_{t-1}$	0.1752* (0.0593)	0.1933** (0.0385)	0.1847** (0.0497)	0.1858* (0.0972)	0.1660** (0.0482)	0.1766 (0.0105)
FIN_{t-1}	0.0229** (0.0273)	0.0671 (0.0022)	0.2465 (0.0059)	0.0312⁻ (0.3127)	0.0425** (0.0142)	0.1174⁻ (0.4905)
Adj R²	0.6043	0.6211	0.8897	0.8832	0.7335	0.8059
Sargern检验P值	(0.5120)	(0.9719)	(0.6203)	(0.6218)	(0.9028)	(0.7434)

②价格型货币政策调控工具的影响

价格型货币政策调控工具影响下的三组面板模型估计结果反映于表
9-19 和表 9-20 中。其模型构造和显著性结果与表 9-17 和表 9-18 整体
一致。

同理，根据表 9-19 和表 9-20 中第（6）至（8）行系数计算得到
利率 R 的边际影响，即 $A_3 = \beta_3 + \beta_4 \times EII_{i,t-k} + \beta_5 \times EII_{i,t-k}^2$，$A_4 = \chi_3 + \chi_4 \times EII_{i,t-k} + \chi_5 \times EII_{i,t-k}^2$，结果均为负，表明央行通过提高（或降低）利
率从而执行适度紧缩（或适度扩张）的货币政策后，产出会相应减少
（或增加），符合传统货币政策对经济增长的影响效应结果。此处令人感
兴趣的一方面是，不同货币政策环境下利率调控经企业家信心传递影响
后所产生效应的差异，以及在东、中、西部样本组之间的区别；另一方
面则是与数量型货币政策调控影响结果的不同。

从数据结果看，所有样本组中边际系数 A_3 的绝对值均小于 A_4 的绝
对值，即考虑企业家信心影响后，适度紧缩货币政策环境下利率调控对
经济增长的抑制作用仍小于适度扩张货币政策环境下的促进作用。与数
量型货币政策调控相比，在货币政策产出效应的方向非对称性结果上并
无差异，差异主要存在于影响结果的空间不一致性和非线性特征。

在区域差异上，适度紧缩货币政策环境下利率对东部地区产出效应
影响的边际系数绝对值小于对中西部地区产出效应影响的绝对值。这说
明在利率调控的适度紧缩货币政策环境下，中西部地区均会表现出企业
家信心的正反馈效应，从而放大了提高利率对产出的收缩效应。适度宽
松货币政策环境下利率对东部地区产出效应影响的边际系数绝对值大于
对中西部地区产出效应影响的绝对值。

表 9-19 和表 9-20 中第（9）、（10）行的估计系数表明了利率调整
过程中由企业家信心传递带来的非线性关系。适度紧缩货币政策环境下
中西部地区模型中出现了倒 U 形的变量关系，而在适度扩张货币政策
环境下各组模型均呈现正 U 形关系。根据系数估计结果，U 形曲线的
位置分布和产生原因为：东部地区样本组在适度紧缩货币政策环境下，
企业家信心对货币政策产出效应影响的非线性关系处于正 U 形曲线的

左侧。正 U 形曲线意味着当企业家信心数值达到一定门限值后将削弱紧缩型货币政策对经济增长的影响。由于东部地区融资渠道较为广泛，企业的经营管理效率较高，企业家信心较为稳定等因素，利率的调控作用会在东部地区企业家信心回升的影响下弱化。在适度扩张货币政策环境下，企业家信心对货币政策产出效应影响的非线性关系处于正 U 形曲线的左侧，即企业家信心会对货币政策的刺激作用形成正反馈效应。西部地区样本组在适度紧缩货币政策环境下，企业家信心对货币政策产出效应影响的非线性关系处于倒 U 形曲线的右侧。在西部地区，利率的上升会通过企业家信心的正反馈效应降低货币政策的产出效应，说明西部地区企业家信心值仍不足以抵御利率上调的影响。在适度扩张货币政策环境下，企业家信心对货币政策产出效应影响的非线性关系处于正 U 形曲线的左侧，说明相较于数量型货币政策调控，由于利率调整直接增加了企业的利润空间，从而在企业家信心影响下具有显著提升作用。在利率调控下，与数量型货币政策调控影响结果不同，中部地区样本组与西部地区估计结果相近。

上述结果一方面从非线性的角度阐释了企业家信心与价格型货币政策调控交互作用对经济增长形成的区域差异，另一方面也显示出由于利率调整所导致的利润空间的变化是直观的，其作用结果的程度更为深入。企业家信心传递与价格型货币政策调控工具共同影响下经济增长的省际差异效应高于与数量型货币政策调控工具共同影响下的结果，这亦与不同种类货币政策调控工具影响下企业家信心传递的边际系数比较结果相符（对比表 9-17 和表 9-19、表 9-18 和表 9-20，A1<A3，A2<A4）。

（3）稳健性检验

为保证实证结果的稳健性，本部分一方面对回归方法的有效性进行检验，另一方面对模型设定的有效性进行检验。对于回归方法，笔者借助横截面模型（Pool）进行验证。为消除横截面异方差和序列自相关性，估计方法采用可行广义线性回归（FGLS）。对于模型设定，则通过数量和价格型货币政策的不同代理变量进行验证。

笔者首先将不包含企业家信心影响与包含企业家信心影响的估计结

果相对比，对原面板模型进行结果检验。不考虑企业家信心影响的估计结果对应于表中第（2）、（4）和（6）列，其边际系数绝对值均与包含企业家信心影响的方程中各类货币政策工具代理变量的边际系数绝对值不等，从而证实了企业家信心在研究货币政策对区域经济增长影响传导中具有重要作用。其次，笔者以我国广义货币 M2 月度同比增长率和银行间同业拆借加权平均利率当月值分别重新表征数量型和价格型货币政策调控工具，对东、中、西部地区三组子样本截面模型进行重新估计，发现无论是不同种类还是不同环境下货币政策与企业家信心共同影响的区域经济增长差异性结果和显著性均与之前系统 GMM 估计下的面板模型基本保持一致，即本部分的基本结论是稳健的。在横截面模型检验下，东、中、西部地区各省（自治区、直辖市）边际系数结果的综合排序见表 9-21 和表 9-22。货币政策工具调控与企业家信心传递共同产生的边际影响中，中部地区所受负向影响程度高于东部地区，东部地区大部分省（直辖市）受到的影响较小。在所受影响大小的排序中，除了北京市和浙江省外，其他各省（自治区、直辖市）的排名都在前十之后。中西部地区省（自治区、直辖市）受到的影响较大。

表 9-21　　　数量型货币政策工具调控与企业家信心传递

共同影响下各省（自治区、直辖市）边际系数

东部省（直辖市）	边际系数排序	中部省份	边际系数排序	西部省（自治区、直辖市）	边际系数排序
浙江	3	河南	6	甘肃	1
北京	5	湖南	8	贵州	4
广东	9	湖北	19	内蒙古	7
福建	11	江西	20	云南	10
海南	13	山西	25	重庆	12
天津	14	安徽	26	四川	18
上海	15			广西	23
江苏	16			陕西	27
山东	21				
河北	22				

表 9-22   价格型货币政策工具调控与企业家信心传递共同
影响下各省（自治区、直辖市）边际系数

东部省（直辖市）	边际系数排序	中部省份	边际系数排序	西部省（自治区、直辖市）	边际系数排序
浙江	3	河南	6	甘肃	1
北京	5	湖南	8	贵州	4
广东	9	湖北	19	内蒙古	7
福建	11	江西	20	云南	10
海南	13	山西	24	重庆	12
天津	14	安徽	25	四川	18
上海	15			广西	23
江苏	16			陕西	27
山东	21				
河北	22				

此外，考虑到直辖市对区域经济增长的特殊影响（张少军，2013）和月度数据转换过程中可能带来偏误，笔者还对北京、上海、重庆、天津四个直辖市进行剔除检验，东部地区剔除北京、上海、天津，西部地区剔除重庆，使用余下省（自治区）样本进行基于季度GDP同比增长率数据的面板回归，模型回归结果仍然稳健（见表 9-23 和表 9-24）。从边际系数绝对值的比较来看，无论是区域之间还是调控工具之间的差异均没有改变前文的检验结论[①]，不足的是 FIN 变量结果并不显著，即控制变量融资结构在季度数据分析中对区域经济增长产生的影响并不明显。

[①]   鉴于篇幅和数据长度有限，这里笔者暂不对货币政策调控工具加入 up 和 down 虚拟变量，而是选择从总体上进行分析。

表 9-23　　　　剔除四个直辖市后数量型货币政策实施与

企业家信心传递对经济增长的影响

变量	全国	东部地区	中部地区	西部地区
C	0.1284	0.0402	0.1801	0.2001**
	(0.0000)	(0.4483)	(0.0017)	(0.0296)
$GDP_{i,t-1}$	0.9532	0.8624	1.0031	0.9708
	(0.0000)	(0.0000)	(0.0000)	(0.0000)**
RR_{t-1}	−0.6272	−3.1771	−1.2313	−0.5081
	(0.0001)	(0.0006)	(0.0017)	(0.0120)
$RR_{t-1} \times EII_{t-1}$	0.2735	1.3859	0.5347	0.2229**
	(0.0001)	(0.0005)	(0.0017)	(0.0117)
$RR_{t-1} \times EII^2_{i,t-1}$	−0.0301	−0.1512	−0.0585	−0.0248**
	(0.0001)	(0.0005)	(0.0016)	(0.0101)
$STRU_{t-1}$	−0.0256**	−0.0306**	−0.0368	−0.1252
	(0.0237)	(0.0239)	(0.2947)⁻	(0.2746)⁻
Adj R^2	0.889212	0.848093	0.806270	0.815145

注：括号中为 p 值，**表示所估计系数在 5% 的概率下显著，*表示在 10% 的概率下显著，⁻表示不显著，以下各表中含义相同。

表 9-24　　　剔除四个直辖市后价格型货币政策实施与

企业家信心传递对经济增长的影响

变量	全国	东部地区	中部地区	西部地区
C	0.0304*	−0.0071⁻	0.0504⁻	0.0169⁻
	(0.0669)	(0.1934)	(0.1262)	(0.1262)
$GDP_{i,t-1}$	0.9162	0.8335	0.9658	0.9374
	(0.0000)	(0.0000)	(0.0000)	(0.0000)
R_{t-1}	−2.7362	−1.9410	−1.8302	−1.5176
	(0.0000)	(0.0001)	(0.0005)	(0.0061)
$R_{t-1} \times EII_{t-1}$	8.3477	5.8549	2.6094	2.3214
	(0.0000)	(0.0001)	(0.0004)	(0.0053)
$R_{t-1} \times EII^2_{i,t-1}$	−1.8194	−4.8474	−2.0349	−1.1388
	(0.0000)	(0.0001)	(0.0004)	(0.0045)
$STRU_{t-1}$	−0.0232*	−0.0280**	−0.0240*	−0.0018*
	(0.0525)	(0.0442)	(0.0959)	(0.0888)
Adj R^2	0.883692	0.845941	0.801572	0.709843

本节选取 2010 年 1 月到 2018 年 3 月我国东、中、西部地区 24 个省（自治区、直辖市）作为研究样本，采用动态非线性面板模型对货币政策实施与企业家信心传递共同影响下经济增长的省际差异效应进行了研究。研究证实了企业家信心在产出影响过程中的重要作用，且这一影响存在非线性关系。主要结论如下：（1）企业家信心对区域经济增长的影响存在非线性关系。（2）在货币政策对区域经济增长影响的过程中，企业家信心传递具有重要影响。价格与数量型货币政策工具在东、中、西部地区企业家信心、产业结构和融资结构特征下对经济增长影响的效力存在差异性。无论价格还是数量型货币政策工具，在适度紧缩货币政策环境下所产生的影响均小于适度扩张货币政策环境下所产生的影响。（3）适度紧缩货币政策环境下东部地区产出效应影响的边际系数绝对值小于对中西部地区产出效应影响的绝对值，说明中西部地区，尤其是西部地区，通常表现出企业家信心的正反馈效应，从而放大了货币政策对产出的收缩效应。适度宽松货币政策环境下东部地区产出效应影响的边际系数绝对值大于对中西部地区产出效应影响的绝对值，说明当央行试图降低存款准备金率刺激经济时，存在因西部地区企业家信心水平较低而不足以响应并扩大货币政策产出效应的可能。由于利率调整所导致的利润空间变化更为直观，作用结果程度更为深入。企业家信心传递与价格型货币政策调控工具共同影响下经济增长的省际差异效应高于与数量型货币政策调控工具共同影响下的结果。（4）从控制变量的影响来看，产业结构升级和融资约束中直接融资比重的上升都会弱化货币政策的紧缩性调控，对经济增长起到正向促进作用。

根据上述实证研究结论，笔者提出以下三方面相关政策建议：（1）货币政策的实施应注重省际差异。我国东、中、西部地区在经济发展的过程中，地区资源禀赋、资本市场、企业数量等的不同使得区域内企业家信心对于经济增长和货币政策传导效率的影响并不一致，东部地区企业家信心能够对经济发展起到平稳作用，而中西部地区企业家信心对于促进地区经济增长乏力，因而，央行应使用好多样化货币政策调控工具，通过定向降准、定向再贴现等政策向中西部地区注入流动资金，从而带动更多资源向中西部集聚，进一步改善中西部地区企业投融资环境，提高区域内企业家信心，调整我国经济结构。（2）央行应加强与市场主体的信息沟通，形成对市场预期的有效引导，维护市场参与者对于经济发展的信心。央行通过发布公告、货币政策执行报告、会议纪要等向公众解释货币政策实施的目的、意图，释放政策信号，消除公众对于货币政策的疑惑；央行可以建立新闻发言人制度，及时回应社会关切热点问题。此外，央行也可以建立预先承诺机制，提振企业家信心，引导市场预期，提升央行的信誉。（3）货币政策应注重价格调控，使市场参与者形成对未来经济发展的稳定信心和预期。我国利率市场化已基本完成，市场正逐渐形成与经济发展相适应的利率体系，在此过程中，央行应创新货币政策工具体系，提高长短期利率传导效率，打造利率走廊体系，使市场主体对于利率变化形成良好的预期，稳定企业家信心。

本书的研究仍有很多有待完善之处，笔者期望通过本研究起到抛砖引玉的作用，从而带动更多对这一领域感兴趣的学者加入到研究行列中来，对其进行更加全面深入的分析，并为我国系统性风险管理的研究与实践提供有益参考。

主要参考文献

[1] 伯南克. 系统重要性金融机构、影子银行与金融稳定 [J]. 中国金融，
     2012 (12).

[2] 巴曙松，韩明睿. 基于 SVAR 模型的金融形势指数 [J]. 宏观经济研究，
     2011 (4).

[3] 巴曙松，尚航飞，朱元倩. 巴塞尔 Ⅲ 流动性风险监管的影响研究 [J]. 新
     金融，2012 (11).

[4] 卜志村，孙慧智，曹媛媛. 金融形势指数与货币政策反应函数在中国的实
     证检验 [J]. 金融研究，2012 (8).

[5] 卜志村，高洁超. 适应性学习、宏观经济预期与中国最优货币政策 [J].
     经济研究，2014 (4).

[6] 北京大学中国经济研究中心宏观组. 流动性的度量及其与资产价格的关系
     [J]. 金融研究，2008 (9).

[7] 陈彦斌，唐诗磊. 信心、动物精神与中国宏观经济波动 [J]. 金融研究，
     2009 (9).

[8] 曹廷求，于建霞. 银行治理、代理成本与银行机构风险控制——以山东省
     为例的实证分析 [J]. 经济理论与政策研究，2008 (12).

[9] 崔婕，黄杰，姚智勇. 流动性创造与中国商业银行流动性风险关系研究——
     基于动态面板联立系统的经验与证据 [J]. 经济体制改革，2018 (2).

[10] 曹永琴. 中国货币政策产业非对称效应实证研究 [J]. 数量经济技术经济研究，2010 (9).

[11] 黄. 美国商业银行的流动性风险及其管理 [J]. 国际金融研究，1998，1 (5).

[12] 范小云，方意，王道平. 我国银行系统性风险的动态特征及系统重要性银行甄别——基于CCA与DAG相结合的分析 [J]. 金融研究，2013 (11).

[13] 高国华，潘英丽. 基于资产负债关联的银行系统性风险研究 [J]. 管理工程学报，2012 (4).

[14] 宫晓琳. 未定权益分析方法与中国宏观金融风险的测度分析 [J]. 经济研究，2012 (3).

[15] 顾晓安，朱书龙. 单个银行短期稳定性水平测度研究——基于修正的流动性缺口率指标 [J]. 管理评论，2016，28 (2).

[16] 黄忠华，吴次芳，杜雪君. 房地产投资与经济增长——全国及区域层面的面板数据分析 [J]. 财贸经济，2008 (8).

[17] 洪正，申宇，吴玮. 高管薪酬激励会导致银行过度冒险吗？——来自中国房地产信贷市场的证据 [J]. 经济学季刊，2014 (4).

[18] 黄佳琳，秦凤鸣. 中国货币政策效果的区域非对称性研究——来自混合截面全局向量自回归模型的证据 [J]. 金融研究，2017 (12).

[19] 黄宪，沈悠. 货币政策是否存在结构效应的研究综述 [J]. 经济评论，2015 (4).

[20] 韩国高，胡文明. 宏观经济不确定性、企业家信心与固定资产投资——基于我国省际动态面板数据的系统GMM方法 [J]. 财经科学，2016 (3).

[21] 江若尘，陆煊. 我国信贷关系网络宏观拓扑特征及系统性信贷风险鉴别 [J]. 财贸经济，2014 (11).

[22] 贾彦东. 金融机构的系统重要性分析——金融网络中的系统风险衡量与成本分担 [J]. 金融研究，2011 (10).

[23] 冀志斌，宋清华. 银行高管薪酬与货币政策信贷传导效率——基于中国数据分析 [J]. 国际金融研究，2013 (4).

[24] 刘金全，郑挺国，宋涛. 中国环境污染与经济增长之间的相关性研究——基于线性和非线性计量模型的实证分析 [J]. 中国软科学，2009 (2).

[25] 刘汉，刘金全. 中国宏观经济总量的实时预报与短期预测——基于混频数据预测模型的实证研究 [J]. 经济研究，2011 (3).

[26] 柳欣，吕元祥，赵雷. 宏观经济学的存量流量一致模型研究评述 [J]. 经济学动态，2013 (12).

[27] 刘澜彪，宫跃欣. 影子银行问题研究评述 [J]. 经济学动态，2012 (2).

[28] 陆军，刘威，李伊珍. 新凯恩斯菲利普斯曲线框架下的中国动态金融状况指数 [J]. 财经研究，2011 (11).

[29] 陆磊，杨骏. 流动性、一般均衡与金融稳定的"不可能三角" [J]. 金融研究，2016 (1).

[30] 刘晓星，石广平. 杠杆对资产价格泡沫的非对称效应研究 [J]. 金融研究，2018 (3).

[31] 刘东坡. 动态视角下中国货币政策的结构效应分析——基于TVP-SV-SFA-VAR模型的实证研究 [J]. 国际金融研究，2018 (3).

[32] 卢盛荣，李文溥. 中国货币政策效应双重非对称性研究——以产业传导渠道为视角 [J]. 厦门大学学报：哲学社会科学版，2013 (2).

[33] 彭建纲，易昊，潘凌遥. 基于行业相关性的银行业信用风险宏观压力测试研究 [J]. 中国管理科学，2015 (4).

[34] 彭俞超，方意. 结构性货币政策、产业结构升级与经济稳定 [J]. 经济研究，2016 (7).

[35] 阿克洛夫，希勒. 动物精神 [M]. 黄志强，徐卫宇，金岚，译. 北京：中信出版社，2009：3-18.

[36] 孙毅，吕本富，陈航，等. 基于网络搜索行为的消费者信心指数构建及应用研究 [J]. 管理评论，2014a (10).

[37] 孙毅，吕本富，陈航，等. 大数据视角的通胀预期测度与应用研究 [J]. 管理世界，2014b (4).

[38] 宋清华，曲良波. 高管薪酬、风险承担与银行绩效：中国的经验证据 [J]. 国际金融研究，2011 (12).

[39] 苏治，卢曼，李德轩. 深度学习的金融实证应用：动态、贡献与展望 [J]. 金融研究，2017 (5).

[40] 宋旺，钟正生. 我国货币政策区域效应的存在性及原因基于最优货币区理论的分析 [J]. 经济研究，2006 (3).

[41] 谭跃进，吴俊，邓宏钟，等. 复杂网络抗毁性研究综述 [J]. 系统工程，2006 (10).

[42] 童牧，何奕. 复杂网络中的系统性风险与流动性救助——基于中国大额支付系统的研究 [J]. 金融研究，2012 (3).

[43] 温博慧，李向前，袁铭. 存量流量一致框架下中国银行体系网络抗毁性研究——基于资产价格波动冲击 [J]. 财贸经济，2015 (9).

[44] 温博慧，郑福，袁铭. 公众预期对货币政策效果的影响——基于大数据下公众信息获取的实证分析 [J]. 广东财经大学学报，2016 (5).

[45] 温博慧，唐熙. 银行风险承担、高管薪酬与货币政策的信贷传导效率——

基于动态非线性效应面板的实证 [J]. 中央财经大学学报，2016 (5).

[46] 温博慧，郭娜，苟尚德. 企业家信心与货币政策区域非对称效应——来自动态非线性面板模型的证据 [J]. 现代财经，2019 (3).

[47] 许涤龙，欧阳胜银. 基于可变参数的 FCI 构建与实证研究 [J]. 统计与信息论坛，2014，29 (3).

[48] 徐明东，陈学彬. 货币环境、资本充足率与商业银行风险承担 [J]. 金融研究，2012 (7).

[49] 徐亚平. 公众学习、预期引导与货币政策的有效性 [J]. 金融研究，2009 (1).

[50] 袁铭. 带有层级结构的复杂网络级联失效模型 [J]. 物理学报，2014，(22).

[51] 袁铭. 基于小波的搜索量聚类及在变量选择中应用 [J]. 计算机应用，2015，35 (3).

[52] 袁铭，温博慧. 基于 MF-VAR 的混频数据非线性格兰杰因果关系检验 [J]. 数量经济技术经济研究，2017 (5).

[53] 袁铭，温博慧，徐子钦. 公众信心与中国宏观经济波动的非线性因果关系研究 [J]. 统计与信息论坛，2018 (5).

[54] 赵龙凯，陆子昱，王致远. 众里寻"股"千百度——股票收益率与百度搜索量关系的实证探究 [J]. 金融研究，2013 (4).

[55] 周小川. 金融政策对金融危机的响应——宏观审慎政策框架的形成背景、内在逻辑和主要内容 [J]. 金融研究，2011 (1).

[56] 周德才，冯婷，邓姝姝. 我国灵活动态金融状况指数构建与应用研究——基于 MI-TVP-SV-VAR 模型的经验分析 [J]. 数量经济技术经济研究，2015 (5).

[57] 张雪兰，何德旭. 货币政策立场与银行风险承担——基于中国银行业的实证研究 (2000—2010) [J]. 经济研究，2012 (5).

[58] 张成思，党超. 基于双预期的前瞻性货币政策反应机制 [J]. 金融研究，2017 (9).

[59] ALBERT R，JEONG H，BARABASI A L. Error and attack tolerance of complex networks [J]. Nature，2000，406(679): 378-382.

[60] BUNCIC D，MELECKY M. Macroprudential stress testing of credit risk-a practical approach for policy makers [J]. Journal of Financial Stability，2013，9(3): 347-370.

[61] BEKIROS S D，DIKS G H. The nonlinear dynamic relationship of exchange rates: parametric and nonparametric causality testing [J]. Journal of Macroeconomics，2008，30(4): 641-1650.

[62] BEKIROS, STELIOS D. Exchange rates and fundamentals: co-move-ment, long-run relationships and short-run dynamics [J]. Journal of Banking & Finance, 2014, 39: 117-134.

[63] BLANCHARD O. Consumption and the recession of 1990-1991 [J]. American Economic Review, 1993, 83(2): 270-274.

[64] BARIGOZZI MATTEO, ANTONIO M.CONTI, MATTEO LUCIANI. Do Euro area countries respond asymmetrically to the common monetary policy? [J]. Oxford Bulletin of Economics and Statistics, 2014, 76 (5): 693-714.

[65] CASTERN O, Kristian I. Balance sheet inerlinkages and macro-Finan-cial risk analysis in the Euro area [R]. ECB Working Paper, No. 1124. 2009.

[66] CAPRIO G, LEAVEN L, LEVINE R. Governance and bank valuation [J]. Journal of Financial Intermediation, 2007, 16: 584-617.

[67] CHEN, THOMAS L, STEINER, et al. Does stock option-based execu-tive compensation induce risk-taking? An analysis of the banking industry [J]. Journal of Banking and Finance, 2006, 30: 915-945.

[68] COLES J L, DANIEL N D, NAVEEN L. Managerial incentives and risk-taking [J]. Journal of Financial Economics, 2006, 79: 431-468.

[69] CAVALCANTE R C, BRASILEIRO R C, SOUZA V L F, et al. Com-putational intelligence and financial markets: a survey and future Direc-tions [J]. Expert Systems with Applications, 2016, 55: 194-211.

[70] DUFOUR J M, RENAULT E. Short run and long run causality in time series: theory [J]. Econometrica, 1988, 66(5): 1099-1125.

[71] DUAN D L, WU X Y. Cascading failure of scale-free networks based on a tunable load redistribution model [J]. Acta Physica Sinica, 2014, 63: 030501 (in Chinese).

[72] ERAKER B, CHIU C W J, FOERSTER A T, et al. Bayesian mixed fre-quency VARs [J]. Journal of Financial Econometrics, 2014, 13(3): 698-721.

[73] ENGLE R F, KRONER K F. Multivariate simultaneous generalized ARCH [J]. Econometric Theory, 1995, 11: 122-150.

[74] FEHRER R, FEUERRIEGEL S. Improving decision analytics with deep learning: the case of financial disclosures [J]. Ar Xiv preprint ar Xiv: 1508.01993. 2015.

[75] GODELY W , LAVOIE M. Monetary economics: an integrated approach to credit, money, income, production and wealth [M]. Palgrave Macmillan, 2007.

[76] GRAY D F , MALONE S. Macrofinancial risk analysis [M]. New York: John Wiley & Sons, 2008.

[77] GRANGER C W J, LIN J L. Causality in the long run [J]. Econometric Theory, 1995, 11: 530-536.

[78] GHYSELS E, HILL J B, MOTEGI K. Testing for Granger causality with mixed frequency data [J]. Journal of Econometrics, 2016, 192: 207-230.

[79] GOODHART C , HOFMANN B . Do asset prices help to predict consumer price inflation [J] . Manchester School, 2000, 68(Supplement): 122-140.

[80] GRAVELLE T, FUCHUN LI. Measuring systemic importance of financial institutions:an extreme value theory approach [J]. Journal of Banking and Finance, 2013, 37: 2196-2209.

[81] GAMBACORTA L. Monetary policy and the risk-taking Channel [J]. BIS Quarterly Review, 2009: 43-53.

[82] HARVEY D, LEYBOURNE S, NEWBOLD P. Testing the equality of prediction mean squared errors [J]. International Journal of Forecasting, 1997, 13: 281-291.

[83] HILL B. A simple general approach to inference about the tail of a distribution [J]. The Annals of Statistics, 1975, 5: 1163-1173.

[84] HEIBERGER R H. Stock network stability in times of crisis [J]. Physica A: Statistical Mechanics and its Applications, 2014, 393: 376-381.

[85] KOOP G , KOROBILIS D. A new index of financial conditions [J]. European Economic Review, 2014, 71: 101-116.

[86] RYAN N. BANERJEE, HITOSHI MIO. The impact of liquidity regulation on banks [J]. Journal of Financial Intermediation, 2018, 35: 30-44.

[87] ROBERT DE YOUNG, KAREN Y. JANG. Do banks actively manage their liquidity? [J]. Journal of Banking & Finance, 2016, 66: 143-161.

[88] SCHORFHEIDE F, SONG D. Real-time forecasting with a mixed-frequency VAR [J]. Journal of Business Economic Statistics, 2015, 33: 366-380.

[89] SMIMOU K. Consumer attitudes, stock market liquidity, and the macro economy: a Canadian perspective [J]. International Review of Financial Analysis, 2014, 33: 186-209.

[90] SIMO-KENGNE B D, BALCILAR M, GUPTA R, et al. Is the relationship between monetary policy and house prices asymmetric across bull and bear markets in South Africa? Evidence from a Markov-switching vector autoregressive model [J]. Economic Modelling, 2013, 32: 161-171.

[91] SCHMIDHUBER J. Deep learning in neural networks: an overview [J]. Neural Networks, 2015, 61: 85-117.

[92] TAVANA M, ABTAHI A R, CAPRIO D D, et al. An artificial neural network and Bayesian network model for liquidity risk assessment in banking [J]. Neurocomputing, 2018, 275: 2525-2554.

[93] UJJAL K. CHATTERJEE. Bank liquidity creation and asset market liquidity [J]. Journal of Financial Stability, 2015, 18: 139-153.

关键词索引

后记

忙碌而又充实的 3 年匆匆已过，今日书稿付梓，令笔者深刻感叹时间似流水，而系统性金融风险研究领域宽广而丰富！

虽然先师柳欣教授已离开多年，但先生的思想已经深深地影响了我。至今，研究过程中仍不时浮现老师当年点拨之场景。每忆及此，感怀颇多。能得到恩师在学识和修养上的言传身教，实乃平生之幸。虽学生不才，但冒昧兼以此书后记，缅怀师恩山高水长。求学途中，能遇到这样一位导师让我追求学术理想，诚为可贵。

感谢曾经指导过我的所有师长！感谢我的合作伙伴！感谢师兄郭金兴、张楷弛！与他们的学术讨论让我受益匪浅。感谢天津财经大学的领导、老师们，本书的收笔也凝聚着他们对我工作的理解和莫大的支持，知遇难忘！同时也感谢我所有学生的支持！

温博慧

2018 年 10 月于天财园